KB043786

EXODUS

전 지구적 상생을 위한 이주 경제학

엑소더스

폴 콜리어 지음 | 김선영 옮김

21세기북스

프롤로그

이 책을 쓰는 나를 바라보는 얼굴이 있다. 바로 칼 헬렌슈미트 Karl Hellenschmidt다. 그는 더 이상 무일푼의 젊은 이주자가 아니었다. 이 사진을 찍을 당시 그에게는 양복 정장이 있었고 영국인 아내와 어린 자녀 여섯 명이 있었다. 그는 자신만만한 표정으로 카메라를 응시했다. 자기 가족이 조만간 제1차 세계대전에서 반이민 인종차별집단의 희생양이 되리라는 사실을 알지 못한 채. 영국은 곧 야만스러운 훈족독일인을 가리키는 멸시적인 표현-옮긴이으로부터 시민들을 지키기 위해 세계대전에 나섰다. 칼 헬렌슈미트도 그러한 훈족 중 한 명이었다. 문명화는 비열한 존 불John Bull, 전형적인 영국 사람을 뜻하는 표현-옮긴이로 위장하고서 칼 헬렌슈미트를 비롯한 무고한 사람들을 적이라는 명부에 올렸다. 밤이 오자 문명화의 탈을 쓴 폭도들이 칼의 가게에 침입했다. 문명의 아이콘인 그들은 칼의 아내를 목 졸라 죽이려 했다. 칼은 적국민敵國民 취급을 받으며 억류되었다. 그의 아내는 말기 우울증으로 쓰러졌다. 열두 살 난 칼 헬렌슈미트 주니어Karl Hellenschmidt Jr.는 학교를 그만두고 가게를 운영했다. 그 후 20년쯤 지나 또 다른 전쟁이 터졌다. 칼 헬렌슈미트 주니어는 거주지를 옮기고 이름을 바꿨다. 그는 '찰스 콜리어Charles Collier'가 되었다.

우리 중 상당수는 이주자의 후손이다. 소속감이라는 자연스러운 감정은 우리 가족을 희생시킨 잔혹한 본능으로 쉽게 번질 수 있다. 그렇지만 이주자를 향한 이러한 행위가 보편적인 것은 아니다. 올해 나는 우연히도 영국인들의 반독일 폭동에 자신의 아버지가 가해자로 가담했다는 사람을 만났다. 우리 가족과 마찬가지로 그의 가족 역시 무고한 이주자들이 부당한 취급을 받았다는 사실을 대대로 인식하고 있었다.

우리 할아버지는 가난에 찌든 독일의 에른스바흐Ernsbach라는 마을을 떠나 당시 유럽에서 가장 번창한 도시였던 브래드퍼드Bradford로 이주했다. 이는 결코 다른 나라로 이동한 게 아니었지만 시골에서 도시로, 즉 빈곤국에서 부유국으로 터전을 옮기는 근대 이주의 전형적 모습이었다. 일단 브래드퍼드에 정착하자 젊은 할아버지의 모험심에도 제동이 걸렸다. 그가 곧장 찾은 곳은 '작은 독일'로 불릴 만큼 독일 이주자들이 밀집한 지역이었다. 이러한 제한적 모험심은 오늘날 이주자들의 특징이기도 하다. 한 세기가 흐른 뒤 브래드퍼드는 더 이상 유럽에서 가장 번영한 도시가 아니었다. 도시의 운이 다했는지, 이제는 에른스바흐보다도 훨씬 뒤처지는 도시가 되었다. 그래도 브래드퍼드는 여전히 이주자들이 주로 찾는 도시이자 긴장감이 감도는 도시다. 이주자들이 뽑은, 본질적으로 이슬람 극단주의 성향인 영국 리스펙트 당의 유일한 하원의원이 브래드퍼드 출신이다. 그러나 몇 명의 이주자가 진짜 적이 되기도 했다. 이주자 네 명이 런던에서 57명의 사망자를 낸 자살 폭탄 테러에 가담했기 때문이다. 이주자들은 잔혹한 본능의 피해자일 뿐 아니라 가해자이기도 했다.

이 책은 한편으로 극빈국에 관한 나의 연구서 『빈곤의 경제학』의 연장선에 있다. 가난한 나라에는 직업이나 개인적 이유를 들어 서구의 부유한 나라로의 이주를 감행하는 사람들이 있다. 이들의 집단 이주가 남은 사람들에게 유익한지 해로운지에 관한 문제는 어렵고도 중요한 질문이다. 이주자들의 나라는 지상에서 가장 가난하며, 서구의 이주 정책은 이들에게 의도치 않은 영향을 준다. 적어도 우리는 우리가 이들 사회에 어떤 일을 무심코 저지르는지 자각하고 있어야 한다. 고국에 남을지, 아니면 주어진 기회를 최대한 이용해야 할지 갈등하는 빈곤국의 친구들을 인식해야 하는 것이다.

동시에 이 책은 나와 이념적으로 가까운 자유주의적 사상가들 사이에 유행하는 견해, 즉 근대 서구 사회가 탈국가적postnational 미래를 포용해야 한다는 생각에 비판적 입장을 취한다. 우리 가족의 배경만 본다면 내가 마땅히 그러한 새로운 정통적 견해를 무척 반길 것처럼 보일 것이다. 국경을 넘을 때 우리 가족은 각기 다른 세 종류의 여권을 보여줘야 한다. 나는 영국 사람이고, 아내 폴린은 네덜란드 국적이지만 이탈리아에서 자랐다. 반면 미국에서 태어난 아들 대니얼은 미국 여권을 자랑스럽게 꺼내 보인다. 내 사촌은 이집트 사람이고, 그의 어머니는 아일랜드 출신이다. 이 책은 나의 전작들과 마찬가지로 프랑스어로 썼다. 탈국가적 가정이란 것이 존재한다면 우리 가족은 틀림없이 이에 해당한다.

그렇지만 모든 이들이 국가를 넘나든다면 어떻게 될까? 국제 이주가 국적이 무색해질 만큼 흔해졌다고 가정해보자. 실제로 현재 각 나라들은 탈국가적 사회로 변하고 있다. 이러한 상황에 문제는 없을까? 나는 상당한 문제가 있다고 본다. 우리 가족 같은 삶의 방식은 확고한 정체성을 지닌 사람들에게 의존의 수준을 넘어 기생하는 것일 수 있는데, 이 확고한 정체성 덕분에 우리에게는 선택 가능한 독자적 사회들이 주어진다. 내가 연구하는 나라들, 즉 아프리카의 다문화 사회들은 약한 국가 정체성 때문에 부정적 여파를 분명하게 겪고 있다. 탄자니아의 초대 대통령 줄리어스 니에레레Julius Nyerere는 국민에게 공통의 정체성을 심어주려고 고군분투했다. 그렇지만 국가 정체성 자체가 해롭지는 않을까? 이러한 정체성이 다시 반훈족 폭동 같은 사태를 일으키지 않을까? 더 심각한 가정으로, 유럽의 탁월한 지도자 앙겔라 메르켈Angela Merkel 총리의 우려처럼 국가주의의 부활이 비단 반인종주의 폭동뿐만 아니라 전쟁으로까지 번지지 않을까? 나는 국가 정체성의 가치를 옹호하려면 이러한 두려움을 잠재울 만한 설명이 꼭 있어야 한다고 본다.

이 책을 쓰면서 나는 전작에 비해 세계적인 학자들의 도움을 훨씬 많이 받았다. 그들 중 일부는 동료들과 연구 파트너들이다. 전혀 만나보지 못한 사람들로부터도 그들의 저작을 통해 도움을 받았다. 근대의 학술 연구는 방대한 전문 분야로 나뉜다. 이주를 다루는 경제학만 보더라도 연구 분야가 고도로 전문화되어 있다. 이 책을 쓰기 위해서 크게 세 가지 질문에 대한 답이 필요했다. 이주를 감행하도록 하는 요인은 무엇인가? 이주는 남겨진 사람들에게 어떤 영향을 주는가? 이주가 유입국의 원주민에게는 어떤 영향을 주는가? 이들 물음에는 제각각 전문가가 필요하다. 책을 쓰면서 나는 이주와 관련된 주요 분야가 경제학이 아니라는 사실을 점차 깨달았다. 이주는 사회적 현상으로, 학술 연구로 치면 판도라의 상자를 여는 것과 같다. 복잡한 분석에 정점을 찍은 것은 윤리적 질문이었다. 즉 '다양한 영향을 어떠한 도덕적 잣대로 판단해야 하는가'라는 의문이었다. 경제학자들에게는 '공리주의'라고 불리는, 윤리적 색채가 약간 가미된 매끈한 도구가 있다. 공리주의는 전형적인 연구에 유용한 표준 도구가 되었다. 그렇지만 이주의 윤리학 같은 질문에는 매우 부적절한 도구다.

결국 이 책은 사회과학과 도덕철학을 관통하는, 이질적인 방대한 연구 분야를 통합하는 시도를 했다. 경제학 분야에서 내게 결정적 영향을 준 것은 정체성에 대한 혁신적 개념을 제시한 조지 애커로프George Akerlof와, 이주 과정에 대한 엄밀한 분석을 제시한 프레데릭 도퀴에Frédéric Docquier가 쓴 책들이었다. 특히 경제지리학에 대해, 그리고 이 책에서 사용한 효율적 분석 도구인 모형과 관련해 토니 베나블스Tony Venables와 벌인 논쟁이 큰 도움을 주었다. 사회심리학 분야에서는 닉 롤링스Nick Rawlings와 벌인 논쟁이, 그리고 스티븐 핑커Steven Pinker, 조너선 헤이트Jonathan Haidt, 대니얼 카너먼Daniel Kahneman, 폴 자크Paul Zak가 쓴 책이 도움을 주었다. 철학 분야는 사이먼 선더스Simon Saunders, 크리스 후크웨이Chris hookway와 벌인 논쟁을 통해, 그리고 마이클 샌델Michael Sandel이 쓴 책을 통해 한 수 배웠다.

이 책은 '어떤 이주 정책이 합당한가?'라는 질문에 답하기 위해 썼다. 사실 이러한 질문을 제기하는 것조차 어느 정도 용기가 있어야 한다. 이주는 그야말로 긁어 부스럼인 주제이기 때문이다. 그래서인지 유권자들에게 초미의 관심사인 이주라는 주제를 다룬 문헌들은 아주 드문 경우를 제외하면, 편협하거나 전문적이고 확고한 자신의 견해에 부합하는 내용만 추린 게 대부분이다. 나는 모두가 이해하기 쉬운 솔직한 책을 쓰려고 노력했다. 이 책은 분량도 짧고 전문적 문체도 아니다. 때로는 추측에 근거한 비정통적 논쟁도 나오는데, 그런 대목이 나오면 솔직히 밝힐 것이다. 그러한 내용은 전문가들이 추측성 주장을 밝히는 연구에 뛰어들도록 자극하기 위한 목적으로 썼다. 무엇보다도 나는 이 책에 나오는 근거와 주장을 통해, 자극적 표현을 일삼으며 극단적으로 갈린 견해를 뛰어넘어 이주 정책에 대한 대중적 공개토론이 열리기를 희망한다. 이주라는 쟁점은 지금처럼 방치하기에는 너무나 중요한 사안이기 때문이다.

차례

1부
왜 태어난 나라를 떠나는가

이 책은 금기를 깨려는 시도다. 금기를 깨려는 모든 시도가 그렇듯,
나는 이 작업이 초래할 위험에 대해 촉각을 곤두세울 것이다.
정통적 견해를 고집하는 근본주의 세력들 역시
자신들의 파트와로 무장한 채 버틸 것으로 예상된다.
이제 출발할 때가 왔다.
그 출발점은 왜 이주가 가속화되는지를 이해하는 것이다.

1장
이주라는 금기

　　부유국으로 향하는 빈곤층의 이주 현상에는 온갖 유해한 관계들이 얽혀 있다. 집단 빈곤이 여전한 최하층 국가의 현실은 21세기의 체면을 구겨놓았다. 이들 국가에는 다른 나라에서 더 여유롭게 살 수 있음을 깨닫고 이주를 꾀하는 상당수의 젊은이들이 있다. 이들은 합법적 수단과 불법적 수단을 동원하며, 그중 일부가 탈출에 성공한다. 개인이 탈출에 성공했다는 것은 불안해진 부유층이 쳐놓은 관료적 장벽을 정신력과 용기, 기지를 발휘해 뛰어넘었다는 뜻이다. 이주 현상을 이러한 감정적 시각으로 접근하면 문호개방을 제외한 그 어떤 이주 정책도 옹졸한 행위가 된다. 똑같은 이주 현상을 이기적 행위로 바라볼 수도 있다. 즉 부양가족을 버리고 운명 개척의 여지가 적은 기업 활동의 불모지를 포기한 노동자들이 더 절박한 사람들에 대한 책임을 방기했다고 보는 것이다. 이렇듯 감정적 시각으로 이주를 대하면, 이주 정책은 이주자에게 버림받고 남겨진 사람들에게 어떤 영향을 주는지 고려해야 하는 정책이 된다. 심지어 동일한 이주 현상을 역逆제국주의로 조명할 수도 있다. 즉 한때 식민 지배를 받았던 사람들이 자행하는 보복 행위로 보는 것이다. 이러한 관점에 따르면 이주자들은 유입국에 식민지를 세워 가난한 원주민들의 자원을 빼돌리거나 이들과 경쟁하고 또 이들의 가치를 낮추는 존재가 된다. 이 해석에 의하면 이주 정책은 원주민을 보호하는 정책이 되어야 한다. 이주가 감정을 자극하는 현상이긴 해도 예상되는 여파에 대한 감정적 대응은 이주 정책을 어떤 방향으로든 유도할 수 있다.

이제껏 이주는 분석 대상이기에 앞서 정치적 논란거리였다. 빈곤국에서 부유국으로 움직이는 사람들의 이동을 단순한 경제적 과정이라 여겨도 그 여파는 복합적이다. 이주에 관한 공공정책은 이러한 복잡한 맥락을 반영해야 한다. 현재 이주 관련 정책은 유출국과 유입국 양쪽 모두 매우 다양하다. 유출국 중에는 이주를 적극 장려하고 디아스포라diaspora, 넓은 의미로 고국을 떠나 해외에 흩어져 살고 있는 사람들을 뜻한다-옮긴이와 계속 교류하는 공식 프로그램을 운영하는 정부가 있는가 하면, 자국 이탈에 엄격하고 디아스포라를 적으로 여기는 나라들도 있다. 유입국의 경우 나라마다 허용하는 이주율의 편차가 매우 크다. 세계에서 가장 부유한 나라 중 하나인 일본의 경우 이주에 완전히 폐쇄적이다. 반면 일본과 마찬가지로 세계적 부유국인 두바이는 급속한 이주를 성장 동력으로 삼은 결과, 현재 거주 인구의 95퍼센트가 비원주민이다. 유입국들은 이주자 선별에서도 다양한 모습을 보여준다. 학력 조건에서 호주와 캐나다는 미국보다 훨씬 까다롭고, 미국은 유럽보다 엄격한 편이다. 정착한 이주자들의 권리 역시 유입국마다 다르다. 이주자에게 원주민과 동등한 법적 권한을 주는 국가부터, 친척을 데려올 수 있는 권리, 계약직 노동자로 일할 권리, 본국에 강제 송환하거나 시민권을 전혀 주지 않는 국가에 이르기까지 나라마다 각양각색이다. 이주자들의 의무 역시 다양한데, 특정 지역에 살면서 그 지역 언어를 익혀야 하는 경우도 있고, 자국어 집단과 자유롭게 모일 수 있는 경우도 있다. 동화 정책을 강요하는 경우도 있고 문화적 차이를 인정해주는 경우도 있다. 공공정책 영역에서 이주 정책만큼 편차가 큰 분야도 없는 듯하다. 그렇다면 이러한 정책적 다양성은 환경의 차이가 세심하게 반영된 결과일까? 그렇지 않은 것 같다. 이주 정책의 변화무쌍함은 감정적 태도와 부족한 인식이 그대로 반영된 듯하다.

그동안 이주 정책은 서로 다른 근거보다는 서로 다른 가치관 때문에 갈등을 빚어 왔다. 가치 판단은 좋은 쪽으로든 나쁜 쪽으로든 분석의 틀을 결정할 수 있다. 우리가 가치 충돌을 해결하기 전에는 이주를 비롯한 그 어떤 사안도 규범적 평가를 내리기 어렵다고 보는 것은 좋은 경우에 해당한다. 반면 윤리적 판단으로 분석을 결정짓는 것은 나쁜 경우에 해당한다. 최근 발표한 연구에 따르면, 도덕심리학자 조너선 헤이트는 도덕적 가치가 제각기 다른 사람들이더라도 결국 두 집단으로 나뉘는 경향이 있다고 한다.[1] 조너선은 매우 놀랍게도, 특정 사안에 대한 도덕적 판단을 내릴 때 사람들이 고수하는 가치가 추론을 규정하지 그 반대가 아님을 보여주었다. 흔히 추론이 판단을 정당화하고 또 판단을 설명해준다고 생각한다. 그렇지만 현실에서 우리는 추론을 끌어다가 이미 자신의 도덕적 취향에 맞게 내린 판단을 정당화하는 데 쓴다. 그 어떤 중대 사안도 한쪽 주장에만 온갖 배타적 근거를 늘어놓는 경우는 없는데, 이주 문제만큼은 아닌 것 같다. 우리의 윤리관이 우리가 수용하려는 추론과 근거를 결정한다. 그래서 우리는 자신의 가치관과 부합하는 근거는 아무리 빈약해도 믿는 반면, 자신의 가치관에 어긋나는 근거는 무시하고 독설을 퍼붓는다. 이주에 대한 윤리적 취향은 양극화되었고, 각 진영은 자신의 편견에 맞는 주장과 사실만 수용하려 든다. 하이트는 이러한 미숙한 편견이 수많은 사안에서 드러난다고 주장했다. 이 경향은 이주와 관련해 더욱 두드러진다. 대다수 정책적 사안에서 가장 박식한 논쟁을 보여주는 자유주의 집단에서도 이주는 금기시하는 주제였다. 이들이 허용하는 의견이라고는 이주에 대한 대중적 반감에 유감을 표명하는 것뿐이었다. 아주 최근, 경제학자들은 금기의 구조에 관해 전보다 나은 해석을 내놓았다. 구조화된 금기는 금기를 뒤흔들 근거들로부터 사람들을 차단해 이들의 정체성을 보호하는 역할을 한다고 한다.[2] 금기가 사람들의 말을 단속함으로써 사람들의 귀를 막아야 하는 수고를 덜어주는 것이다.

근거를 둘러싼 논쟁은 원칙상 어느 한쪽이 잘못된 근거라고 인정하면 풀릴 수 있는 반면 가치관을 둘러싼 충돌은 해결하기 힘들 수 있다. 일단 입장이 다르다는 것이 확인되면 가치관의 차이는 최소한 존중받을 수 있다. 나는 채식을 하는 사람이 아니지만 채식을 하는 사람이 엉뚱한 가치에 현혹된 사람들이라고 보지 않으며, 채식하는 손님에게 푸아그라를 강권하지도 않는다. 나는 이런 것보다 사람들이 자신의 가치관에서 끌어낸 추론을 다시 검토하도록 유도하는 일에 더 관심이 있다. 대니얼 카너먼이 『생각에 관한 생각』에서 설명한 것처럼, 우리는 근거를 적절히 활용해 차분히 사고하는 과정을 꺼리는 경향이 있다. 그저 순간적인 판단, 보통 자신의 가치관과 맞는 판단에 기대는 편이다. 대개의 경우 그러한 판단이 놀랄 만큼 진실에 근접하긴 하지만, 사람들은 이런 방식에 지나치게 의존적이다. 이 책을 쓴 목적은 사람들이 자신이 고수해온 가치로 내린 순간적 판단을 뛰어넘도록 하는 데 있다.

나 역시 다른 사람들처럼 이주라는 주제에 선입견을 갖고 접근했다. 그러나 이주에 관한 글을 쓰면서 선입견에서 벗어나려고 노력했다. 나의 연구에 따르면, 이주는 거의 모든 이들이 확고한 의견을 갖는 주제다. 사람들은 보통 겉핥기식 분석으로 자신의 견해를 뒷받침한다. 조너선 헤이트의 연구와 마찬가지로, 나 역시 그러한 견해들이 대개 탁월한 근거에서 도출되었다기보다 선험적인 도덕적 취향에서 나온 것이라고 본다. 근거에 따른 분석은 경제학의 주특기다. 다수의 정책 사안들처럼 이주 문제에도 경제적 원인과 결과가 있으므로 이주에 대한 정책 평가를 주도하는 것은 단연코 경제학이다. 우리는 경제적 분석 도구 덕분에 원인 및 결과에 대해 단순한 상식 차원에서 얻는 것보다 더욱 전문적인 답을 얻을 수 있다. 일반인들이 가장 우려하는 이주의 여파 중에는 사회적인 맥락도 있다. 이러한 내용도 경제적 분석에 담을 수 있으며, 나 역시 이를 시도하고 있다. 그렇지만 대개의 경우 경제학자들은 이러한 영향을 매끈한 말로 포장해 소홀히 다뤄왔다.

실제 정책을 결정하는 정치인들은, 가치 판단에 치우친 유권자들의 우려와 경제학자들의 편향된 모형 사이에 끼여 있다. 그러다보니 정책들이 혼란스럽다. 정책은 나라마다 다를 뿐 아니라, 경제학자들이 선호하는 문호개방과 유권자들이 지지하는 문호폐쇄 사이에서 요동친다. 영국의 경우, 1950년대에 문을 열었다가 1968년에 일부 문을 닫은 후 1997년에 다시 열어젖히더니 현재는 문을 다시 걸어 잠갔다. 이주 정책은 정당에 따라 변하기도 한다. 네 번의 정책 변화 중 노동당과 보수당은 각각 한 차례의 문호개방과 한 차례의 문호폐쇄에 대한 책임이 있다. 정치인들은 흔히 발언은 강하게 하고 행동은 조심스럽게 하는 경향이 있는데 그 반대인 경우는 매우 드물다. 가끔 정치인들은 시민들이 선호하는 정책에 당황하는 기색을 보인다. 스위스는 일반 국민이 정부에 대해 국민투표를 진행할 수 있는 보기 드문 나라다. 시민들이 이러한 권력을 이용한 사례 중 하나는 역시나 이주 문제였다. 스위스 대중은 이슬람 사원 첨탑 건설 금지안을 둘러싼 국민 찬반투표에서 이주에 대한 우려 섞인 시선을 드러냈다. 투표 결과 첨탑 건설 금지안은 통과되었다. 자국민의 입장에 당황한 스위스 정부는 그 파장을 최소화하기 위해 부심했다.

이주에 관한 도덕적 입장은 빈곤, 국가주의, 인종주의에 대한 도덕적 입장과 혼란스럽게 뒤섞여 있다. 현재 이주자의 권리에 대한 인식은 과거의 갖가지 잘못에 대한 죄책감에서 생겨난다. 이주 정책에 대한 합리적인 토론을 하려면 일단 그러한 우려들을 해소해야 한다.

가난에 찌든 다른 나라 사람들을 도와야 한다는 도덕적 책임감moral obligation은, 이들을 부유한 나라로 이동할 수 있게 하는 것이 그들을 돕는 방법 중 하나라고 본다. 그렇지만 빈곤층을 도와야 한다는 책임감이 곧 국경 너머로 그들을 자유롭게 오가도록 하는 일반적 책임감generalized obligation을 뜻하지는 않는다. 실제로 빈곤층이 부유국으로 자유롭게 이동할 수 있어야 한다고 보는 사람들이, 부유층이 빈곤국으로 이동할 권리에는 제일 먼저 반대하고 나설 것이다. 식민주의라는 불편한 기억이 떠오르기 때문이다. 가난하기 때문에 이주할 권리가 있다는 주장은 두 가지 쟁점을 혼동하고 있으며, 그 두 가지는 별개로 다루는 것이 바람직하다. 두 가지 쟁점이란 가난한 자들을 도와야 한다는 부자들의 책임감과 나라 사이를 자유롭게 오갈 수 있는 가난한 자들의 권리다. 전자를 옹호하기 위해 후자를 주장할 필요는 없다. 가난한 사람들을 도와야 한다는 책임감은 무수히 많은 방법으로 실천할 수 있다. 빈곤국의 이주를 받지 않기로 결정한 나라가 빈곤국에게 더욱 관대한 다른 정책을 택할 수 있다. 예를 들어 노르웨이 정부는 이주 제한에는 비교적 엄격하지만, 이에 상응하듯 원조 정책에는 관대하다.

세계의 빈곤층을 돕자는 도덕적 책임감은 때로 이주 권한에 대한 입장에도 침투하는데, 좀 더 강력한 침투 사례로 국가주의 nationalism에 대한 반감을 들 수 있다. 국가주의가 꼭 이주 제한을 뜻하는 것은 아니지만, 국가주의적 정서가 없다면 이주 제한을 정당화할 근거도 없을 것이다. 자국민끼리 느끼는 공통의 정체성이 외국인들과 공유하는 정체성보다 조금이라도 더 크지 않다면, 외국인 입국 제한 조치에 집단적으로 동의하는 것은 이례적인 일이라 할 법하다. 이러한 나라는 '우리'와 '그들'이라는 구분이 전혀 없기 때문이다. 따라서 국가주의가 없다면 이주 제한 조치를 옹호할 윤리적 근거를 마련하기 어렵다.

놀라운 사실은 아니지만, 국가주의에 대한 반감은 유럽이 가장 크다. 국가주의로 거듭 전쟁을 치렀기 때문이다. 이러한 유산을 떨쳐내기 위한 고귀한 시도에서 탄생한 것이 유럽연합이다. 국가주의에 대한 반감은 자연스럽게 국경에 대한 반감으로 확대된다. 즉 유럽연합의 결정적 성취는 유럽인들이 유럽연합 내에서 어디든 자유롭게 이동할 수 있게 한 것이다. 몇몇 유럽인에게 국가 정체성은 이제 옛말이다. 나의 젊은 친척 중 한 명은 런던 사람이라는 정체성은 있지만 이를 넘어선 지리적 정체성은 인정하지 않는다. 국가 정체성을 버리는 것이 최선이라면, 이주자 유입 차단을 정당화하는 윤리적 근거는 거의 사라질 것이다. 누구든 아무 데서나 살면 어떠냐고 반문할 테니 말이다.

국가 정체성 수용은 나라마다 편차가 심하다. 프랑스와 미국, 중국, 스칸디나비아의 경우 국가 정체성이 강하지만 이것이 정치색과는 무관한 반면, 독일과 영국은 극우 정치 세력이 국가 정체성 개념을 장악하면서 이를 금기시하는 분위기다. 강한 국가 정체성을 경험한 적 없는 여러 나라들은 보통 국가 정체성의 부재를 우려하고 유감스러워한다. 캐나다의 정치인 마이클 이그나티에프Michael Ignatief는 프랑스어를 사용하는 퀘벡 주민과 영어를 사용하는 캐나다인 사이에 초언어적 정체성을 심으려고 오랜 세월 노력했지만 결국 실패하고 말았음을 실토해 최근 논란을 낳았다.[3] 아프리카는 부족 정체성에 비해 국가 정체성이 약한 현실 때문에 골치를 앓는 곳으로, 이를 바로잡는 것은 훌륭한 리더십의 몫이다. 무정부 상태를 장기간 유지한 것으로 현재 세계기록을 보유하고 있는 벨기에의 경우 네덜란드어를 쓰는 플레미시Flemish 사람들과 프랑스어를 쓰는 왈로니아Walloons 사람들이 연정 구성에 합의하지 못했기 때문에 그동안 공동의 정체성을 심으려는 시도조차 하지 않았다. 한번은 벨기에 대사인 친구와 저녁식사를 하던 중 이 친구의 정체성이 화제에 올랐다. 그는 벨기에 사람이라는 정체성을 거부하는 데 전혀 거리낌이 없었는데, 이는 플레미시나 왈로니아 그 어디에도 소속감이 없어서가 아니었다. 그보다는 본인을 세계 시민으로 여기기 때문이었다. 이 친구는 가장 고향 같은 정감을 느낀 곳으로 프랑스의 어느 마을을 지목했다. 아마도 프랑스 대사 중 이러한 정서를 갖춘 사람은 거의 없을 것이다. 캐나다와 벨기에 모두 국가 정체성은 약하지만 고소득을 유지해온 나라다. 그렇지만 약한 국가 정체성에 대한 이들의 해결책은 서로 다른 언어 집단끼리 공간적으로 철저히 분리하는 것이었고, 이는 정치적 권한을 국가 하부단위로 과감히 넘기는 정책과 병행되었다. 공공서비스 보급이라는 현실적 기준으로 볼 때, 캐나다와 벨기에는 결속력이 없는 두 개의 나라가 아니라 응집력 있는 정체성을 갖춘 네 개의 나라다. 영국은 비교적 최근에 구성원의 출신지가 다국적화되면서 국가 정체성 수용에 혼란이 빚어지고 있다. 일부 이주자를 제외하면, 영국에 사는 사람 그 누구도 자신의 정체성을 영국인으로 보지 않는다. 스코틀랜드에서는 국가 정체성이 주류 문화의 하나로 공공연하게 선전되는 반면, 영국이라는 국가 정체성은 체제에 위협적이라고 본다. 공식적으로 휘날리는 영국 국기가 스코틀랜드 국기보다 훨씬 적을 정도다.

국가주의는 나름 유용한 면이 있다. 남용 가능성을 잊지 않아야 하겠지만, 정체성을 공유하면 협력 가능성이 높아진다. 사람들은 국가 하부단위와 국가 상부단위의 여러 층위에서 협력할 수 있어야 한다. 국가 정체성 공유가 협력을 끌어내는 유일한 해결책이라 할 수는 없지만 국가는 꾸준하게 두드러진 역할을 한다. 이는 과세와 공공지출을 보면 확연하다. 물론 두 가지는 다른 정부 차원에서도 가능한 역할이나, 국가 차원에서 이뤄지는 것이 압도적으로 중요하다. 따라서 국가 정체성의 공유가 국가 차원에서 사람들의 협력 가능성을 높인다고 할 때, 국가 정체성은 실로 중요한 일을 하고 있는 것이다.

정체성을 공유하면서 사람들은 부유층에서 빈곤층으로 향하는 국부의 재분배를 수용한다. 따라서 국가 정체성에 대한 반발은 자칫 큰 대가를 치를 수 있다. 국민들의 협력 가능성을 낮추고 다소 불평등한 사회를 낳을 수 있기 때문이다. 그러나 여러 이점이 있다 해도 국가 정체성을 단념해야 하는 상황이 있을 수 있다. 국가주의가 호전성으로 거침없이 이어진다면 국가주의를 포기하고 그 대가를 감수해야 한다. 유럽에서 국가주의가 퇴색한 후

유럽은 장기간 전례 없는 평화를 누렸다. 이러한 연관성은 앙겔라 메르켈 같은 정치인들이 유럽 통합의 상징물을 추진하게 만든 동력이 되었고, 그중 유로는 전쟁 복귀를 차단하는 상징물로 가장 두드러졌다. 그렇지만 국가주의의 쇠퇴가 폭력을 감소시켰다는 추론은 잘못된 인과관계다. 국가주의를 쇠퇴시킨 것은 폭력에 대한 반감이기 때문이다. 더욱 중요한 사실은, 폭력에 대한 반감으로 폭력적 상황이 전개될 가능성이 현저히 낮아졌다는 점이다. 폭력에 대한 두드러진 태도 변화로 이제 유럽의 전쟁은 상상하기 힘들어졌다.

나는 국가주의의 해악을 막기 위해 국가 정체성을 버릴 필요는 없다고 주장할 것이다. 국가 정체성 공유가 유용하다면, 이는 평화로운 국가와 안전하게 공존할 수 있다. 실제로 북유럽 국가들이 이를 증명해 보였다. 애국심을 드러내는 데 주저함이 없는 이들 나라는 그 애국심 때문에 주변국들과 경쟁이 붙을 정도다. 이 지역에는 전쟁의 역사가 있다. 스웨덴과 덴마크 모두 각각 핀란드와 노르웨이를 희생시키며 오랜 분쟁을 치렀다. 그렇지만 이제는 평화의 지속을 아무도 의심하지 않는다. 협력을 위한 유럽 공식기구가 평화를 지탱해서가 아니다. 사실 유럽의 공식기구들은 북유럽 국가들을 통합하기는커녕 의도치 않게 갈라놓았다. 노르웨이는 유럽공동체에 속하지 않지만 다른 세 국가는 공동체에 속한다. 그리고 이들 세 국가 중 핀란드만 유로존eurozone이다. 결국 유럽통합기구는 이들 네 나라를 서로 다른 세 집단으로 쪼갰다. 북유럽 국가들은 세계적으로 수준 높은 양질의 삶을 누려왔다. 개인소득이 높으면서도 사회적으로 평등하고, 공공서비스 역시 원활히 제공된다. 애국심과 공동의 정체성을 양적으로 환산할 수는 없지만 이 지역은 그 수치가 분명 높은 곳이다.

빈민층에 대한 책임감과 국가주의에 대한 두려움이 사회에서 이주를 제한할 권한이 있는지와 관련해 혼란을 낳았다면, 각 나라를 이동할 자유를 자연권으로 옹호하는 주장에 가장 강력한 영향을 끼친 것은 바로 인종주의에 대한 반대였다. 유럽과 미국의 인종주의 역사를 감안할 때, 인종주의 반대가 그토록 뜨거웠다는 사실은 어느 정도 당연하고 또 전적으로 타당하다. 빈곤국에서 온 대다수 이주자들은 부유한 유입국의 원주민들과 인종적으로 확연히 구분되므로, 이주 반대를 외치면 이것이 인종주의로 연결될 위험이 있다. 영국에서는 1960년대에 한 고위급 인사가 이주 반대 연설을 하면서 이 위험선을 넘어버렸다. 그는 인종 간 폭력이 현실이 될 수 있다면서 아프리카와 남아시아 출신 이주자들을 반대하는 원색적인 연설을 했다. 오래 전 사망한 2류 정치인 이녹 포웰Enoch Powell의 이 어리석은 연설로 영국은 40년 동안 이주 정책에 대한 논쟁이 차단되었다. 이주 반대가 곧 인종주의로 연결되는 분위기에서 주류 담론은 이주 문제를 입 밖에 꺼내지 못했다. "피로 물든 강rivers of blood"이라는 포웰의 얼토당토않은 전망은 이주 관련 논의를 차단했을 뿐 아니라 자유주의 세력이 무엇을 두려워하는지 여실히 보여주었다. 그들에게 잠복한 두려움은 바로 이주자와 원주민 사이에 생길지 모를 인종 간 폭력이었다. 따라서 이후 영국에서는 잠자는 사자를 건드릴 만한 그 어떤 언행도 용납되지 않았다.

이 금기는 2010년에 폴란드인의 대량 이주를 맞이하면서 겨우 깨졌다. 폴란드에 대한 영국의 이주 정책은 유달리 관대했다. 폴란드가 유럽공동체에 가입했을 때, 과도기 협정에 따라 폴란드 경제가 적응할 때까지 폴란드인 이주에 대한 규제 권한을 회원국이 갖기로 했다. 영국을 제외한 모든 주요 회원국들이 적정한 제한 조치를 했다. 영국 정부가 이에 동참하지 않은 이유는 영국으로 이주해 오는 동유럽인이 극소수, 즉 한 해에 고작 1만 3,000명 정도일 것이라는 영국 공공 기관의 예측 때문이었을 것이다. 이 전망은 완전히 빗나갔다. 이후 5년 동안 동유럽에서 영국으로 온 이주자는 100만 명 정도였다.[4] 이러한 규모의 이주에 대해, 우리 가족과 같은 영국 가정들은 성실하고 숙달된 기능공들이 들어오면 유익하다며 이들을 환영한 반면, 원주민 노동자들은 이주자의 존재에 위협을 느끼며 이들을 못마땅하게 여겼다. 환영이든 반대든 모두 자기중심적 판단에서 나온 것으로, 그 어느 쪽도 인종주의가 개입했다고 볼 수 없었다. 폴란드인은 공교롭게도 백인에 기독교도였다. 2010년 영국 총선에서 이와 관련한 결정적 순간이자 그야말로 희극적인 사건이 있었다. 당시 총리였던 고든 브라운Gordon Brown은 참모가 고른 일반 시민과 대화를 주고받은 후 마이크가 계속 켜진 줄 모르고 참모와 대화를 이어갔다. 일반 시민이었던 여성유권자는 유감스럽게도 최근의 이민 물결에 대한 불만을 늘어놓았다. 브라운은 누가 그 유권자를 골랐냐며 참모를 질책하고는 그 여성을 "고집불통"이라고 표현하며 험담했는데 이것이 고스란히 방송사 마이크에 녹음되었다. 당시 영국 유권자들이 널리 우려하던 사안에 대한 부족한 현실 감각을 드러낸 브라운 총리는 결국 총선에서 완패한다. 노동당의 새 지도부는 이전의 문호개방이 실책이라며 사과했다. 이제 영국에서도 인종주의라는 색채를 지우고 이주를 논의할 수 있게 되었는지도 모른다.

그렇지만 실은 아닐 수도 있다. 인종은 빈곤이나 종교, 문화 등과 같은 다른 속성과도 밀접해서, 이런 속성들을 잣대로 이주를 제한하려는 그 어떤 움직임도 인종주의를 낳는 트로이의 목마로 보일 수 있다. 이런 상황에서 이주에 대한 공개 논쟁은 여전히 불가능하다. 내가 이 책을 쓰기로 결심한 것은 인종과 빈곤, 문화라는 개념을 구분하는 것이 이제는 가능해졌다고 판단했기 때문이다. 인종주의는 인종별로 유전적 차이가 있다고 믿지만, 이는 전혀 근거 없는 믿음이다. 빈곤 역시 유전이 아닌 소득과 관련이 있다. 기술 발달로 번영을 구가하는 시대에 집단 빈곤이 여전한 현실은 우리 시대의 매우 큰 불명예이자 현 시대에 대한 도전이다. 문화는 유전적으로 전승되지 않는다. 문화는 중요한 물리적 영향력을 갖는 규범과 관습으로 이뤄진 집합적 유동체流動體다. 인종에 따른 행동의 차이를 용인하지 않는 것은 인간에 대한 존엄성을 보여준다. 반면 문화에 따른 행동의 차이를 용인하지 않는 것은 당연한 사실을 부인하는 편협한 시각을 보여주는 것이다.

나는 이러한 구분의 정당성에 기대면서도, 혹시 내 판단이 틀리지는 않는지 예의 주시한다. 이 쟁점이 중요한 이유는 차차 밝히겠지만 이주 정책의 여파 중 상당수가 소득과 문화적 차이에 달려 있기 때문이다. 만약 여기에 인종주의적 색채가 가미된다면 적어도 영국에서는 이 논쟁을 하지 않는 것이 상책이다. 우리가 아직도 이녹 포웰이 길게 드리워놓은 그림자에서 자유롭지 못하다는 뜻이기 때문이다. 따라서 나는 어디든 거주할 권리가 반인종주의에서 자연스럽게 나오는 논리적 귀결은 아니라고 연구에서 가정했다. 설령 그러한 권리가 있다 하더라도, 이후 살펴보겠지만 빈곤과 국가주의, 인종주의에 대한 합리적 우려에서 그러한 권리가 단순하게 도출되지는 않는다.

세 집단을 생각해보자. 이주자들 자신과 유출국에 남겨진 사람들, 유입국의 원주민들이다. 우리는 이들 각 집단이 어떤 일을 겪는지 설명해줄 이론과 근거가 필요하다. 첫 번째 관점은 이주자에 대한 것으로, 가장 간단한 내용이므로 맨 마지막에 다루겠다. 이주자들은 이동 장벽을 넘을 때 상당한 비용을 감수하는데, 그들이 거두는 경제적 이득은 그 비용을 훨씬 능가한다. 이주자들은 이주를 통해 가장 큰 경제적 혜택을 본다. 새로 등장한 몇몇 흥미로운 연구 결과에 따르면 이들이 얻는 큰 경제적 혜택은 일부 혹은 상당 부분 심리적 상실감으로 상쇄된다고 한다. 이 새로운 근거가 눈에 띈다 해도, 심리적 효과의 전반적 중요성을 판단할 만한 신빙성 있는 연구가 아직은 없다.

두 번째 관점은 빈곤한 유출국에 남은 사람들을 조명한 것으로, 내가 이 책을 쓰게 된 본래 동기이기도 하다. 이들 나라는 지상에서 가장 가난하며, 지난 반세기 동안 번영을 일군 주요 나라들에 비해 뒤처져 있다. 타국으로의 이주는 이들 나라의 턱없이 부족한 인재들을 유출시킬까, 아니면 이들 나라에 구명 밧줄이자 변화의 촉매제로 작용할까? 이주가 남은 사람들에게 미치는 효과를 논의할 때 완전한 문호폐쇄를 그 기준으로 잡는다면, 이주로 인해 이들의 형편은 훨씬 나아진다. 빈곤국과 다른 국가들 사이의 경제적 상호작용에도 같은 논리를 적용할 수 있다. 교역은 교역이 전혀 없을 때보다 낫고, 자본의 이동은 금융의 흐름이 전혀 없을 때보다 낫다. 그렇지만 가장 빈곤한 나라에서 자급자족 경제를 기준으로 삼는 것은 의미가 없고 적절하지도 않다. 그 어떤 진지한 정책 분석가도 이 상태를 기준으로 삼지 않는다. 적절한 비교를 하려면, 교역이나 자본 흐름에 대한 분석처럼, 현 상태를 자급자족 경제가 아니라 이주 속도가 증가하거나 감소한 경우와 비교해야 한다. 나는 이주를 통제하지 않을 경우 극빈국에서 오는 이주가 가속화된다는 사실을 증명해 보일 것이다. 즉 이들 나라에서 집단 이동exodus이 발생하는 것이다. 그렇지만 이주 정책을 결정하는 것은 빈곤국이 아닌 부유국이다. 부유국 정부들은 자국으로 들어오는 이주율을 결정하는 과정에서 본의 아니게 극빈국들이 겪는 이주율도 정하게 된다. 현재의 이주율이 이주가 전혀 없을 때보다 빈곤한 나라들에게 더 유익하다면, 이것은 과연 이상적일까? 이주 속도가 현재보다 다소 빨라지거나 느려지면 빈곤국은 더 큰 혜택을 얻게 될까? 이러한 의문은 최근까지도 뚜렷한 답을 얻지 못했다. 그렇지만 최근 등장한 매우 엄밀한 연구에 따르면 최하층 국가의 10억 인구 대다수에게 현행 이주율은 과도한 수준에 있다고 한다. 10년 전 이와 유사한 학술 연구가 이뤄지면서 자본 이동에 관한 정책적 재고를 할 수 있는 기반이 마련되었다. 학술 연구와 정책 변화 사이에 긴 시차가 있긴 하지만, 2012년 11월 국제통화기금International Monetary Fund은 자본 이동에 문을 여는 정책이 빈곤국에게 반드시 최선이라고 보지는 않는다고 발표했다. 선험적 도덕관념으로 선호하는 정책을 결정하는 근본주의자들은 이러한 세심한 평가들이 못마땅할 것이다.

마지막 관점은 유입국의 원주민들에 대한 것이다. 이는 이 책을 읽는 대다수 독자들의 직접적인 관심사일 터이므로 여기서부터 이야기를 풀어갈 것이다. 이주 규모와 이주 속도가 원주민과 이주자 사이, 그리고 원주민들 사이의 사회적 상호작용에 어떤 영향을 주는지, 숙련도와 연령대에 따라 원주민들에게 어떤 경제적 효과를 낳는지, 시간이 흐르면서 그 여파는 어떻게 변하는지를 다룰 것이다. 유출국에 남겨진 사람들에 대한 분석처럼, 유입국에 머무는 원주민의 경우에도 기준점이 문제가 된다. 적절한 기준점은 이주율이 없는 상태가 아니라 현행 이주율보다 다소 높거나 낮은 수준일 것이다. 그 지점은 나라마다 분명 다를 것이다. 호주 같은 인구 과소 국가는 네덜란드 같은 인구 과밀 국가와 기준점이 같지 않다. 나는 이 문제에 대한 답을 얻는 과정에서, 보통 사회적 효과가 경제적 효과를 능가할 가능성이 높고, 그 이유 중 하나로 경제적 효과가 대개 미미한 수준이기 때문이라고 주장할 것이다. 원주민들 중 가장 궁핍한 집단의 경우 이주의 순효과가 보통은 마이너스로 나타난다.

이 세 가지 관점을 살피는 긴 여정을 마치고 나면, 이주 현상을 전반적으로 평가할 수 있는 쌓기 블록이 생길 것이다. 그렇지만 현상에 대한 묘사에서 평가로 넘어가려면 분석적 틀과 윤리적 틀이 둘 다 있어야 한다. 이주를 옹호하는 전형적인 연구에서는 분석적 틀과 윤리적 틀이 이주를 사소한 문제로 만드는데, 상반된 효과들을 '논란이 많다'거나 '부차적'이고 '단기적'인 것으로 무시한 결과, 모든 중요한 효과들이 한 방향으로 움직이는 것처럼 보이기 때문이다. 하지만 정직한 연구라면 이익을 얻는 자와 손해를 보는 자가 공존한다는 점, 그리고 특정 집단에 미치는 전반적 영향을 밝힐 때 이익과 손해를 측정하는 방법에 따라 그 결과가 달라질 수 있다는 점을 받아들여야 한다. 손해를 보는 사람이 있고 혜택을 얻는 사람이 있다면, 누구의 이해관계를 앞세워야 할까? 이주에 관한 경제적 분석은 대개 명확하고 강력한 답을 내놓는다. 즉 승자가 얻는 이득이 패자가 입는 손해보다 훨씬 크다고 보고, 패자는 운이 없었던 사람이라고 결론짓는다. 화폐소득이라는 단순한 잣대로 측정하더라도, 이주에서 얻는 이득은 손실을 훨씬 능가한다. 그렇지만 경제학자들은 보통 화폐보다 더욱 정교한 개념인 '효용utility'을 쓰며, 효용으로 측정할 경우 이주에서 얻는 전반적 이득은 더욱 늘어난다. 다수의 경제학자들은 이러한 결과를 갖고 문제를 해결한다. 즉 이주 정책을 전 세계의 효용을 극대화하는 방향으로 정해야 한다고 보는 것이다.

5부에서 나는 이러한 결론을 반박할 것이다. 나는 이주 권한을 '전 세계적 효용'과 관련된 교묘한 분석으로 용해하면 안 된다고 주장할 생각이다. 국가는 중요하고 또 타당한 도덕적 단위다. 사실 이민자들이 오는 현상도 성공한 국민국가가 거둔 결실 때문이다. 이러한 국가가 존재하기에 그 국민에게, 특히 유입국의 가난한 원주민들에게 이주 정책에 대한 권한이 주어진다. 이러한 가난한 원주민들의 이해관계를 세계적인 효용 증대를 이유로 소홀히 다루면 안 된다. 유출국에 남겨진 사람들은 유입국의 가난한 원주민들보다 더 열악하게 산다. 이들은 이주자들보다 더 절박하고 그 수는 이주자들보다 훨씬 많다. 그렇지만 유입국의 가난한 원주민들과 달리 이들에게는 이주 정책에 대한 그 어떤 권한도 없다. 이들의 정부는 이주율을 통제할 수 없기 때문이다.

이주 정책은 유출국 정부가 아닌 유입국 정부가 결정한다. 어떤 민주국가든 대다수 시민들의 이해관계를 반영하는 것이 정부의 역할이지만, 가난한 원주민과 극빈국의 빈민층은 시민들의 관심을 받아 마땅한 대상이다. 따라서 유입국 정부는 이주 정책을 정할 때 가난한 원주민의 이해관계를 이주자와 빈곤국에 남겨진 사람들의 이해관계와 잘 조율해야 한다.

외국인 혐오주의자들과 인종주의자들처럼 이주자에게 적대적인 광적 집단들은 어떤 식으로든 이주가 원주민에게 해롭다는 주장을 하려 든다. 여기서 한 가지 수긍할 만한 반응이 나온다. 이들 집단에게 어떻게든 여지를 주지 않으려다 보니, 이주가 모두에게 유익하다는 것을 보이려고 사회과학자들이 온 힘을 쏟아 붓는 것이다. 결국 의도치 않게 외국인 혐오자들이 던진 질문인 "이주가 좋은가, 나쁜가?"를 전제로 받아들인 셈이다. 이 책의 핵심 메시지는 이것이 잘못된 의문임을 밝히는 것이다. 이주에 관한 이러한 질문은 "음식을 먹는 행동이 좋은가, 나쁜가?"라는 질문과 다를 바가 없다. 두 질문 모두 좋고 나쁘고가 아니라 가장 적당한 정도를 물어야 한다. 이주가 어느 정도 이루어지는 것이 전혀 이루어지지 않는 것보다 낫다는 점은 거의 확실하다. 그렇지만 지나치게 먹으면 비만이 되는 몸처럼 이주 역시 지나치면 문제가 된다. 나는 이주를 방치하면 이주에 속도가 붙으면서 과도한 상황이 생길 수 있음을 보일 것이다. 그러므로 이주 통제는 국가주의와 인종주의를 드러내는 당혹스러운 잔재가 아니라 소득 수준이 높은 모든 국가에게 중요한 사회정책적 수단이다. 우리를 당황시키는 것은 인종주의의 잔재가 아니라 그런 세력들의 부적절한 문제 제기다. 이는 결국 그동안 진지한 논의를 가로막아온 금기를 반영할 뿐이다.

이 책은 그러한 금기를 깨려는 시도다. 금기를 깨려는 모든 시도가 그렇듯, 나는 이 작업이 초래할 위험에 대해 촉각을 곤두세울 것이다. 정통적 견해를 고집하는 근본주의 세력들 역시 자신들의 파트와fatwa, 이슬람 율법에 따른 판결-옮긴이로 무장한 채 버틸 것으로 예상된다. 이제 출발할 때가 왔다. 그 출발점은 이주가 왜 가속화되는지를 이해하는 것이다.

2장
이주는 왜 **가속화**되는가

제1차 세계대전이 터지자 각 국가는 반세기 동안 국경을 봉쇄했다. 세계대전과 대공황으로 인해 이주는 사실상 힘들어졌고 이주자는 환영받지 못했다. 1960년대가 되자 자기가 태어난 지역에서 그대로 살고 있는 사람이 압도적으로 많았다. 그렇지만 반세기 동안 이동이 가로막히면서 세계 경제에 극적인 변화가 있었다. 나라 간 소득 격차가 벌어진 것이다.

한 사회에서 소득 분포는 둥근 봉우리 형태다. 즉 중간 즈음에 대다수가 몰려 있고, 양쪽으로 길게 드리운 꼬리 중 한쪽은 소수의 부자들이 다른 한쪽은 소수의 빈자들이 분포해 있다. 소득 분포가 보통 이런 모습을 띠는 통계상의 근본적 이유는 '운chance' 때문이다. 즉 행운과 불운이 반복되는 과정에서 소득이 발생하기 때문이다. 이러한 행운과 불운이 누적되어 둥근 봉우리가 생긴다. 경마에서 계속 이길 때처럼 행운이 누적되어 불어나면, 소수의 부유층에 해당하는 꼬리 부분이 더 길어진다. 소수가 실제로 더 부유해지는 것이다. 소득의 발생 과정에서 생기는 누적의 힘은 매우 강력하고 보편적이라 지상에 있는 모든 나라의 소득 분포가 이러한 경향을 보인다.

그러나 1960년대 국가 '간' 소득 분포는 전혀 이런 모습이 아니었다. 둥근 봉우리가 중앙이 아닌 양 끝에 등장했다. 이를 전문용어로 '이봉분포二峰分布, bimodal distribution'라고 한다. 좀 더 친숙한 표현으로, 부유한 세계와 가난한 세계가 공존했다고 할 수 있다. 부유한 세계는 역사상 유례 없는 속도로 부유해졌다. 프랑스의 경우 1945년과 1975년 사이에 1인당 소득이 세 배로 뛰었다. 프랑스인들은 이 기간을 '30년의 황금기'라고 부른다. 경제학자들은 이 새로운 현상의 원동력을 알아내기 위해 성장이론Growth Theory을 세웠다. 그렇지만 가난한 세계는 성장 기회를 놓쳤고 계속 그 상태에 머물렀다. 경제학자들은 발전경제학Development Economics을 통해 세상이 왜 양분되었으며 이런 현상이 어째서 지속되는지 그 이유를 이해하려고 했다.

번영을 이루는 네 가지 축

이주 정책을 논할 때, 어떤 나라들이 다른 나라들보다 훨씬 부유한 요인이 많은 것을 해명한다. 따라서 여기서는 경제 발전에 관해 전문가들의 견해와 나의 사고가 어떤 식으로 진화했는지 간략히 제시하겠다. 초창기 발전경제학은 놀라운 소득 격차를 보통 부존 자본량의 차이로 설명했다. 즉 고소득 국가의 노동자들은 가용 자본이 훨씬 많으므로 더 생산적이라고 봤다. 이러한 설명이 완전히 폐기된 것은 아니지만, 경제학은 자본이 국제적으로 이동하게 된 근본적인 변화, 즉 나라 사이에 엄청난 자본 흐름이 존재한다는 사실을 받아들여야 했다. 물론 극빈국으로 흘러가는 자본량이 눈에 띄는 편은 아니다. 빈곤국은 여전히 자본이 부족하다. 그렇지만 이제는 빈곤국들이 가난한 주원인으로 자본 부족을 내세우기 어렵다. 자본 부족에 시달리는 빈곤국이 가난한 이유를 다른 요인으로도 설명해야한다. 그래서 제시된 것이 서툰 정책 결정, 역기능적 이데올로기, 불리한 지리적 위치, 부정적인 직무 태도, 식민주의의 유산, 교육 부족 등이었고 학자들은 이를 탐구해왔다. 연구 대부분이 어느 정도 합리적 근거를 보여주었지만, 그 어느 것도 궁극적 설명이라 할 수 없었다. 예를 들면 정책은 그냥 결정되는 게 아니라 정치적 과정의 산물이다.

경제학자들과 정치학자들은 정치 조직체가 구성되는 과정에 차츰 주목했다. 즉 정치적 이익집단이 정책 선택에 영향을 주는 지속력 있는 제도를 만들어내는 과정에 주목했다.[1] 영향력 있는 주장 중 하나는, 번영을 위한 초기 핵심 조건들이 조세제도를 만드는 정치 엘리트들의 이해관계와 관련이 있다는 것이다. 역사적으로 유럽 정치인들은 군비 조달을 위해 세금을 거둬야 했다. 정부에게 이러한 조세제도를 이용해 경제 규모를 키우려는 이해관계가 생기면서 법에 의한 지배가 확립되었다. 사람들은 법에 따라 나라가 생산적 자산을 빼앗지 않는다는 확신이 들자 투자를 시작했다. 투자는 성장의 동력이었다. 이처럼 투자를 유도하는 안전한 기반 위에 또 다른 제도를 통해 소득 분배가 이루어졌다. 소외된 다수가 저항해 오면서 부유층은 포용적인 정치제도에 힘쓰지 않을 수 없었다. 그리하여 우리는 '재산 소유 민주주의property-owning democracy'와 만나게 되었다.

이와 관련해, 제도상의 핵심적 변화에 주목한 주장이 있다. 즉 생산 계층을 착취하는 데 혈안이 된 약탈적 엘리트로부터 생산 계층의 이익 보호에 힘쓰는 포용적 제도로 정치 권력이 이동했다고 보는 주장이다. 대런 에이스모글루Daron Acemoglu와 제임스 로빈슨James Robinson은 최근 등장한 중요한 연구에서, 군주에서 의회로 권력이 이동한 1688년 영국의 명예혁명이 세계 경제사에서 최초의 결정적 사건이며, 이를 통해 산업혁명이 촉발되고 세계적 번영의 길이 열렸다고 주장한다.

이러한 추론은 정치제도와 경제제도를 무엇보다 중시하는 입장이라 할 수 있다. 이처럼 민주적 제도를 중시하는 입장에는, 이 제도들이 취약할 경우 지도자를 교체해도 경제 성과만 변한다는 암시가 들어 있다. 건전한 제도는 지도자 개인의 특성에 따른 예상 밖의 변수를 통제한다.[2] 그러므로 공식적인 정치제도와 경제제도가 중요한 것이다. 고소득 국가는 저소득 국가보다 더 나은 정치제도와 경제제도를 갖추고 있다.

민주적 정치제도가 원활히 굴러가려면 일반 시민들이 정치인들을 강제할 만큼 박식해야 한다. 그렇지만 정치적 쟁점은 대개 복잡하고, 이주 정책 역시 복합적이다. 케인스는 일반 시민들이 담론을 통해 이해하기 쉬운 축약된 이론을 통해 복잡한 사안을 다룰 수 있어야 한다는 통찰력 있는 주장을 했다.[3] 담론은 쉽게 퍼지면서 일종의 공공재가 되지만 현실과 동떨어질 가능성이 있다. 질병에 대한 담론이 그렇다. 공중보건은 질병을 주술이 아닌 세균설로 설명하는 담론의 변화로 근본적 발전을 이루었다. 이는 19세기 후반 유럽이 겪은 변화인 반면, 아이티에서는 아직도 진행 중인 일이다. 아이티에서는 지진이 터져도 사람들이 병원에 가길 꺼린다. 담론은 그 내용에 따라 다르겠지만, 제도를 뒷받침하거나 보완하거나 또 훼손하기도 한다. "독일인은 더 이상 인플레이션을 용납하지 않는다"라는 담론은 도이치마르크를 지탱한다. 그렇지만 유로와 관련해서는 유럽 전반에 이러한 담론이 형성되지 못했다. 도이치마르크처럼 유로도 두 가지 재정 준칙이 담긴 제도적 보호 장치가 있다. 그렇지만 2001년부터 적용된 재정 규율을, 독일을 비롯한 17개 회원국 중 16개국이 어겼다. 유로는 유럽 지역에 뿌리내린 서로 다른 경제적 담론들을 새로 마련한 공동의 제도에 끼워 맞추려는 용감한 시도거나 무모한 시도다. 그러한 조율 과정은 더디고 결과도 불확실하다. 2012년에 스페인은 실업률이 27퍼센트였지만 독일보다 높은 물가상승률이 장기간 누적되어 경쟁력은 현저히 떨어졌다. 담론은 진화할 수 있지만 문제를 낳기도 한다.

유럽이 서로 다른 경제적 담론을 보여준다면, 미국과 남수단의 대조적 모습은 서로 다른 정치적 담론을 보여준다. 클린턴 대통령이 "바보야, 문제는 경제야!It's the economy, stupid!"라는 슬로건으로 대선에서 승리한 일화는 유명하다. 경제적 공감대가 형성 가능한 사회는, "딩카Dinka족은 누에르Nuer족에게 부당한 대우를 받아왔다"라는 담론이 지배적인 사회와는 정치제도를 활용하는 방식이 꽤 다를 것이다.[4] 마찬가지로 "외국인 투자로 일자리가 창출된다"라고 보는 사회는, "외국인 투자는 곧 착취"라고 생각하는 사회와는 투자관리당국National Investment Authority을 운영하는 방식이 다소 다를 것이다. 잘못된 담론은 결국 사라지지만 소멸되기까지 오랜 시간이 걸릴 수 있다. 따라서 나라 간 소득 격차가 두드러진 이유 중 하나는 고소득 사회의 제도를 뒷받침하는 담론이 저소득 사회를 장악한 담론보다 더 순기능적이기 때문일 것이다.

그렇지만 경제 행위를 통제하는 규율은 상당수가 비공식적이다. 따라서 소득 격차의 원인 분석은 제도와 담론을 넘어 사회규범으로 확대할 수 있다. 그중 두 가지 핵심 규범은 폭력 및 협력과 관련이 있다. 폭력적 사회는 법의 지배가 자리 잡지 못한다. 따라서 가정과 기업이 안전을 위해 별도의 노력을 기울여야 하며, 극단적인 경우 폭력의 표적이 되지 않기 위한 안전판으로 빈곤한 삶을 택하기도 한다.[5] 협력 가능성은 번영의 기본 토대다. 상품과 서비스 중에는 집단적으로 공급할 때 가장 효율적인 '공공재'들이 다수 있다. 따라서 평화와 협력이라는 사회적 토대는 성장이 핵심이지만, 이는 공식적 제도에서 직접 도출되지는 않는다. 스티븐 핑커는 폭력과 관련된 규범이 수세기 동안 각 단계를 거쳐 꽤 급진적으로 진화해 왔다고 설득력 있는 주장을 전개했다.[6] 초기 단계는 무정부 상태에서 중앙집권적 권력으로 가는 이행기다. 소말리아가 아직 겪고 있는 과정이기도 하다. 그 다음은 권력에서 권한으로 이행하는 단계다. 다수의 체제가 여전히 감내하고 있는 단계다. 가장 최근의 단계는 타인의 고통에 공감하는 능력이 커지고 씨족과 가문의 규범이 사라지며 폭력이 이전과 달리 용납되지 않는 단계다.

협력의 토대는 게임이론을 통해 집중 연구된 결과, 이제 상당한 이해 수준에 도달했다. 협력의 유지는 신뢰에 달려 있다. 사람들이 서로를 얼마나 믿는가는 사회마다 상당한 차이가 난다. 신뢰가 높은 사회는 협력을 끌어내기 쉽고 공권력에도 덜 의존하므로 거래 비용이 낮다. 따라서 공식적 제도뿐 아니라 사회규범도 중요하다. 고소득 사회를 장악한 사회규범은 저소득 사회에서 우세한 사회규범보다 개인 간 폭력은 현저히 낮게, 신뢰도는 더 높게 유지되도록 한다.

결국 제도와 담론, 사회규범은 노동력을 생산적으로 활용할 수 있는 효율적 조직을 가능하게 해준다. 높은 생산성은 조직의 규모와 노동자들의 직무 동기를 어떻게 제대로 융합하느냐에 달려 있다. 경제학자들은 오래전부터 대규모 조직이 생산적이라는 사실을 깨달았다. 대규모 조직은 규모의 경제가 가능하기 때문이다. 그렇지만 경제학자들은 최근에야 동기 부여에 대한 설득력 있는 분석을 발전시켰다. 그 이론의 한 축이 성과급이긴 하지만, 노벨경제학상 수상자 조지 애커로프와 레이첼 크랜튼Rachel Kranton은 성공한 조직이 정체성을 통해 동기 부여하는 과정을 연구함으로써 더 나은 성과를 얻었다. 효율적 기업은 생산성 향상을 유도하는 정체성을 갖도록 직원들을 설득한다.[7] 애커로프의 핵심 아이디어는 "훌륭한 배관공은 어떻게 탄생하는가?"라는 의문에 집약되었다. 그는 그 필수 조건은 기술 훈련도 아니고 성과급도 아니며, 배관공 스스로 "나는 훌륭한 배관공"이라고 정체성을 다지는 것이라고 주장했다. 이러한 정체성을 확립한 배관공은 작업이 만족스럽지 못하면 정체성이 흔들린다. 민간 부문에서 조직들은 경쟁을 통해 직원들의 생산성을 높이려고 한다. 애커로프와 크랜톤은 성공한 기업의 경우 직원들이 기업의 목표를 내면화하는 것에, 즉 '내부자insider'가 되도록 설득하는 일에 시간과 노력을 쏟아 붓는다는 사실을 밝혀냈다. 공공 부문에서는 정치적 책임감이 조직체의 생산성을 끌어올린다. 내부자 비중이 클수록 직원들의 생산성이 높아지며, 따라서 모두가 더 이득을 얻는다.

빈곤국이 가난한 이유 중 하나는 효율적 조직이 부족하기 때문이다. 즉 대부분의 조직이 규모의 경제를 누리기에 크기가 너무 작고 직원들에게 동기 부여를 못하는 경우도 많은데, 특히 공공조직이 그렇다. 예를 들면, 다수의 빈곤국에서는 교사들이 학교에 나타나지 않거나 기능적 문해functional literacy, 사회생활이 가능할 정도로 읽고 쓸 줄 아는 능력─옮긴이 같은 필수 능력이 부족한 경우가 허다하다. 결국 국제적인 시험 성적이 보여주듯이 이들 국가의 교육수준은 형편없다.[8] 이러한 교사들은 '훌륭한 선생'으로 자아정체성을 도약시키지 못했으며, 이러한 도약 실패는 한편으로 이들을 고용한 조직의 실패이기도 하다.

한 나라의 제도, 규율, 규범, 조직의 조합을 '사회 모델social model'이라고 부르자. 사회 모델은 고소득 국가들끼리도 매우 다르다. 미국의 경우 제도와 민간조직이 특히 강하지만, 공공조직은 유럽보다 약하다. 일본은 신뢰에 관한 규범이 미국이나 유럽보다 훨씬 강하다. 그렇지만 고소득 국가들은 세부적으로는 서로 달라도, 모두 제 역할을 톡톡히 해내는 사회 모델을 갖추고 있다. 조합은 제각각 다르지만 사회 모델의 구성요소들이 각 사회의 여건과 조화를 이루기 때문이다. 예를 들면 제도와 규범은 우세한 담론과 조직의 상황에 맞게 서서히 진화해 나간다. 이러한 조화 과정은 자연스럽게 이뤄지지 않는다. 오히려 각기 다른 수백 개의 사회들이 수천 년 동안 존재해 오다가 그중 어느 하나가 번영을 일구게 해주는 사회 모델과 우연히 만난다. 심지어 명예혁명도 번영을 목적으로 한 사건이 아니었다. 이는 종교적 편견과 정치적 기회주의가 뒤섞여 촉발된 사건이었다. 18세기에 나타난 영국의 사회 모델은 미국에 복제되어 진화해갔다. 이는 다시 프랑스의 사회혁명에 영향을 주었고, 프랑스는 무력을 앞세워 서유럽 전역에 자국의 새로운 제도를 수출했다. 이 주장의 핵심은, 현재 서구 세계가 누리고 있고 뒤늦게 더 널리 확산되고 있는 번영이 어떤 불가피한 진보의 행진으로 생긴 결과가 아니라는 것이다. 21세기가 되기까지 수천 년 동안 일반인들은 가난에 시달렸고, 어디든 상황은 마찬가지였다. 양질의 삶은 남을 착취하는 엘리트의 특권이었을 뿐 평범한 생산적 노동자들이 누릴 수 있는 게 아니었다. 비교적 최근에 여러 가지 상황의 우연한 조합으로 생긴 사회 모델이 성장을 촉진하지 않았다면 비참한 상황은 계속 이어졌을 것이다. 그리고 현재 빈곤국은 여전히 그런 상태다.

고소득 세계의 번영이 이러한 토대 위에 성립되었다면, 이는 이주와 관련해 결정적 함의를 갖는다. 이주는 본질적으로 역기능적 사회 모델을 갖춘 나라에서 탈출하는 행위다. 이 마지막 문장은 다시 읽고 그 의미를 곱씹을 필요가 있다. 예를 들면 '다른 문화를 존중'해야 한다는 선량한 주문mantra을 조금은 경계하게 될 수도 있다. 가난한 사회의 문화, 혹은 규범이나 담론은 그 나라의 제도나 조직과 더불어 그 사회에 빈곤을 낳은 주요인으로 지목받는다. 물론 번영이 아닌 다른 잣대를 들이댄다면, 이 문화들도 고소득 사회의 사회 모델만큼 가치 있거나 혹은 더 우월할지도 모른다. 존엄성, 인류애, 예술적 영감, 해학, 명예, 미덕 같은 면에서 보면 더 선호할 수도 있다. 그렇지만 이주자들은 고소득 국가의 사회 모델을 선호하여 고국을 뜨기로 결심한다. 가난한 사회들이 경제적으로 무력하다고 해서 그 나라 사람들을 멸시해도 된다는 뜻은 아니다. 불리한 여건에서 노력하는 사람은 유리한 환경에서 성공한 사람만큼이나 존중받을 자격이 있다. 그렇지만 다문화주의라는 안이한 주장은 경계해야 한다. 생활수준이 의미 있는 척도라고 할 때, 이를 기준으로 삼으면 모든 문화가 동등하지는 않다.

빈곤국에서 부유국으로 이주하는 노동자들은 다른 사회 모델을 선택하게 된다. 그 결과 이들의 생산성은 솟구친다. 생산성이 높은 사회로 인력을 이동시키는 대신, 생산성이 낮은 사회로 순기능적 사회 모델을 전파해도 동일한 생산성 이득을 얻을 수 있다.

결국 결정적인 것은 이념idea이고, 이념은 여러 경로를 통해 흐를 수 있다. 실제로 이념을 받아들인 사회는 스스로 변화한다. 나는 평생 동안 그런 변화를 여러 번 목격했다. 1970년대 서유럽에서는 스페인, 그리스, 포르투갈이 독재를 버리고 민주주의를 끌어안았다. 1989년에는 소비에트 제국이 공산주의를 포기했는데, 이 변화로 라틴아메리카와 아프리카에서 군사체제가 무너졌을 때처럼 다른 지역에도 큰 반향이 일어났다. 이처럼 두드러진 변화의 물결은 현재 우리 눈앞에서도 펼쳐지고 있다. 바로 튀니지, 이집트, 리비아를 변화시킨, 그리고 내가 이 글을 쓸 당시 곧이어 시리아까지 동참하게 된 아랍의 봄이다. 이 변화들은 각각 민주적 제도라는 이념의 힘을 보여준다. 냉전이 시작되자 소비에트 연방의 지도자 스탈린은 다음과 같은 은유적 질문을 던졌다고 한다. "교황의 사단은 몇 개나 되는가?" 소비에트 권력이 종교적 신념보다 우월하다는 그의 암시는 이후 완전히 틀린 것으로 드러났다. 즉 이념이 총보다 우월했다. 공산주의적 사회규범의 실현 가능성은 스탈린을 내내 괴롭혔을 것이다. 이념이 전파되면 한때 가난했던 다수의 국가들이 고소득 경제로 빠르게 수렴할 수 있다. 덕분에 이주할 필요성이 줄어들고 오히려 이주를 받는 역전된 상황이 생길 수도 있다. 그렇지만 그대로 복제해야 하는 단순한 제도적 청사진은 세상에 없다. 제도, 담론, 규범, 조직은 그 어디서도 같은 모습일 필요가 없다. 다만 서로 일관성은 있어야 한다.

상품의 이동 역시 인력의 이주를 대신하기도 한다. 사실 초기에 노동자들이 고임금 국가로 이주한 이유는 부유국이 빈곤국의 수입품에 부과한 무역 제한 조치에서 빠져나가기 위해서였다. 영국의 브래드퍼드와 레스터Leicester에 정착한 아시아 이주자들은 처음에는 대개 직물공장에 들어가 지역 경제를 지탱했다. 당시 직물공장들은 더 이상 영국 노동자들을 끌어들이지 못하고 있었는데, 다른 부문의 임금이 올랐기 때문이다. 따라서 직물공장을 아시아로 옮기는 것이 더 효율적이었다. 10년 후에 실제로 벌어진 현상처럼 말이다. 그렇지만 당시 영국은 섬유제품 수입에 무역장벽을 세웠으므로 이 방안은 불가능했다. 결국 직물공장을 잠시나마 지켜준 보호 무역 조치는 아시아인의 이민이라는 영구적 유산을 남겼다. 영국의 사례처럼, 상품의 이동을 제한하면 대신 인력이 이동하기 때문에 전반적인 경제적 이득은 없다. 그렇지만 인력이 이동하면 다양한 사회적 비용이 생긴다. 이주 증가가 세계화의 불가피한 측면이라고 주장하는 사람들이 간혹 있다. 그렇지만 이것은 사실 안이한 해석이다. 인력의 이동이 세계화의 또 다른 특징인 것이 아니라 상품, 자본, 이념 모두가 인력 대신 이동하는 것이다.

사람이 아닌 이념, 상품, 돈이 이동해 생산성을 높일 수 있다면, 그런 조치를 하는 것이 합리적일 것이다. 다음 세기에는 실제로 이런 일이 생길지도 모른다. 그렇지만 좀 더 자세히 말하자면, 이주를 대신하는 이런 수단들은 그 흐름이 너무 느리기 때문에 우리 세대에서 극빈국과 부유국 사이의 거대한 소득 격차를 줄이기는 힘들 것이다.

이주의 강력한 동기

근대 이주의 기원을 이해하기 위한 핵심은 부유국이 30년의 황금기 동안 이룬 성장과 빈곤국의 경기 침체다. 전례 없는 번영이 이루어지던 이 시기에 이주의 문이 다시 열렸다. 고용주들은 완전고용 상황에서 노동력을 구하는 데 필사적이었다. 이에 노동자들이 집단 행동을 주저할 이유가 사라지면서 노동조합이 성장했고 전보다 호전적인 색채를 띠었다. 이들 나라는 정부도 주요 고용주였기 때문에 정부 역시 노동력 부족을 겪었다. 그렇지만 동시에 호전적 노조와 짝을 이루는 파업 및 임금 인상 인플레이션에 시달려야 했다. 성장을 향한 경주에서, 생활수준이 훨씬 낮은 나라의 인력을 끌어오는 것은 민첩한 대응으로 보였다. 좌파 정치세력은 공공서비스와 사회기반시설 확대를 위한 인력이 필요했다. 우파 정치세력은 생산요소 부족에 시달리는 지역에 보낼 이주자들이 필요했고, 이를 통해 성장에 박차를 가하면서 노조의 호전성에 재갈을 물리려고 했다. 그리하여 정부는 이주 제한 조치를 풀었으며, 사실 외국인 노동자들을 끌어들이기 위해 적극적이었다. 독일은 터키인을, 프랑스는 북

아프리카인을, 영국은 카리브해 출신들을, 그리고 미국은 라틴 아메리카 사람들을 끌어들이는 것이 목표였다. 미국의 경우 1965년 이민법을 통해 이주의 문턱을 대폭 낮췄다.

이주 문호를 다시 개방하면서, 각 나라 정부에게는 이주 인력이 쇄도할 것이라 확신할 만한 근거가 있었다. 큰 소득 격차는 빈곤국 국민들을 부유국으로 이동시키는 강력한 경제적 동기였기 때문이다. 그렇지만 소득 격차가 컸음에도 초기의 이주 물결은 잔잔했을 뿐 홍수를 이루지 않았다. 6장에서 논의하겠지만, 법적 제한 외에도 국제 이주를 가로막는 만만치 않은 요인들이 다수 있었기 때문이다.

경제학자들은 최근에야 연구에 적합한 각종 기법을 이용해 이주 모형을 세울 수 있었다. 그동안은 절망스럽게도 국제 이주에 관한 마땅한 자료가 없다는 점이 연구에 장애로 작용했다. 그래서 경제학자들이 이론을 세워도 이를 검증할 방법이 없었다. 방대한 자료는 응용경제학에서 공공의 자본재에 해당한다. 즉 자료를 모으려면 장기간의 노력이 필요한데 이는 개별 연구자들이 감당할 수 없는 일이므로 자원을 꾸준히 보유해왔고 또 공적 이해를 갖는 국제 경제 단체가 그 임무를 맡는다. 지난 몇 년간 이러한 자료들이 조금씩 흘러나오다가 2012년에야 세계은행이 분석에 결정적인 핵심자료를 공개했다. 연구자들의 사실적 지식factual knowledge은 과거 50년보다 지난 5년 사이에 더 진보했지만, 연구

자료는 상당수가 여전히 2000년에 멈춰 있다.

이런 점을 감안하고 국제 이주를 이끄는 세 가지 굵직한 요인을 살펴보자. 하나는 이주가 소득 격차에 대한 경제적 대응이라는 점이다. 즉 다른 모든 조건이 동일할 때, 소득 격차가 클수록 이주의 압력이 강해진다. 두 번째는 이주를 가로막는 경제적, 법적, 사회적 요인들이 무수히 많고 이 요인들은 종합적으로 중요하며, 이주는 일종의 투자라는 점이다. 즉 결실을 보기 전에 비용을 들여야 한다. 가난한 사람들이 투자자금을 마련하기가 쉽지 않다는 사실은 큰 소득 격차로 생기는 이주 압력을 감소시킨다. 유출국 사람들이 몹시 가난해서 소득 격차가 커도 이주하려는 열망이 좌절될 수 있는 것이다. 세 번째 중요한 요인은 유입국에 있는 디아스포라 덕분에 이주 비용이 대폭 완화된다는 점이다.[9] 이미 정착한 이주자들의 네트워크가 클수록 이주 비용이 낮아진다.[10] 따라서 이주율은 소득 격차, 유출국의 소득 수준, 디아스포라의 규모가 결정한다. 이들은 부가적additive 관계가 아닌 배수적 multiplicative 관계다. 즉 소득 격차가 크지만 디아스포라가 작은 경우 혹은 소득 격차가 작지만 디아스포라가 큰 경우 모두 이주 흐름이 미미하다. 이주의 거대한 물줄기는 큰 폭의 소득 격차가 대규모의 디아스포라 그리고 유출국의 적당한 소득 수준과 어떻게 상호작용하는가에 달려 있다.

1970년대에는 부유국과 빈곤국의 소득 격차가 상당했지만, 이후 30년의 황금기가 끝나면서 부유한 세계의 성장률이 둔화되었다. 차츰 고도성장의 흐름이 동아시아를 시작으로 개발도상국에 넘어갔다. 1980년대에는 인류의 3분의 1이 거주하는 중국과 인도가 속도를 내기 시작했고 1990년대에는 라틴 아메리카가 성장을 시작했으며 새천년에 들어서는 아프리카가 성장세를 유지하고 있다. 그렇지만 애초에 소득 격차가 너무 컸다면, 빈곤국이 부유국보다 성장 속도가 빨라져도 절대적 격차는 상당 기간 지속된다. 예를 들어 부유국은 1인당 소득이 3만 달러고 빈곤국은 2,000달러지만, 성장률은 빈곤국이 10퍼센트, 부유국은 겨우 2퍼센트라고 해보자. 퍼센티지로 보면 두 나라는 급속도로 수렴해가고 있지만, 소득의 절대적 격차를 보면 한해에 2만 8,000달러에서 2만 8,400달러로 늘어난다. 이민에 대한 투자를 달러 수익으로 환산하면, 이주의 매력은 '더' 늘어난다. 게다가 유출국의 소득이 오른다는 사실은 이주에 대한 초기 투자비용을 감당할 수 있게 된다는 뜻이다. 결국 복합 성장률compound growth rates, 특정 시점이 아닌 전반적인 증감 추이를 반영한 성장률—옮긴이이 그 효력을 발휘하는 것이다. 빈곤국이 부유국보다 계속 빠른 성장세를 유지한다면, 어느 순간 절대적인 소득 격차가 줄면서 추가 소득이 생겨도 이주 가능성과 관련해 별다른 차이를 주지 않을 것이다. 그렇지만 처음부터 격차가 너무 크면, 성장률이 높더라도 소득 격차를 해소하기까지 상당한 시일이 걸린다. 중국은 마침내 부유국과 절대적 소득 격차를 좁힐 수 있는 단계에 진입했다. 그렇지만 저소득 국가와 고소득 국가 사이의 절대적 격차는 수십 년 동안은 유지될 것이다. 게다가 저소득 국가의 경우 소득 수준이 너무 낮아서 이주 비용이 여전히 문제가 된다. 소득이 늘어야 이주에 대한 투자 밑천도 생기기 때문이다. 따라서 빈곤국이 부유국을 따라잡을 가망성이 있다 해도, 이주의 강력한 동기로 작용할 만큼의 소득 격차가 수십 년은 유지될 것이다. 그리고 현실의 소득 격차는 이미 벌어지고 있다.

이주는 디아스포라를 낳고 디아스포라는 이주를 낳는다. 닭이 먼저일까 달걀이 먼저일까? 어려운 수수께끼로 보이지는 않는다. 부유국이 빈곤국의 이주를 장기간 가로막았던 20세기, 1960년대만 해도 디아스포라가 두드러지지 않았다. 그러다가 이주 물결이 디아스포라를 점차 앞지르기 시작했다. 처음에는 디아스포라의 크기가 무시할 만큼 작았으므로, 아무리 소득 격차가 크고 또 한때 국경을 열었어도 이주 규모가 미미했다. 이주자를 받아줄 디아스포라가 없는 데다 이주 비용이 너무 컸기 때문이다.

소득 격차와 디아스포라의 상호작용은 단순하면서도 놀라운 역학관계를 보여준다. 즉 이주 흐름은 소득 격차와 기존 이주 인원에 달려 있다. 기존 이주자가 늘어날수록 이주 흐름도 커지므로, 소득 격차가 발생할 때 이주에 속도가 붙는다. 경제학자들은 언제나 균형을 찾는다. 이는 서로 반대 방향으로 작용하는 힘이 균형을 이루면서 시스템이 안정되는 지점이다. 이주 시스템은 두 가지 방식으로 안정을 이룰 수 있다. 이주율이 높아지지 않고 전과 같은 수준을 유지하거나, 안정 상태에 대한 좀 더 심오한 의미로 나라 간 인력의 순유입이 멈출 때다. 그렇다면 소득 격차와 디아스포라의 단순한 상호작용이 어느 쪽으로든 이러한 균형 상태를 유도할 수 있을까?

디아스포라와 동화율

소득 격차가 주어졌을 때, 디아스포라가 더 이상 커지지 않으면 이주의 가속화도 멈출 것이다. 이주는 계속해서 디아스포라를 키우므로, 어떤 상쇄 효과가 작용해 디아스포라의 규모가 작아지면 이주도 더 이상 늘지 않을 것이다. 디아스포라는 이해하기는 쉬워도 측정하기는 까다로운 개념이다. 보통은 출생지가 아닌 국가에 거주하는 인구 수와 같은 대리변수로 디아스포라를 측정한다. 그렇지만 디아스포라를 규정하는 적절한 개념은 그들이 보여주는 행동이다. 이주율에서 중요한 것은 신규 이주자와 연고가 있으면서 '동시에 이들을 도우려는' 사람들의 수다. 같은 맥락에서 디아스포라에서 빠져나가는 사람들의 비율은 이주자 사망률이 아니라 문화 전파와 사람들에 대한 책임감이 좌우한다. 나는 이주자의 손자이긴 하지만, 독일 에른스바흐에서 영국으로 이주하길 열망하는 사람들에게 전혀 도움이 되지 않는다. 할아버지가 떠나온 아름다운 마을에 딱 한 번 가본 적이 있을 뿐 그곳 사람들이나 영국의 독일계 후손들과 전혀 연고가 없다. 즉 나는 디아스포라의 구성원이 아닌 것이다. 그렇지만 이민자의 손자 중에는 앞서 정의 내린 디아스포라에 해당하는 사람들이 있다.

대부분의 사회에서 디아스포라의 경계는 불분명하다. 많은 사람들이 한쪽 발은 이주자라는 과거에, 다른 한 발은 주류 세력이라는 미래에 담그고 있기 때문이다. 그렇지만 분석을 위해 현실과 유사한 뚜렷한 범주와 정형화된 과정을 만들 필요가 있다. 그러면 완벽한 묘사라는 정확성을 포기하는 대신 상호연관성을 파악할 수 있다. 따라서 나는 매년 디아스포라 중에서 일정 비율이 주류 집단으로 전환되면서, 동화되지 않은 디아스포라가 점차 주류 사회에 편입되는 정형화된 사회를 살필 계획이다. 이러한 전환 과정은 다양한 모습을 띨 것이다. 단순하게는 이주자가 자신이 떠나온 사회와 연락을 끊거나 그 사회에 관심을 거둘 수 있다. 이주자의 자녀는, 나의 선친이 그랬듯이 이주 온 사회의 구성원으로 자아정체성을 재정립하기도 한다. 혹은 시간이 흐르면서 이주자의 후손들은 출신지와 심리적 거리감을 느끼기도 한다. 매년 주류 사회에 편입하는 디아스포라 비율은 늘어나기도 하고 줄어들기도 하는데, 나는 이를 '동화율absorption rate'이라고 부르겠다. 예를 들어 매년 100명의 디아스포라 중 2명이 주류 사회로 흡수되면, 동화율은 2퍼센트다.

동화율은 이주자의 출신지와 정착지에 따라 다르다. 동화율은 정부 정책에 따라서도 달라진다. 나는 동화율에 영향을 미치는 요인들을 3장에서 더 자세히 논할 것이다. 당장은 동화율에 영향을 미치는 매우 간단한 요인 한 가지만 소개하겠다. 동화율은 디아스포라의 규모 자체에 직접적인 영향을 받는다.

디아스포라의 규모가 중요한 이유는 디아스포라 구성원이 원주민과 교류를 자주 할수록 원주민 사회에 편입하는 속도가 빨라지기 때문이다. 그렇지만 이주자 중에는 원주민과 교류하는 사람이 있는가 하면, 다른 디아스포라 구성원과 교류하는 이들도 있다. 원주민에 비해 디아스포라 규모가 클수록 원주민과 교류하는 이주자 비율은 작아진다. 사람들이 나눌 수 있는 친분에는 현실적 한계가 있기 때문이다. 보통 개인이 진정한 관계를 맺는 사람들은 모두 합해 150명 정도다.[11] 따라서 디아스포라가 클수록 원주민과의 교류는 줄어들 것이고, 따라서 동화 속도도 더딜 것이다. 이때 원칙적으로 이를 상쇄하는 효과가 있음을 지적하고자 한다. 디아스포라 규모가 클수록 원주민이 이들과 맺는 교류가 늘어나므로 원주민이 디아스포라 문화를 흡수하는 속도가 빨라진다. 그렇지만 디아스포라가 그 사회의 소수집단인 한, 디아스포라 구성원이 원주민과 교류하는 경우가, 원주민이 디아스포라 구성원과 교류하는 경우보다 훨씬 많을 것이다. 따라서 각각의 경우 교류 과정에서 생기는 동화 과정이 동일하더라도 이주자가 적응하는 동화 현상이 압도적으로 많을 것이다. 디아스포라 규모가 커져서 원주민의 적응력이 늘어나더라도, 이것이 이주자들의 줄어든 적응력을 상쇄할 가능성은 적다.[12] 여기서 우리는 디아스포라 규모가 커질수록 동화 속도는 느려진다는 중요한 함의를 얻는다.

믿음직한 도구로 보는 이주

이제 우리는 이주의 동학을 이해하는 데 필요한 세 가지 쌓기 블록을 모두 갖췄다. 첫째, 이주는 디아스포라의 규모에 달려 있다. 즉 디아스포라가 클수록 이주가 쉽게 일어난다. 둘째, 디아스포라의 규모는 이주로 인해 커지지만 주류 사회로의 동화가 일어나면 감소한다. 셋째, 동화율은 디아스포라의 크기가 좌우한다. 즉 디아스포라가 클수록 동화 속도가 떨어진다. 이제 이 세 가지 쌓기 블록을 끼워 맞출 차례다. 직관이 뛰어난 사람이라면 별도의 도움 없이도 가능하겠지만, 대다수 사람들은 도구가 필요하다. 모형이 바로 그런 도구다.

모형은 믿음직한 도구다. 모형은 직관만으로 이해하기 힘든 복잡한 질문에 명쾌한 답을 주기 때문에 유용하다. 모형은 우리의 이해를 대신하는 수단이 아니라 우리가 놓칠 수 있는 사실을 보여주는 도구다. 모형의 이러한 역할은 그래프를 통해 가장 간단

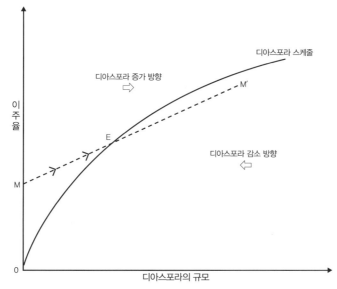

〈그림 2-1〉 뉴질랜드가 통가 출신 이주자들을 받아들이는 경우

하게 확인할 수 있다. 그래프는 상황을 명확하게 분류해주고, 많은 통찰을 비교적 쉽게 얻도록 도와준다. 나는 이 책에서 그래프를 이용해 새로운 통찰을 이끌어낼 것이므로 독자들은 그래프에 잠시 주목해주길 바란다. 모든 그래프는 특정한 공간을 나타낸다. 대부분의 독자는 밑가로축에 시간축이 있고 옆세로축에 실업률처럼 특기할 만한 숫자가 적힌 신문의 전형적인 그래프에 친숙할 것이다. 〈그림 2-1〉에 있는 그림은 통가Tonga에서 뉴질랜드로 건너 온 이주율을 측면에, 그리고 뉴질랜드에 정착한 통가의 디아스포라 규모, 즉 동화되지 않은 이주자와 이미 유입국에 있던 그 후손들

을 하단에 나타낸 것이다.

이제 첫 번째 쌓기 블록을 그려보자. 이주가 디아스포라에 따라 달라지는 과정이다. 물론 이주는 다른 요소에도 의존하며 특히 소득 격차에 의존한다. 그렇지만 지금은 디아스포라와 이주의 관계에만 주목하기 위해 소득 격차는 고정된 것으로 보자. 그리고 뉴질랜드 같은 유입국과 통가 같은 유출국을 상정하고, 통가에서 뉴질랜드로 온 이주율이 뉴질랜드에 정착한 통가 출신 디아스포라의 규모에 따라 어떻게 변하는지 그려보자. 아마도 그림에 있는 M-M' 같은 직선이 나올 것이다. 디아스포라가 없는 경우에도 이주는 어느 정도 발생하는데, 소득 격차로 이동하는 사람들이 있기 때문이다. 그렇지만 통가 출신 디아스포라의 규모가 커질수록 통가에서 오는 이주에 속도가 붙는다. 이러한 상관관계에 이름을 붙이면 편리할 것이다. 경제학자들에게 경의를 표하는 의미에서 이를 '이주 함수migration function'라고 부르겠지만, '이주를 뒷받침하는 디아스포라 직선'이라고 불러도 상관없다. 사실 그 뜻이 전부이기 때문이다.

이제 두 번째 쌓기 블록에 주목해보자. 바로 디아스포라의 유입과 유출이다. 디아스포라와 이주가 어떤 조합을 이룰 때 이주로 생기는 유입 인구와 동화로 생기는 유출 인구가 같아질까? 분명한 사실은 디아스포라에 들어온 새로운 통가 이주자의 숫자가, 디아스포라에서 빠져나가는 기존의 통가 이주자 및 자손들의 수와 같은 경우에만 디아스포라의 크기에 변함이 없다는 점이다. 결국 디아스포라 크기에 변함이 없어야 이주 규모도 변하지 않을 것이다. 통가 디아스포라가 커지면 통가에서 이주 오기가 쉬워지면서 이주에 가속도가 붙을 것이다.

디아스포라의 규모를 동일하게 유지시키는 이주와 디아스포라의 조합은 많다. 예를 들어 통가 디아스포라에서 매년 2퍼센트가 이 집단을 떠난다고 해보자. 뉴질랜드에 있는 통가 디아스포라가 3만 명이라면, 매년 600명이 빠져나간다. 따라서 통가에서 뉴질랜드로 600명이 이주해야 디아스포라 숫자에 변함이 없게 된다. 동화율과 이주자 수 사이의 이러한 관계에서 우리는 간단한 함의를 얻는다. 통가 이주자가 50배로 불어나야 통가 디아스포라가 커진다는 점이다.

디아스포라 규모를 일정하게 유지시키는 디아스포라와 이주자 수의 조합에서 '디아스포라 스케줄diaspora schedule'을 얻는다. 이는 어떤 모양일까? 이 스케줄 위의 한 점은 분명하다. 디아스포라도 이주도 전혀 없다면 디아스포라는 영점에 머무를 것이다. 따라서 디아스포라 스케줄 상의 한 점은 그래프의 모서리에 있다.[13] 스케줄의 왼쪽은 디아스포라 규모가 너무 작기 때문에 동화되어 빠져나간 사람들이 새로 들어온 이주자 수에 미치지 못한다. 그 결과 디아스포라가 점점 커진다. 반면 스케줄의 오른쪽에서는 디아스포라가 점점 줄어든다. 나는 경제학자들이 다소 거창하게 '동학

dynamics'이라고 부르는 이 변화를 화살표로 표시했다.

그림을 잘 살펴보면 이주는 디아스포라에게 도움을 받고, 디아스포라는 이주로 충원되거나 동화로 축소된다. 마지막 쌓기 블록은 동화율이 디아스포라에 따라 어떻게 달라지는지 보여준다. 디아스포라가 클수록 구성원들의 상호 교류가 활발해지므로 주류 사회에 편입되는 동화 속도가 느려질 것이다. 동화율은 간단히 말해 디아스포라 스케줄의 '기울기'에 해당한다.[14] 동화율이 느릴수록 스케줄 곡선이 완만해지므로, 디아스포라 규모가 커질수록 스케줄 곡선도 완만해진다.

이번에도 직관이 뛰어난 독자라면 모형 없이도 서로 다른 세 가지 힘이 어떤 식으로 작용하는지 알 수 있을 것이다. 그렇지만 모형이 있으면 이해하기가 쉽다. 즉 우리는 통가에서 뉴질랜드로 가는 이주율이 안정되면서 통가 디아스포라의 규모도 안정되는 지점을 예측할 수 있다. 물론 디아스포라 규모에 따른 통가 이주율의 추정치에 따라, 그리고 디아스포라 규모에 따른 통가의 주류 사회 동화율에 따라서 예측은 달라질 것이다. 이주 모형은 모형에 삽입된 숫자 이상의 의미가 없는지도 모른다. 그렇지만 우리는 모형을 통해 이들의 관계를 파악할 수 있다.

그래프를 살펴보면 균형점이 금방 파악된다. 바로 직선이 교차하는 지점이다. 이 지점에서 디아스포라가 끌어들인 통가 이주자 숫자가 동화된 인원과 일치하며, 디아스포라의 규모도 일정하게 유지된다. 이는 소득 격차가 있을 때, 이주율에 변화가 없으면서 통가의 디아스포라가 동일한 규모를 유지하는 점이다.[15]

균형을 이루는 힘뿐만 아니라 변화를 낳는 힘 역시 한 사회를 이 균형점으로 어김없이 끌고 간다. 이주가 있기 전에는 뉴질랜드에 통가 출신 디아스포라가 없으므로 이주는 M점에서 시작된다. 그 결과 디아스포라가 성장한다. 디아스포라가 커지면 이주가 쉬워지므로 이주에 속도가 붙는다. 이주와 디아스포라는 서로를 자극하면서 이주 함수를 따라 움직인다. 그렇지만 이주의 증가와 디아스포라의 성장이 무한정 이어지지는 않는다. 일단 이주 속도가 '디아스포라 스케줄'과 만나는 점까지 증가하면 더 이상은 변화가 생기지 않는다. 디아스포라는 동화로 생기는 인구 유출이 이주로 생기는 인구 유입과 같아질 때까지 성장한다. 이주와 디아스포라는 서로에게 가속기 역할을 하다가 연료가 다 떨어지면 둘 다 안정권에 접어든다.

통가에서 뉴질랜드로 가는 이주에 대한 이 설명은 전적으로 이론적이다. 즉 나는 두 나라의 실제 '이주 함수'나 '디아스포라 스케줄'을 모르며, 이를 아는 사람이 있다고 보지도 않는다. 이제 마찬가지로 이론적 분석 차원에서 소득이 다소 차이 나는 두 나라를 선택해 이 그래프를 변형하도록 하겠다. 이제부터 우리는 21세기의 통가와 뉴질랜드가 아니라 1948년에 카리브 해에서 영국으로 첫 이주자를 실어 나른 윈드러시 상선을 살필 것이다. 일단 제

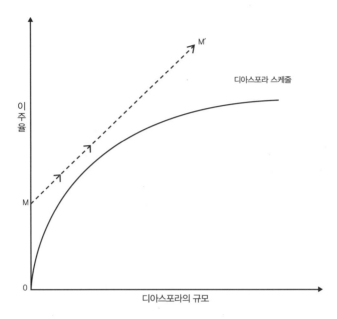

이
주
율

M

디아스포라 스케줄

M'

0

디아스포라의 규모

〈그림 2-2〉 영국이 카리브 지역 이주자들을 받아들이는 경우

2차 세계대전과 1930년대 대공황이라는 장애물이 사라지자 매우 강력한 이주 동기가 발생하면서 통가에서 뉴질랜드로 간 이주보다 이런 식의 대규모 이주가 훨씬 많아졌다. 이는 〈그림 2-2〉에 나타난 것처럼, 이주 함수를 위로 이동시킨다. 디아스포라 규모가 어느 정도든 이보다 이주가 더 많다. 이러한 변화는 미미해 보이겠지만 전혀 다른 결과를 가져온다. 전에는 '이주 함수'와 '디아스포라 스케줄'이 교차했지만 이제 둘은 만나지 않는다. 결국 균형이 없다는 뜻이다. 즉 이주에 계속 속도가 붙고 디아스포라도 계속

성장한다.

유의할 것은, 나는 단지 이주 과정을 보여주는 정형화된 사례를 들기 위해, 뉴질랜드로 이주한 통가 인과 영국으로 이주한 카리브 해 이주자들을 언급했다는 점이다. 현실에서 카리브 지역에서 영국으로 이주한 과정에 균형점이 없었다고 주장하는 게 아니다. 우리는 제약 없는 이주가 어떻게 전개되었는지 알 수 없는데, 1968년 이주 증가에 대한 반대 여론이 들끓자 이를 심각하게 받아들인 영국 정부가 이주 제한 조치를 했기 때문이다.

그렇지만 모형의 진정한 가치는 어떤 일의 발생 원인을 밝힐 수 있다는 점에 있는 것이 아니라 정책 변화를 비롯한 가상적 상황의 여파를 예측할 수 있다는 점에 있다. 이 모형은 5장과 12장에서 이주 정책을 분석할 때 믿음직한 도구가 되어줄 것이다. 이모형을 이용해 우리는 이주와 관련한 대응 정책들이 해로울 수 있는 이유와 더 나은 대안이 가능하다는 사실을 살펴볼 수 있을 것이다.

첫 번째 균형의 의미, 즉 이주율이 안정되는 경우에 대해서는 이 정도로 하자. 인력의 순유입이 멈춘다는 뜻에서의 또 다른 균형은 일단 소득 격차가 사라져야 발생할 것이다. 내가 설명한 시스템은 저량stock과 유량flow의 단순한 상호작용을 보여준다. 즉 디아스포라에 있는 과거 이주자들과 새로 유입된 이주자들의 상호작용을 보여준다. 단순한 저량-유량 모형은 각종 상황에서 흔하게 쓰인다. 이주 현상과 유사한 전형적인 저량–유량 시스템의 예는 수위가 서로 다른 물탱크 사이로 물이 흐르는 경우로, 이 경우 물의 흐름 자체가 수위 차를 서서히 줄인다. 즉 한쪽 탱크는 물이 차오르고 다른 쪽 탱크는 물이 빠져나간다. 이 현상을 우리가 논의하는 맥락에 적용해보면, 이주로 인해 유입국의 소득은 낮아지고 유출국의 소득은 오르게 된다. 전 세계적 이주로 엄청난 소득 증대가 생긴다고 예측하는 단순경제 모형은 바로 이러한 특성을 보여준다. 이주는 균형을 낳는 평형장치다. 이동을 가로막는 장애물이 없을 경우, 이주는 소득이 균형을 이룰 때까지 이어진다. 이런 점에서 이주자들은 다소 허망해질 수 있다. 고국을 떠나왔지만 아무 소득도 없고, 고국에 남겨진 사람들도 결국 비슷한 이득을 얻기 때문이다. 유입국의 원주민들은 손해를 보지만, 자신들이 잃은 것 이상으로 얻은 사람들이 있다는 사실을 위안 삼을 수 있다. 19세기에 유럽에서 북미로 간 이주의 효과나 에른스바흐에서 브래드퍼드로 간 이주의 효과에 대한 일차적 근사치로 단순 모형은 나쁘지 않다.[16] 미국 중서부가 개방되자 그곳으로 이주해온 영세농들은 유럽에서 경작했던 땅보다 더 큰 경지를 얻을 수 있었다. 그러다가 미국 중서부가 붐비고 유럽은 덜 북적대면서 경작지 규모는 점점 비슷해졌다. 결국 독일에 있는 농부 슈미트나 미국 아이오와 주에 있는 농부 슈미트나 형편이 비슷해졌다. 그렇지만 번영의 기회를 놓치는 바람에 진보한 근대 경제로 진입하지 못한 나라에서 오는 이주를 분석할 때는 이러한 단순 모형이 의미가 없다. 근대의 이주는 단지 땅을 얻으려는 게 아니기 때문이다. 근대에는 효율성을 높이기 위해 이주한다.

이어지는 내용에서 확인하겠지만, 이주가 유입국과 유출국 양 국가의 소득에 미치는 피드백 효과는 미약하고 모호하다. 게다가 이주에 속도가 붙더라도 유입국과 유출국 양쪽의 노동 인력에 비하면 그 수는 매우 적다. 따라서 이주의 피드백 메커니즘은 작은 변화들 그리고 미약한 반응을 낳는 변화들이 좌우한다. 결국 빈곤국에서 부유국으로 향하는 이주는 소득 격차 해소에 큰 영향을 주지 못한다.

이주 가속화에 따른 정책 변화

우리는 강력한 함의를 갖는 몇 가지 확고한 사실들을 확인했다. 첫 번째는 빈곤국과 부유국 사이의 소득 격차가 기이할 정도로 극심하며, 전 세계적 성장으로 이 간극이 몇십 년은 유지될 것이라는 점이다. 두 번째는 이주로 이 격차를 현저히 좁히기는 힘든데 그 이유는 피드백 메커니즘이 너무 약하기 때문이다. 세 번째는 이주가 지속되면서 향후 몇십 년은 디아스포라가 계속 성장할 것이라는 점이다. 따라서 소득 격차는 여전할 것이고, 이주 동기도 계속 강해질 것이다. 이는 빈곤국에서 부유국으로 향하는 이주에 속도가 붙는다는 뜻이다. 예측 가능한 미래에 국제적 이주는 균형점에 도달하지 않을 것이다. '즉 우리가 그동안 관찰한 것은 거대한 불균형의 서막이었다.'

이주의 가속화는 총계치를 보면 확연해진다. 전반적으로 전 세계 이주자 수global stock는 1960년 9,200만 명에서 2000년 1억 6,500만 명으로 늘었다. 그렇지만 총 이주자 수의 증가는 그 구성 면에서의 핵심적 변화를 드러내지 못한다. 부유한 세계에서 빈곤한 세계로 이주한 경우는 몇백만 명 정도로 줄었다. 부유한 지역 내에서 생기는 이주는 수평 상태다. 유럽 내에서 이동이 늘어난 만큼 유럽에서 아메리카 대륙으로 가는 이주가 감소했기 때문이다. 기억할 것은 이 기간 동안 부유한 세계에서 교역과 자본 흐름 모두 상당히 증가했다는 사실이다. 세계화로 이주의 증가가 불가피하다는 주장에 이 정도의 반박이면 충분할 것이다. 부유한 세계끼리는 이주가 늘지 않았다. 개발도상국에서 다른 개도국으로 이동한 이주는 6,000만 명에서 8,000만 명으로 다소 늘었다. 이주자 수가 2,000만 명을 밑돌다가 6,000만 명 이상으로 껑충 뛴 계기는 이주자가 빈곤국에서 부유국으로 이동하기 시작했기 때문이다. 게다가 이주율은 10년 단위로 속도가 늘었다. 이주율은 절대적으로든 상대적으로든 1990년에서 2000년 사이에 가장 크게 증가했다. 현재 전 세계의 자료는 이 기간에서 멈췄다. 그렇지만 2000년부터 2010년까지도 이 속도를 유지했다고 봐도 무방할 것이다.

이주에 속도가 붙자 고소득 사회는 엄격한 이주 통제로 대응했다. 이주의 가속화가 고소득 경제의 성장 둔화와 동시에 일어난 것이 주된 이유였다. 즉 30년의 황금기가 저물어가고 있었다. 이주 통제가 느슨했을 때 2퍼센트로 떨어졌던 실업률이 8퍼센트로 오르더니 계속 그 상태에 머물렀다. 이주 때문에 실업률이 오른 것이 아니었는데도 국경 개방을 요구했던 주장은 사라지고 국경을 다시 닫자는 주장이 들어섰다. 나라마다 다른 정책 시차와 경기 순환으로, 어떤 나라는 단속을 엄격히 하고 또 다른 나라는 이주를 자유화하는 일이 동시대에 발생했다. 미국은 1965년에 굵직한 자유화 조치를 했다. 영국은 1968년에 처음으로 단속을 강화했다. 호주는 1960년대 내내 거액의 이주 장려금을 지급하다가 1990년대에 엄격한 제한 조치로 돌아섰다.

그렇지만 애초에 국경 개방이 단기적인 정치적 기회주의에서 나온 것처럼, 뒤이은 이주 제한 조치 역시 이주 과정과 그 여파에 대한 깊은 이해나 윤리적 입장에 대한 철저한 고려에서 나온 것이 아니었다. 이주 정책은 뭔가 은밀하고 당혹스러웠다. 이주 정책은 유권자들의 정책 우선순위에서 상위권에 있었지만, 놀랍게도 주류 정당들은 이 쟁점을 피해갔다. 당시 이주에 대체로 우호적이던 좌파 진영은 이주 문제를 경시하면서 여건이 되는 만큼 이주를 받으면 성장에 도움이 된다고 보는 분위기였다. 그리고 우파 진영은 인종주의자로 몰릴까 봐 이주에 공공연하게 반대하지 못한 채, 성장을 둔화시킬 만한 그 어떤 조치도 하지 않았다. 뭐든 빈자리는 채워지게 마련이며 정치적 기회주의 역시 예외가 아니었다. 주류 정당이 만든 정치적 공백을 섬뜩한 세력들이 재빨리 치고 들어왔다. 바로 인종주의자, 외국인 혐오주의자, 사이코패스들로, 이들은 주류 정당의 침묵에 불안해진 점잖은 일반 시민들의 주목을 받았다. 극단주의 정당들이 확산되지 못하게 막은 장애물이 하나 있다면 바로 단순다수 선거제였다. 이 선거제도 덕분에 제3의 정당이 생존하기 힘든 미국과 영국의 경우, 극단주의 정당들이 유권자의 이목을 끌지 못했다. 그렇지만 좀 더 포용적인 선거제도를 갖춘 거의 모든 사회에서는, 이주 반대라는 쟁점 하나를 내건 정당들이 현재 상당한 유권자를 끌어 모으고 있다. 이주 정책에 대한 건전한 토론을 열 생각이 없는 주류 정당들은 극단주의 세력이 등장하자 이 쟁점에 더욱 몸을 사렸다. 독자들은 이러한 상황에 대해 일반 시민을 질타하거나 주류 정당을 책망하는 반응을 보일 것이다. 나는 후자인 편이다. 유럽의 일부 국가에서는 유권자의 5분의 1이 천박한 정당을 찍어 투표권을 허비하고 있는데, 그 배경에 옳든 그르든 유권자들에게 초미의 관심사인 이슈를 제대로 논하지 않는 주류 정당들이 있다는 사실은 씁쓸한 일이 아닐 수 없다.

그렇다면 이주 정책에 대한 진솔한 토론은 무엇을 다뤄야 할까? 우선 앞서 제시한 세 가지 굵직한 요인처럼 중립적으로 수집한 사실들을 바탕으로 토론해야 한다. 물론 세 가지 외에도 많은 사실들이 있으며 그중 일부는 이후 장에서 다룰 것이다. 이 사실들을 토대로, 이주 제한 조치의 윤리성에 대해서도 공개 토론을 해야 한다. 만약 모든 제한 조치가 선험적 윤리성에 어긋난다면 이주 속도는 최근 몇십 년보다 훨씬 빨라질 것이다. 만약 온갖 제한 조치들이 타당하다면 앞으로 상당한 수요 인력 압박을 겪게 될 것이고 이주 통제에 대한 원칙과 절차도 훨씬 중요해질 것이다.

2부
디아스포라의 두 얼굴

저소득 국가에서 온 이주자들은 고소득 국가에서 좀처럼 환영받지 못한다.
이들은 인종주의와 고용 차별에 맞서 싸워야 하는데,
유입국의 위신을 떨어뜨리는 이러한 차별적 행동들은 정부 정책으로 대응이 가능하다.
여기서 주목할 것은 동화율, 이주자가 원주민 사회에 흡수되는 비율이며,
차별 행위는 당연히 동화를 방해한다.
사회적 배제는 별개의 정체성을 갖도록 자극하기 때문이다.

3장
이주의 **사회적** 결과

　이 부에서는 미래의 이주가 유입국 원주민들에게 미치는 영향을 다룰 것이다. 이 문장에서 핵심 단어는 '미래'다. 이주가 그동안 좋은 영향을 주었는지 나쁜 영향을 주었는지는 내 주요 관심사가 아니다. 이 질문에 굳이 답해야 한다면, '좋은' 영향을 주었다고 하겠지만 그래도 이는 적절한 질문이 아니다. 일단 현실과 무관한 가정을 해보자. 즉 이주가 '나쁜' 영향을 주었다는 견해에 대체로 합의한다고 해보자. 분별 있는 사람이라면 그 누구도 이주자와 그 후손들을 송환해야 한다고 주장하지 않을 것이다. 근대의 고소득 사회에서 집단 추방은 상상할 수 없는 일이기 때문이다. 따라서 '이주가 좋은 영향을 주었는가 나쁜 영향을 주었는가'라는 물음은 구체적이고 의미 있는 질문일지라도 '당신이 태어난 것이 옳았는가'라는 질문만큼이나 부적절하다. 나는 궁극적으로 가정적 물음을 다루고자 한다. 즉 이주가 상당히 늘었다고 가정하고 이것이 원주민에게 어떤 영향을 미쳤는지를 다룰 것이다. 2장에서 살펴보았듯이 효과적 통제가 없는 한 이주 속도가 늘어나므로 이 질문은 가정이어도 적절하다. 앞으로 전개할 질문의 답을 대략적으로 제시하자면, 이주의 효과는 역U자 형태로, 이주율이 적당하면 이득을 얻지만 이주율이 높으면 손해를 본다. 따라서 중요한 쟁점은 좋고 나쁨이 아니라 '어느 정도가 최적인지'를 따지는 것이다. 그리고 '어느 정도'라는 물음에 대해 나는 이주자가 원주민 사회에 융합되는 속도에 따라 다르다고 주장할 것이다.

이제부터 다룰 원주민에게 미치는 영향에 관한 내용과 관련해서 그 답을 찾는 것은 말할 것도 없고 이런 질문을 제기하는 것조차 무의미하다고 보는 경제학자들이 있다는 점을 나도 인정한다. 경제학에서 쓰는 가장 흔한 윤리적 틀은 '최대 다수의 최대 행복'이라고 하는 공리주의다. 이를 이주와 같은 전 세계적 사안에 적용해보면 간단하고 놀라운 답이 나온다. 전반적으로 이주를 통해 전 세계가 이득을 얻는 한, 유입국 원주민에게 일어나는 일은 그리 중요하지 않다고 보는 것이다. 이러한 도덕적 잣대, 즉 공리주의적 보편주의는 표준적인 경제 분석이지만 대다수 사람들의 생각과는 거리가 멀다. 나는 이 책 후반부에서 이 문제에 주목할 것이다. 이주 증가를 옹호하는 유명한 경제학자로, 이러한 문제 제기에 반대하는 또 다른 인물인 마이클 클레멘스Michael Clemens는 '우리'가 누구를 지칭하는지를 묻는다.[1] 그는 몇 세기 이후를 따져보면, '우리'는 현재의 원주민과 이주자 양쪽 모두의 후손이 된다고 주장한다. 따라서 그는 이주를 통해 이 후손들이 장기적 이득을 누리는지를 묻는 것이 타당하다고 본다. 앞으로 밝히겠지만, 나는 그러한 미래를 상상해보는 것도 유익하다고 생각한다. 그렇지만 이 사례에서 그의 주장은 뭔가 교묘한 느낌을 준다. 어떤 주장의 한계를 알아볼 때 그 주장을 극단까지 밀어붙이는 것이 유익할 때가 있다. 가령 어디까지나 가정으로, 대다수의 원주민이 대량 이주로 빠져나가고 남은 원주민들은 이주자들과 결혼해 그 후손들이 전보다 나은 삶을 산다고 해보자. 원주민들이 사전에 이런 상황을 감지했다면, 대량 이주가 자신들에게 유리하지 않다고 합리적으로 판단할 것이다. 그리고 이러한 이해관계가 이주 제한으로 표출되는 것이 합당한지는 이동의 자유가 전 세계적 권리인지 여부가 좌우할 것이다.

이와 관련해 원주민들도 모두 과거의 이주 물결로 피가 섞였다는 주장이 있다. 피가 어느 정도 섞였는지는 나라마다 편차가 크다. 가장 두드러진 사례는 19세기에 이주가 진행된 북미와 호주다. 섬나라인 영국은 어느 시점부터 모든 원주민들이 이주자의 후손인 것이 명백하지만 그래도 20세기 중반까지 영국 인구는 매우 안정적이었다. 최근 DNA 연구가 발전하면서 각 성별로 유전자 전승 규칙이 밝혀졌다. 즉 시간축을 따라 아들-아버지-할아버지, 딸-어머니-할머니 식으로 거슬러 올라가는 흐름이다. 놀라운 점은 현재 영국 원주민의 70퍼센트 정도가 신석기 시대 이전, 그러니까 기원전 4000년 이전에 영국에 살았던 사람들로부터 유전자가 전승되었다는 사실이다.[2] 그 이후로 영국은 이주의 물결을 맞이해 주기적으로 부유함을 누렸다. 신석기 문명과 기술은 이주자들이 소개했을 가능성이 매우 높다. 앵글로색슨 후손들과 노르만 출신 이주자들 사이에서 영어가 만들어졌고 이러한 다문화적 기원이 영어의 어휘를 타 언어에 비할 데 없이 풍부하게 만들었다. 위그노교도와 유대인의 이주는 중요한 상업적 자극제였다. 그렇지만 6,000년에 걸쳐 일어난 이주는 전부 합쳐도 미미한 수준이었다. 이러한 안정적 이주율에는 한 가지 시사점이 있다. 그토록 긴 세월에 걸쳐 국제결혼intermarriage이 거듭되면서, 먼 옛날 살았던 사람이 누구든 간에 현재 살아 있는 후손을 둔 사람이면 모든 원주민의 선조일 수 있다는 점이다. 이런 의미에서 원주민들은 말 그대로 같은 역사를 공유하고 있다. 즉 왕과 왕비든 아니면 그들의 농노든 모두 다 우리의 조상인 것이다. 영국도 예외가 아니라고 본다. 그렇지만 현재 쟁점은 원주민들 역시 아주 먼 옛날 이민자의 후손이라는 사실 때문에 원주민에게서 이주 제한 권한을 박탈하는 게 맞느냐는 것이다. 운 좋게 출세의 사다리를 오른 사람들이 자기 뒤로는 누구도 올라오지 못하게 사다리를 치워서는 안 되지만 이 비유가 이주에도 적절한지는 맥락에 따라 다르다. 영국에 건너온 신석기 시대 이전 사람들은 인구 밀도가 낮은 지역에 정착했다. 전 세계 어디든 초기 정착민들은 마찬가지 모습이었다. 당시에는 기존 사회의 소득 격차가 오늘날처럼 이주를 자극한 게 아니었다. 사실 처음 정착이 시작된 이후로 수천 년 동안 유럽은 세계의 다른 지역들보다 번영한 모습을 보여주지 못했다. 초기 정착민들은 사다리를 오르지 못했고 따라서 그 후손들도 사다리를 치울 수 없었을 것이다.

그렇지만 독자들은 이주 통제가 비윤리적인가에 대한 판단을 일단 유보하길 바란다. 자신들의 이해관계에 따라 이주를 통제할 원주민들의 권한이 도덕적으로 정당화되든 그렇지 않든, 현재 이들에게는 법적으로 이주를 통제할 권한이 있다. 해외로 나가는 것을 법적으로 제한하려는 정부는 거의 없기 때문에 전 세계 이주에 관한 모든 통제권은 결국 유입국 원주민의 이해관계에 달려 있다. 그렇지만 고소득 사회가 민주국가라 해도 그들의 이주 정책에 유권자들의 의견이 반영되지 않는 경우가 종종 있었다. 일례로 이주자를 포함한 영국 인구의 59퍼센트는 이주가 이미 '지나치게 많다'고 보고 있다. 그렇더라도 장기적으로 민주국가의 원주민들은 자신들에게 유익하다고 보는 범위 내에서 이주를 허용할 것이다.

그렇다면 질문으로 바로 넘어가서, 이주가 원주민에게 끼치는 영향은 무엇이고, 그 영향은 이주 규모에 따라 어떻게 달라지는

가? 다행히 최근 이와 관련된 연구에 상당한 진척이 있었다. 나는 경제학자인만큼 당연히 경제적 영향을 먼저 탐구했다. 그 결과 이 주제에서 경제적 영향이 결정적일 가능성은 낮다는 사실을 깨닫게 되었다. 이주를 둘러싸고 양쪽 진영이 격론을 벌이지만 증거를 살펴보면 이주의 순효과는 보통 작은 편이다. 그러므로 대다수 사회가 경제적 효과를 바탕으로 이주 정책을 결정하면 곤란하다. 따라서 나는 경제적 효과보다 사회적 효과에 더 의미를 둘 것이며, 이후에 이 효과들을 종합해 평가하도록 하겠다.

상호 배려의 필요성

이주의 사회적 결과는 이주자들이 유입국 사회에 소속감을 느끼는 정도에 달려 있다. 극단적 사례로, 이주자들을 전적으로 인력으로만 취급하면서 다른 방식으로는 사회에서 받아들이지 않을 수 있다. 이는 몇몇 유입국이 보여주는 모습으로 이들은 이주를 오로지 경제적 효과로만 따진다. 그렇지만 대다수 국가에서 이주자들은 단순한 노동 인력이 아닌 사회의 구성원으로 편입되며 다양한 방식으로 다른 이들과 교류한다. 이주자들은 사회의 다양성을 높인다. 어떻게 보면 이는 유익한 현상이다. 다양성이 커질수록 자극을 받은 사회는 다원화되고 선택의 폭도 넓어진다. 그렇지만 다양성은 문제도 안고 있다.

근대 경제에서 복지를 신장시킨 것은 주로 상호 배려라고 표현할 수 있는 태도에서 나왔기 때문이다.

나는 상호 배려mutual regard라는 표현에 상호 존중mutual respect 보다 더 강력한 뜻을 담고자 한다. 즉 공감이나 선의의 동료애 같은 감정을 담으려는 것이다. 상호 '존중'은 모든 사람들이 다른 이들과 정중한 거리를 유지하면 가능할 것이다. 즉 '나를 방해하지 말라'는 불간섭주의를 표방하는 것이다. 반면 상호 '배려'는 성공적 사회의 두 가지 핵심적 행동을 뒷받침한다.

하나는 성공한 이들이 자신보다 못한 사람들에게 자발적으로 소득 이전을 하는 것이다. 소득 이전이 첨예한 정치적 논란을 낳고 또 자유방임주의자와 사회주의자 사이에 이데올로기적 갈등을 부추길지 모르지만, 소득 이전의 더 큰 뿌리는 사람들이 서로를 배려하는 태도에 있다. 나는 상호 배려라는 말로써 경제학에서 흔히 말하는 공리주의를 보편화해서 어디에 사는 사람이든 이들의 복지를 고려해야 한다고 주장하려는 게 아니라, 우리가 다른 사회 구성원을 대하는 태도는 어떠한지 나아가 우리가 속한 사회의 정체성에는 어떤 한계가 있는지를 드러내려는 것이다. 상호 배려 혹은 공감대는 다소 운이 없는 공동체 구성원에게 동료애와 연대감을 느끼게 한다.

상호 배려는 협력이라는 또 다른 핵심 통로를 거쳐 경제에 영향을 준다. 협력을 하면 사람들은 시장에만 맡길 때 제대로 공급

받기 힘든 공공재를 제공받을 수 있다. 협력은 신뢰로 커지지만 이것이 공상에 그치지 않으려면 서로 간에 신뢰를 합리적으로 기대할 수 있어야 한다. 합리적 신뢰는 그 사회에 상호 배려가 정착되었다는 인식에서 나온다. 즉 사람들이 서로 어느 정도 공감대를 형성하기 때문에 상호 협력적 조치를 충분히 기대할 수 있는 것이다.

그렇지만 이러한 협력은 깨지기 쉽다. 영국에서 가장 인기 있는 공공기관은 국민보건서비스National Health Service다. NHS를 운영하려면 언뜻 보기에 협력보다는 조세를 통한 자발적 소득 이전이 있어야 할 것 같지만 실은 둘 다 필요하다. 그동안은 사소한 의료 과실이 있어도 그냥 넘어가는 것이 하나의 불문율이었다. 그렇지만 최근 들어 이러한 관행이 흔들리면서 NHS의 예산 중 손해배상 청구가 차지하는 비중이 갈수록 늘고 있다. 일단 이러한 일이 흔해지면 의료 과실을 겪고도 손해배상을 청구하지 않는 사람은 찾아보기 힘들어질 것이다. 그렇지만 이런 행동은 재정으로 뒷받침하는 의료의 질을 불가피하게 떨어뜨린다. 나아가 현재 NHS는 과실을 인정하지 않고, 실수에서 배우려는 자세를 보이지 않고 있다. 이렇게 관용을 소송으로 대체하는 경향은 깨지기 쉬운 협력적 균형이 무너진 사례에 속한다.

각 사회는 다양성 확대라는 편익과 상호 배려 약화라는 비용의 상충 관계를 잘 조율해야 한다. 그렇지만 여기에는 한 가지 매우 분명한 원칙이 있다. 다양성 확대로 얻는 편익이 갈수록 줄어든다는 사실이다. 즉 대부분의 소비 현상처럼 한 단위 더 늘어날 때마다 추가 편익이 줄어든다. 반면 협력이 불안정해지는 임계점을 넘어서면 어느 순간 상호 배려의 약화로 생기는 손해가 치솟을 수 있다. 협력 게임은 지나치게 밀어붙이면 무너져 깨지기 쉽다. 좀 더 근사한 표현으로, 균형은 단지 '국소적으로locally' 안정을 보인다. 따라서 적당한 이주는 전반적으로 사회적 편익을 가져올 수 있는 반면 급속한 이주의 지속은 상당한 비용을 초래할 위험이 있다. 이 장의 나머지 부분에서 그 잠재적 위험을 구체적으로 살펴보겠다.

신뢰와 협력의 관계

실험경제학의 연구를 통해 우리는 협력의 산물이 계속 유지될 수 있는 조건을 알았다. 어떻게 보면 협력은 작은 기적이다. 거의 모두가 협조하고 있으면 내가 돕지 않아도 어떤 목적이든 달성될 것이다. 그렇다면 굳이 나까지 협조할 이유는 없다. 따라서 완전한 협력에 가까워질수록 개인들의 무임승차 동기가 강해지면서 협력에 적신호가 들어온다. 결국 협력을 유지하기 위해서는 넓은 아량만으로는 부족하다. 협력 유지의 핵심은 각별히 애쓰는 사람들이 충분히 존재하는 것이다.

여기서 각별한 노력이란 비협조자들을 처벌하는 행동이다. 대다수 근대사회에서 사람들은 타인의 행동에 대해 판단을 점점 주저하게 되었다. 그렇지만 배려가 주는 안락함은 강인하고 분별력 있는 소수가 좌우한다. 처벌에는 대가가 따르므로 사람들이 배려심뿐 아니라 도덕적 분노를 충분히 내면화해야 처벌이 가능해진다. 협력의 산물은 깨지기 쉬운데, 처벌에 주저하는 사람들이 많아지면 비협조가 합리적 전략이 되기 때문이다. 비협조자를 처벌하는 영웅적 역할은 결국 궁극의 악한을 만들어낼 가능성이 있다. 그저 그런 악한이 비협조자들이라면 슈퍼 악한은 영웅을 처단하는 사람들이다. 처벌 역시 대가가 따르므로 계획적으로 영웅을 처단하여 만족을 느끼려면 협력을 깨는 자들이 아닌 협력을 강요하는 자들에게 도덕적 분노를 느끼는 사람들이 있어야 한다. 그렇다면 왜 이러한 역기능적 도덕률moral codes을 보이는 사람들이 있는 걸까? 개인을 무엇보다 중시하는 사람들은 이념상 협력에 저항할 수 있으므로 이들에게 협력을 강요하는 자들은 자유의 적이 된다. 그렇지만 더 현실적인 경우로, 분명 잘못했으면서도 처벌을 모욕적으로 받아들이는 사람들이 있다. 더 나아가 무임승차로 이를 처벌하려는 대중의 분노를 사더라도 다른 사람들에 대한 개인적 충성을 더 앞세우는 사람들도 있다.

신뢰와 협조는 자연스럽게 형성되지 않는다. 이는 문명으로 훼손되는 '고결한 야만인noble savage'의 원시적 속성이 아니다. 즉 장 자크 루소는 엄연히 틀렸다. 연구 결과는 정반대다. 가족 단위를 넘어선 신뢰와 협력은 번영한 근대 사회에 누적되는 순기능적 태도로서 습득되는 것이다. 가난한 사회가 가난한 이유 중 하나는 그들에게 이러한 순기능적 태도가 부족하기 때문이다. 아프리카에 관한 새로운 연구 중에 신뢰 부족이 영속화된 과정을 다룬 두 가지 뛰어난 연구가 있다. 하나는 최근 몇십 년에 걸쳐 역사가들이 공들여 복원한 아프리카의 뿌리 깊은 역사를 다뤘다. 역사가들은 1600년 이전에 있었던 80건의 집단 간 폭력에 대해 꾸준히 기록해왔다. 티모시 베즐리Timothy Besley와 마르타 레이널 퀘롤 Marta Reynal-Querol은 이 모든 갈등을 공간 좌표로 부호화한 다음 이것이 근대적 충돌과 관련이 있는지 조사했다.[3] 그 연관성은 명확했다. 400년에 걸친 폭력은 우려할 만큼 여전히 진행 중이었다. 그렇다면 어떤 기제로 이러한 갈등이 지속되는 것일까? 연구자들은 그 전파 기제로 폭력이 낳은 신뢰 부족을 지적했고 이것이 수십 년째 대물림되었다고 주장했다. 비협조는 명예와 관련된 자체적인 도덕률, 잘못을 잘못으로 되갚는 피의 복수로 심화될 수 있다. 피의 복수는 부족 중심 사회에서 일반적인 모습이다. 역사적으로 부족은 사회 조직의 가장 흔한 토대였고 다수의 빈곤국은 여전히 부족사회로 지탱된다.[4] 스티븐 핑커가 입증한 것처럼, 피의 복수가 심화되는 이유는 피해자가 부당한 일을 과장하고 가해자는 이를 은폐하는 일이 체계적으로 일어나기 때문이다. 따라서 최초의 부당한 피해자 입장에서는 정당한 보복이, 새로운 피해자에게 다시 부당한 일이 된다.[5] 피의 복수는 일단 명예심을 고취시키는 전반적인 도덕률이 사라져야 멈춘다. 그러한 이행을 보여주는 고전적 사례로 19세기 서유럽에서 결투가 사라진 것을 들 수 있다. 결투를 종결시킨 것은 이를 우스꽝스런 관행으로 보이게 한 문화 혁명이었다.

아프리카에 관한 또 다른 새로운 연구는 노예무역이 남긴 유산에 주목한다. 부족 간 갈등은 집단 '간' 신뢰를 무너뜨리는 반면, 노예무역은 집단 '내' 신뢰를 파괴했다. 자기 가족을 노예무역 업자에게 팔아버리는 일이 빈번했기 때문이다. 네이선 넌Nathan Nunn과 레너드 원체콘Leonard Wantchekon은 수세기 전의 노예무역이 어떻게 해서 오늘날의 1인당 소득 감소로 이어졌는지를 밝혔다.[6] 그 전파 경로는 역시나 지속적인 신뢰 부족이었다.

내가 잘 아는 사회 중에 가장 신뢰 수준이 낮은 나라는 나이지리아다. 나이지리아는 활력이 넘치는 나라다. 사람들이 사교적이고 재치 있다. 그렇지만 나이지리아 사람들은 근본적으로 서로를 깊이 신뢰하지 않는다. 수십 년 혹은 수세기에 걸쳐 기회주의가 뿌리내리면서 신뢰는 순진한 사람이나 하는 행동이 되었고, 이제는 일상생활에서도 기회주의적 행태를 보인다. 기회주의가 곧 빈곤을 뜻하지는 않는다. 나는 나이지리아에 가면 가난한 사람들은 절대 투숙할 리 없는 꽤 괜찮은 호텔에 머물곤 한다. 내가 투숙하는 방에는 늘 이런 안내문이 적혀 있다. "손님을 모시게 되어 영광입니다. 퇴실에 앞서 이 방에 있는 모든 물건들을 우리 호텔 물품 목록과 비교할 것입니다." 이 호텔은 이렇게 하지 않으면 영 광스럽게 모시게 된 손님들이 호텔 물건을 챙겨 간다는 사실을 알 고 있다. 나이지리아의 기회주의를 보여주는 더 심각한 사례로 나 이지리아 사람은 생명보험 가입이 불가능하다는 점을 들 수 있다. 의사들의 기회주의 행태로 인해 굳이 죽지 않아도 돈으로 사망진 단서를 끊을 수 있기 때문이다. 양심적인 보험 가입보다 거액의 횡 재를 더 중시한 나이지리아 사람들에게 이는 한동안 매우 유혹적 이었다. 그렇지만 한탕을 노리는 사람들이 많아지면서 생명보험이 의지하던 허술한 규범은 무너져버렸다. 문제의 뿌리는 분명 직업 규범을 내면화하지 못한 의사들에게 있었다.

신뢰 수준이 사회마다 눈에 띄게 다르다면 협력이 필요한 게임 에서 사람들이 택하는 전술 역시 다를 것이다. 실제로 최근 한 게 임 실험을 통해 이 사실이 증명되었다.[7] 한 연구 팀이 16개 나라의 대학생들을 대상으로 표준화된 실험 조건에서 동일한 게임을 했 다. 연구 결과 몇몇 나라에서는 슈퍼 악한이 심각하게 많았다. 영 웅이 무임승차한 다른 행위자를 처벌하면, 이에 격분한 악한들이 그 영웅을 처단하려했다. 이어 연구자들은 대학생들이 보인 행동 의 차이가 출신국의 관찰 가능한 특성과 체계적 연관이 있는지를 조사했다. 행동의 차이는 사회적 자본의 차이, 다른 말로 신뢰 수준과 직접적인 관련이 있었다. 그렇지만 이는 결국 법 지배의 차이로 이어졌다. 법의 지배가 약한 나라는 사람들이 기회주의적이어서 신뢰가 부족한 모습을 보였고, 협력 게임에서 슈퍼 악한이 되는 경향을 보였다. 나는 이러한 법 지배의 차이가 부족의 명예를 중시하는 도덕률과 훌륭한 시민이라는 계몽주의 이념을 바탕으로 한 도덕률의 차이로까지 거슬러 올라간다고 본다. 슈퍼 악한은 계몽주의 입장에서 보면 양심의 가책을 느껴야 마땅하지만 사실 이들은 부족에 대한 충성심이라는 계율에 따라 도덕적으로 행동하는 셈이다. 그렇다고 슈퍼 악한들에게 죄가 없다는 뜻은 아니다. 도덕적 상대주의는 경제적인 절대 원칙을 가로막는 복병이기 때문이다. 즉 신뢰가 있어야 번영에 필요한 사회적 협력도 가능하다.

이주자의 사회와 문화

결국 상호 배려와 신뢰, 무임승차에 대한 도덕적 분노 모두 공정하고 상호협력적인 사회를 뒷받침한다. 이것이 이주와는 어떤 관련이 있을까? 이주자들은 출신국에서 만들어진 인적자본만 갖고 오지 않는다. 출신국의 도덕률도 갖고 온다. 따라서 다른 나라로 이주한 나이지리아인들은 당연히 신뢰가 없으며 기회주의적인 성향을 보인다. 레이 피스먼 Ray Fisman과 에드워드 미구엘Edward Miguel은 문화적 태도의 차이를 다룬 고전적 연구에서, 뉴욕 거주 외교관들의 주차 위반 과태료 납부 실태를 비교했다.[8] 외교관들은 면책 특권 덕분에 과태료를 납부할 필요가 없었으므로, 과태료 납부는 전적으로 윤리적 양심에 달린 문제였다. 피스먼과 미구엘은, 각기 다른 출신국의 외교관들이 매우 다양한 행태를 보이는 가운데 외교관들의 행동이 표준 조사에서 측정한 출신국의 부패 지수로 충분히 설명된다는 사실을 알아냈다. 즉 외교관들은 자국의 문화와 함께 온 것이었다. 이들은 외교관들이 뉴욕 문화에 노출되면서 뉴욕의 행동 규범에 서서히 동화되었는지도 조사했다. 이 경우, 과태료 미납 횟수는 부패가 덜한 나라 출신 외교관들이 보여준 매우 낮은 수준으로 수렴해갈 것이라 예상했다. 그러나 결과는 정반대였다. 부패가 심한 나라 출신 외교관들은 과태료를 계속 내지 않았고 부패가 덜한 나라 출신 외교관들도 갈수록 과태료를 내지 않았다. 이 현상에 대해, 외교관들이 뉴욕의 규범을 수용하지 않았다고 풀이하기보다는 외교관들이 외교관 공동체의 규범을 받아들이기 시작했다고 보는 것이 가장 합당한 해석일 것이다. 주차 벌금에 대한 태도는 출신국의 문화를 반영할 뿐만 아니라 사회적 재배분에 대한 입장도 보여준다. 기어트 홉스테드Geert Hofstede는 나라 간의 폭넓은 문화적 차이를 체계적으로 측정했다.[9] 그가 측정한 자료는 살인률처럼 관찰 가능한 행동의 차이와 관련이 있었다. 따라서 불편한 사실이지만, 나라 간에는 사회적 행위의 중요한 측면과 연결되는 큰 문화적 차이가 있고 이주자들은 이러한 자국의 문화를 그대로 갖고 들어옴을 알 수 있다.

어느 사회든 사람들은 자기 가족을 배려하며, 지역 공동체에 대해서도 배려심을 보인다. 그렇지만 고소득 사회는 훨씬 규모가 큰 집단, 즉 동료 시민에 대해서도 서로 배려한다는 특징이 있다. 따라서 나이지리아인보다 프랑스인이 서로 협력하거나 소득 이전을 하려는 경향이 높으며, 이를 바탕으로 만들어진 일련의 제도와 규범 덕분에 프랑스는 나이지리아보다 훨씬 부유하고 평등한 사회가 되었다. 이와 같은 상호 배려의 차이는 유전적으로 인종이 달라서가 아니다. 먼 옛날에는 프랑스인들도 나이지리아인들과 같았다. 그렇지만 일련의 지적 혁명을 겪으면서 프랑스는 차츰 서로를 배려하는 사회로 변해갔다.

그렇다면 이주의 효과 중 일부는 이주자들이 유입국의 신뢰 규범에 적응하는 정도에, 일부는 적응하는 속도에 달려 있다고 볼 수 있다. 영국에서 활동하는 나이지리아 의사들은 영국 의사들의 규범을 받아들일까? 아니면 외교관들처럼 자신이 속한 공동체의 규범에 순응할까? 혹은 더 극단적인 경우로 나이지리아 관습이 몸에 밴 나이지리아 의사들이 영국에 대거 들어오면 생명보험 사례처럼 협력 게임이 파괴될까? 나는 그 어떤 고소득 사회에서도 이주 때문에 협력 게임이 위험해진 경우는 없었다고 본다. 그렇지만 나는 지금 과거의 이주를 평가하려는 게 아니다. 현재의 관찰 가능한 관계로부터 장차 이주의 가속화가 낳을 잠재적 효과를 추론하려는 것이다.

이주자와 그 자녀들에게 새로운 사회의 규범을 받아들이게 할 수 있었는가는 나라마다 다르다. 가장 성공한 사례는 미국이다. 미국에서 자란 이주자의 자녀들은 십중팔구 미국적 가치에 동화된다. 유럽은 이와 거리가 있어 보인다. 사실 미국과 정반대라는 증거가 계속 나오고 있다. 즉 이주자의 자녀들은 유입국 문화의 수용에 부모 세대보다 저항이 심하다. 어떤 이주 집단의 자녀들은 자신을 둘러싼 지배적 국가 정체성과는 다른 것을 자신의 정체성으로 삼고 싶어 한다. 사람들은 저마다 노동 계급, 가족 구성원, 시민 등과 같은 다양한 정체성을 안고 살아간다. 이주자들 역시 이렇게 다양한 정체성들을 가질 수 있다. 그렇지만 이러한 정체성들을 조율하는 과정은 이들의 행동 방식에 영향을 준다. 그 예로 한 가지 매우 흥미로운 실험을 들 수 있다. 연구자들이 아시아계 미국인 여성들에게 수학 문제를 풀게 하면서, 아시아인으로서의 정체성을 강조하거나 여성으로서의 정체성을 강조한 실험이었다. 연구자들은 여성들이 여자라는 정체성보다는 아시아인이라는 정체성을 강조했을 때 수학 점수가 뚜렷이 높다는 사실을 알아냈다.[10] 나는 앞서 기업 차원에서 정체성의 경제적 의의를 논했다.[11] 이민자들에게만 해당하는 것은 아니지만, 독특한 설명 중 하나로 이주를 자기계발self-improvement로 보는 관점이 있다. 이주는 본인이나 자녀들에 대한 출세욕이 큰 사람들이 감행한다. 이들은 열망 때문에 고국을 등진다. 이들은 주어진 기회를 놓치지 않으려는 태도 덕분에 특별히 유능한 인력인 경우가 많다. 따라서 이주자와 그 자녀들이 별개의 정체성을 갖는다고 해서 개인의 성공에 지장을 주지는 않는다. 독일로 이주한 터키인 2세대에 대한 새로운 연구도 이러한 사실을 뒷받침했다.[12] 독일인들은 자국에 들어온 터키 이주자들을 잠시 머물다 가는 초청 노동자guest worker로 보고 다문화주의라는 전략을 택했다. 어느 정도 예상된 결과지만 이민 1세대든 2세대든 터키 이주자들은 독일의 주류 사회에 통합되지 않았다. 이런 상황을 반영이라도 하듯 메르켈 총리는 최근 다문화주의를 '완전히 실패한 정책'이라고 표현했다. 따라서 독일은 이주자들의 동화율 스펙트럼에서 분명 낮은 쪽에 있다. 연구는 터키 이주자 2세대가 독일인과 터키인이라는 두 가지 정체성 중 어느 하나를 택한 결정이 이들의 교육 성취도와 구직 활동에 중요한 영향을 주었는지를 조사했다. 그 연구 방법으로 이주자들이 자라면서 사용한 모국어가 독일어인지 터키어인지 추적했다. 부모들이 선택한 언어가 자녀들이 갖는 정체성에 끼치는 영향력은 컸다. 즉 터키어를 모국어로 삼은 자녀들은 터키인이라는 정체성을 강하게 지니고 있는 반면 독일인이라는 정체성은 상대적으로 약했다. 그렇지만 이후 독일어에 능숙해지면 이러한 언어 선택은 교육이나 구직과 관련해 전혀 차이를 주지 못했다. 따라서 이주자들이 별개의 정체성을 갖는다고 해서 성공에 불리하지는 않았다. 그렇지만 이주자들이 사회 구성원으로서 국가 정체성을 거부한다면 이들은 사실상 이방인outsider이 된다. 이는 학교나 직장처럼 협소한 사회 영역에서는 문제되지 않지만 고소득 사회의 특징인 소득 재분배를 위한 협력과 정치적 지원 등 국가적인 비공식 시스템이 작동하는 열린 사회 영역에서는 문제가 될 수 있다.

젊은 세대가 정체성을 택하는 과정은 제대로 밝혀지지 않았다. 최근까지 경제학에서는 이를 유의미한 질문으로 보지도 않았다. 즉 사람들의 선호는 그냥 정해진 것으로, 행동을 결정하는 요인 역시 동기 부여에 달려 있다고 보았다. 그렇지만 최근 사회과학은 사람들이 다른 이의 행동을 모방한다는 중요한 통찰을 얻었다. 여기에는 깊이 있는 신경학적 토대가 있다. 1990년대 중반, 어떤 사람이 특정 행동을 하거나 혹은 다른 사람이 그런 행동을 하는 모습을 볼 때 거울뉴런이 활성화된다는 사실이 밝혀졌다.[13] 사실 모방은 신경학적으로 볼 때 디폴트 옵션default option, 특별한 값을 지정하지 않으면 자동으로 선택되는 초기 값—옮긴이이다. 즉 모방을 하지 않으려면 의식적으로 거울뉴런에 역행하는 결정을 해야 한다. 그렇다고 우리가 타인의 행동을 무작정 따라하는 노예라는 뜻은 아니지만, 실험심리학은 우리가 타인의 영향을 받기 쉬운 존재라는 불편한 사실을 밝혀냈다. 무례한 행동을 본 피험자는 더욱 무례한 행동을 한다. 노인들의 특징을 떠올려보라고 요구받은 피험자는 걸음이 느려진다. 젊은 세대의 행동은 단지 그들의 유전자나 훈육, 동기 부여에서 나오는 것이 아니라, 적절한 모범 사례처럼 주변에 있는 대상에게서 강력한 영향을 받는다. 그렇다면 적절한 롤모델은 누구일까?

어떤 롤모델은 다른 것들보다 훨씬 접근성이 높다. 롤모델과 개념상 가까운 것으로 전형적 인물stereotype이 있다. 그렇지만 그 규범적 함의는 다르다. 즉 롤모델은 보통 긍정적 의미가 있으나 전형적이라고 표현되는 것들은 보통 나쁘다는 뜻이 담겨 있다. 그러나 둘 다 이미 존재하는ready-made 정체성이라는 점에서 동일하다. 전형성이라는 개념에서 부정적 이미지를 지워야 하는 이유는 전형성에는 롤모델과 다른 중요한 특징이 있기 때문이다. 롤모델은 보통 특정한 개별 인물이다. 아버지는 아들에게 롤모델이 될 수 있다. 반면 전형적 인물은 문화의 산물이다. 즉 자신이 아는 사람 중에 있는 개별 인물이 아니라 문화를 공유한 사람이라면 누구나 접할 수 있는 일반적인 롤모델인 것이다. '훌륭한 배관공'이라는 개념은 이런 의미에서 전형적 인물에 해당한다. 우리는 훌륭한 배관공을 규정하는 온갖 행동들을 구체화할 필요가 없다. 그런 개념이 통용되는 사회에서 우리 대신 그런 작업을 이미 해두었기 때문이다. 롤모델과 전형적 대상 사이에 놓인 중간 개념으로 유명 인사가 있다. 유명 인사는 개별적 인물로 롤모델이 될 수 있지만 동시에 문화의 구성원이어서 같은 문화에 속한 사람이라면 누구나 쉽게 접할 수 있다. 일반적으로 문화에서는 유명 인사를 '완벽한 인물'이 아닌 어떤 과장된 특징을 가진 캐리커처로 묘사할 것이다. 사실 유명 인사는 전형적 인물도 가능한 롤모델이다.

대중문화는 쉽게 다운로드할 수 있는 전형적 인물들의 메뉴판이다. 물론 대중문화에 영향 받지 않고 자신만의 독특한 자아를 유지하며 성장하는 젊은이들도 있다. 그렇지만 대개는 이미 존재하는 정체성을 다운로드해서 이를 고수하며 살아가며, 주기적으로 정체성을 바꾸기도 할 것이다. 이것이 행동 형성 과정에 대한 합리적 설명이라고 할 때, 공공정책은 두 가지 방법으로 행동에 영향을 미칠 수 있다. 하나는 지난 세기의 전통적 방식인 유인책을 이용하는 것이다. 예를 들면 흡연처럼 사회에 해로운 행동에는 세금을 매기고 육아처럼 사회에 유익한 행동에는 보조금을 지급하는 것이다. 그렇지만 유인책으로 행동에 영향을 줄 수 있는 범위는 보통 매우 제한적이다. 범죄자의 정체성을 다운로드한 사람에게 사회적으로 해로운 행동을 억제시키는 유인책은 효과가 거의 없을 것이다. 행동을 형성하는 또 다른 방법은 다운로드 목록에 있는 전형적 대상을 바꾸는 것이다. 물론 그 효과는 논란의 여지가 있다. 그렇지만 미디어를 통해 폭력에 자주 노출되면 폭력적 행동에 대한 자제력이 떨어진다는 증거가 상당히 많다.

이것이 이주와 어떤 관련이 있을까? 우리에게는 서로 무관해 보이는 세 가지 명제가 있다. 하나는 상호 배려에 대한 것이다. 상호 배려는 협력을 뒷받침하는 신뢰와 재분배의 기반인 공감 능력에 매우 중요하다. 매우 큰 집단에서 신뢰와 공감이라는 관행은 자연스럽게 싹트는 것이 아니라 번영을 위해 길러지는 것이다. 반면 빈곤국에서 온 이주자들은 새로운 사회의 사람들을 신뢰하고 이들과 공감해야 한다는 의식 없이 들어왔을 가능성이 높다. 두 번째는 정체성에 대한 것이다. 사람들이 고르는 정체성은 행동에 중요한 영향을 미친다. 대다수의 사람들은 자기 문화권의 전형적 행동을 다운로드한 다음 그중에서 자아 정체성을 택한다. 세 번째는 이주자가 택하는 정체성과 관련이 있다. 새로 발표된 중요한 연구에서, 일단의 연구자들은 미국에 온 히스패닉계 이주자들이 공공재를 위해 어느 정도 협조하는지를 연구했다. 협력에서 보이는 편차를 통해 이주자들이 갖는 정체성의 차이와 주변 사회에서 느끼는 소외감의 차이를 파악하고자 했다. 이 연구의 혁신적인 점은 타인에 대한 태도를 알아보기 위해 실험실에서 행하는 통상적인 게임 외에도 지역의 의료시설과 교육시설 같은 실제 공공재까지 다뤘다는 점이다. 연구자들은 이주자들의 자아 인식 방식이 공공재에 대한 협조와 기여에 영향을 준다는 강력한 증거를 얻었다. 이주자들이 자신을 미국인이 아닌 라틴계로 인식할수록 이들의 기여도는 떨어졌다. 이 연구는 한 가지 현실적인 통찰로, 능숙한 영어 실력이 중요하다는 사실을 밝혀냈다. 즉 가정에서 영어를 많이 쓸수록 미국인이라는 정체성이 강했다.[14] 이 새로운 연구는 유럽에서도 유사한 연구를 찾아보기 어려운 내용을 담고 있다. 그렇지만 미국에 온 이민자들은 유럽에 온 이민자들보다 국가 정체성을 더 쉽게 받아들인다. 유럽에서는 오히려 갈수록 국가 정체성을 거부하는 분위기다. 이러한 사실로부터 유럽에 온 이주자들이 미국에 온 이주자들보다 유럽 사회의 지배적 신뢰 수준을 흡수하는 속도가 느릴 것이라고 합리적으로 추론할 수 있다.

이주가 신뢰에 미치는 영향

신뢰 수준이 낮은 집단이 커지면 사회가 불안정해질 수 있다. 협력보다 기회주의를 전략으로 삼는 사람들이 늘어나면 다른 사람들과 계속 협력하는 전략이 더 이상 합리적이지 않을 수 있다. 협력을 위한 필수 요건은 비협조자를 처벌하려는 사람들이 어느 정도 충분해야 한다는 것이다. 그렇지만 이주자 중에 협력보다 기회주의를 전략으로 택하는 경우가 압도적으로 많을 경우 그러한 처벌은 차별로 오해받을 수 있다. 나아가 다른 이주자들도 기회주의에 대한 처벌을 자기 집단에 대한 차별로 오인하면서 협력을 위해 처벌하는 사람들을 직접 처단하려 들 수도 있다. 바로 이들이 협력을 가장 효과적으로 무너뜨리는 협력 게임의 '슈퍼 악한'임을 기억하자.

유감스럽게도 이러한 우려가 단지 가정이 아님을 보여주는 근거가 있다. 로버트 퍼트넘Robert Putnam은 하버드 대학의 선도적 사회과학자이자 '사회적 자본social capital'이라는 개념을 강조한 세계적인 학자다. 퍼트넘은 미국이라는 대형 표본을 이용해 이주가 신뢰에 미치는 영향을 조사했다.[15] 그 결과 중 하나는 심란하게도 일반적인 결론이었다. 한 공동체에 이주자가 많아질수록 이주자와 원주민 간의 상호 신뢰가 떨어진다는 것이었다. 달리 말해 이주가 늘면 상호 이해가 깊어지기는커녕 상호 불신이 커진다는 것이다. 이러한 상관관계는 널리 연구되었고, 퍼트넘은 그러한 대다수 연구와 일치하는 결론을 내놓았다.

그렇지만 퍼트넘은 이보다 더 심란한 대단히 새로운 결론을 내놓았다. 공동체에 이주자가 많아질수록 집단 간뿐 아니라 '집단 내' 신뢰 수준 역시 낮아진다는 결론이었다. 이주 증가는 공동체 원주민들 간의 신뢰 수준 하락과도 관련이 있었다. 협력을 키우는 과정에서 신뢰가 하는 중요한 역할로부터 유추할 수 있듯이, 신뢰 하락은 갖가지 비협조적 모습으로 나타났다. 퍼트넘은 이러한 효과를 '수세적 자세hunkering down'라고 불렀다. 즉 이주율이 높은 공동체의 원주민들은 내면으로 쉽게 침잠하고, 신뢰 수준이 떨어지면서 사회 활동의 적극성이 낮아지며, 친구가 적고, 텔레비전을 더 보는 편이었다. 나는 퍼트넘의 연구 결과를 마치 한 공동체의 이민 수준과 신뢰 수준 사이에 단순한 상관관계가 있는 것처럼 설명했다. 이렇게 연결 지으면 퍼트넘의 연구 결과는 숱한 통계적 반박을 당할 것이다. 그렇지만 퍼트넘은 뛰어난 전문가답게 자신의 연구 결과에서 여러 가지 비논리적 요소를 세밀히 살피고 통제했다. 모든 사회과학은 도전의 영역이라는 것과 퍼트넘의 연구 결과가 다수의 사회과학자들에게 정치적 금기사항anathema이었음을 감안할 때, 그의 연구 결과가 논란을 낳은 것은 당연했다. 그렇지만 연구 결과에 오해의 소지가 있더라도 이를 묵살해서는 안 된다. 퍼트넘은 "만약 정치적으로 올바른 진보 세력이 다양성으로 사회적 연대가 흔들린다는 현실을 부인하려 든다면 이는 매우 유감스러운 일일 것"이라는 말로 자신의 연구 결과에 대한 불편한 심경을 드러냈다.[16]

퍼트넘도 인정했듯이 그의 연구의 큰 약점은 한 가지 단면에 주목했다는 점이다. 즉 시간에 따른 변화를 추적한 것이 아니었다. 그렇다고 그의 연구가 무의미하다는 뜻은 아니지만 이주가 협력을 방해하는 이유를 분석하는 데 있어 그의 자료를 활용하기는 어렵다. 우리가 취할 것은 이주로 인해 원주민들의 사회적 자본이 감소한다는 엄연한 사실이다. 애석하게도 미국에서는 그러한 감소 결과가 꽤 강력하다. 개별 공동체 차원에서 볼 때 이주자 비중이 높을수록 그런 현상이 두드러진다. 다양성으로 인해 어느 집단의 사회적 자본이 감소한다는 사실이 새롭긴 해도, 한 공동체에서 인종적 다양성이 협력을 저해한다는 일반적인 결과는 다양한 맥락에서 찾아볼 수 있다. 인종성의 가장 중요한 특징이 유전자가 아니라 문화라는 점은 분명하다. 따라서 고유의 인종성은 고유한 문화적 정체성을 대신할 수 있다. 이와 관련된 중요한 사례로, 인종성이 궁극적으로 유전자와 무관함을 보여준 버클리 대학 에드워드 미구엘의 연구가 있다. 그는 케냐의 시골 지방에서 마을의 복지를 유지시키는 기본 공공재의 공급에 대해 조사했다.[17] 케냐는 약 50개의 서로 다른 인종 집단으로 구성된 나라로, 마을마다 인종적 다양성에 큰 차이가 있다. 미구엘은 다양성이 큰 마을일수록 마을의 복지를 위해 협조하지 않는다는 사실을 발견했다. 여기에는 중요한 반전이 있으므로 11장에서 이 연구 결과를 다시 다룰 예정이다.

퍼트넘과 내가 암시하려는 것은, 이주로 생긴 현재의 다양성이 협력을 심각하게 위협해왔다는 것이 아니다. 핵심은 과거의 이주를 비난하는 게 아니라 더욱 다양해질 사회에서 생길 수 있는 잠재적 위험을 인식하자는 것이다. 역설적이게도 상호 배려가 높은 유럽 사회가 상호 배려가 현저히 낮은 미국보다 더 위험해질 수 있다. 당연한 사실이겠지만, 유럽과 미국의 매우 상이한 이주의 역사를 고려할 때 유럽은 미국보다 결속력이 높고 규범 역시 높은 결속력을 반영한다. 퍼트넘의 연구 결과는 미국에만 적용된다. 내가 알기로 유럽에는 이에 상응하는 연구가 없다. 그렇지만 이 연구 결과를 고무적으로 볼 수 없는 두 가지 요소가 있다. 하나는 미국이 이주자 통합에서 유럽보다 성공적이었다는 점이다.

이는 어느 정도 당연하다. 유럽과 달리 '미국의 정체성은 국가의 식nationhood을 강조해서 생긴 것이 아니라 외부인들을 환대하면서 생겨났'기 때문이다.[18] 또 다른 요인은 최근 미국에 오는 이주자가, 앞서 거론한 연구에서처럼 대부분 히스패닉계, 즉 라틴 아메리카 출신자들이라는 점이다. 다양성은 단지 숫자만이 아니라 이주자와 원주민 간의 문화적 차이에도 달려 있다. 히스패닉과 미국인 사이의 문화적 격차는 빈곤국에서 유럽으로 간 이주자와 유럽 원주민 사이의 문화적 격차보다 작아 보인다. 이때 문화적 격차에 대한 판단은 단지 편견일까?

어족 수형도language tree는 문화적 차이를 가늠하는 기발하고 객관적인 방법이다. 근대 언어학이 작성한 전 세계 언어의 어족 수형도는 서로 다른 언어들이 무수한 가지들로 분화되는 과정을 보여준다. 그렇지만 어족 수형도가 언어 사이의 거리를 보여주는 객관적 지표라 해도 그 결과를 문화적 차이의 대리변수로 삼을 만한 요소가 있을까? 몬탈보Montalvo와 레이널 퀘롤은 최근 국가들 내부의 집단 간 폭력을 분석하면서 언어적 차이를 문화적 차이의 대리변수로 삼을 수 있는지 연구했다.[19] 즉 한 나라에서 두 인종 집단의 언어적 격차가 두 집단의 폭력적 충돌 가능성에 두드러진 영향을 주는지를 연구한 것이다. 연구 결과 언어적 차이가 클수록 집단 간 폭력이 벌어질 가능성이 높다는 사실을 밝혀냈다. 이들의 연구는 전 세계를 대상으로 했지만 고소득 사회의 집단 간 폭력은 매우 제한적으로 발생하므로 이 연구의 중요한 관찰 자료는 다른 사회들의 것이다. 따라서 이 연구 결과를 가져다가 언어적 격차가 있는 집단이 이주해 오면 고소득 사회의 폭력적 성향이 두드러진다는 식으로 해석하면 안 된다. 근대의 선진 국가들은 집단 간 폭력을 막는 장치를 많이 만들었으므로 이는 중요한 사안이 아니다. 에녹 포웰이 처음 제기한 후로 자유주의 지식인들 사이를 계속 떠돈 망령인, 이주자와 원주민 간의 폭력으로 '피로 물든 강'이 생긴다는 주장은 이주 규모와 상관없이 허황된 멜로드라마다.

내 관심사는 집단 내 신뢰이지 집단 간 폭력이 아니다. 그렇지만 집단 간 폭력이 발생 가능한 사회에서 언어적 격차가 폭력성을 키운다면, 상호 배려를 저해하는 일반적 요인의 대리변수로 언어적 차이를 이용해도 무방할 것이다. 상호 반감과 상호 배려는 동일한 스펙트럼의 양끝을 이루기 때문이다. 언어적 차이로 측정한 문화적 차이를 살펴보면 유럽 이주자와 원주민 사이의 격차가 히스패닉 이주자와 미국 원주민 사이의 격차보다 보통 더 큰 편이다. 물론 퍼트넘의 연구 결과가 미국에 해당하는 것이긴 하지만, 유럽인들은 단지 유럽이 미국과 다르다는 이유만으로 유럽에도 적용 가능한 사실을 거만하게 뿌리칠 것이다. 이제 퍼트넘이 연구 중인 원주민 내부의 사회적 자본 훼손 과정을 보여주는 영국의 사례를 살펴보자.

몇 가지 실제 사례들

이 장에 '몇 가지 실제 사례들'이라는 제목을 붙였는데 이 소제목은 중요하다. 이후에 나오는 이야기는 신뢰와 협력에 관한 다소 학술적인 논의가 실제 현실에서는 어떻게 전개되는지 독자들의 이해를 돕기 위해 실었다. 앞서 나온 사회 이론은 이주가 원주민들의 신뢰를 약화시킬 수 있다고 주장하므로, 실제 사례 역시 정확히 그런 경우를 뽑았다. 그렇지만 이론은 대니얼 카너먼이 '느린' 사고라고 이름 붙인 과정을 거쳐야만 읽히는 반면, 이야기는 바로 '빠른' 사고를 활성화한다. 다시 말해 본능적 감정이 지적 노력을 대신하는 것이다. 저자 입장에서 이는 한 가지 문제를 야기한다. 실례가 없으면 개념은 무미건조해서 의미가 와 닿지 않는다. 반면 실례를 들면 격정적 반응을 낳을 위험이 있다. 이러한 위험을 낮추기 위해 나는 이후 나오는 이야기가 분석에 해당하지 않는다는 것을 명백히 밝힌다. 즉 이 이야기들에 대한 나의 해석은 옳지 않을 수도 있다. 그렇지만 그 해석이 옳다면, 이주는 사회적 비용을 낳을 수 있으며 이주 규모가 충분히 커지면 이주의 사회적 비용 역시 상당해질 수 있다는 다소 추상적 명제를 이해하는 데 도움이 될 것이다.

영국 문화가 이룬 가장 놀라운 성취 중 하나는 비무장 경찰이라는 관행이었다. 영국에서 이는 자연스러운 현상이어서, 경찰에게 무기 소지 권한이 없다는 점을 대개 당연히 받아들였다. 오히려 무기를 지니는 것이 심각한 위법 행위였다. 비무장 경찰은 국제적 기준으로 보든 역사적 잣대로 보든 매우 예외적 현상이다. 문명화된 사회의 승리인 것이다. 이러한 관행은 경찰과 범죄자가 서로 총을 쏘지 않겠다는 암묵적 합의를 전제하므로 분명 깨지기 쉽다. 경찰이 무장하지 않을 때 어떤 범죄자든 무장을 하면 당장은 유리해진다. 그렇지만 범죄자가 계속해서 총을 소지하면 경찰 역시 총을 사용하게 될 것이다. 이는 '범죄자 공동체 내부'에 협력 문제를 낳는다. 어찌됐든 수십 년 동안 영국 범죄자들은 총을 지니지 않는다는 관행을 지킬 수 있었다. 그러다가 1960년대에 어느 범죄자가 세 명의 경찰을 총살하면서 이 규약이 극적으로 깨져버렸다. 주목할 것은 이후 벌어진 사건이다. 범인이 런던에 있는 범죄 집단에 몸을 숨기려 했지만 동료들이 그를 받아주지 않았다. 자신이 추방당한 사실을 깨달은 그는 먼 황무지로 도망쳤고 그곳에서 텐트 생활을 하다가 붙잡혔다. 게임이론을 떠올려볼 때, 바람직한 결과를 유지하려면 협력을 깨뜨린 자를 처벌하려는 의지가 다른 행위자들에게 반드시 있어야 한다. 이제 2011년으로 넘어가보자. 경찰관 두 명이 전과가 있는 범인 한 명을 체포했다. 그를 차에 태워 경찰서로 호송하던 중 범인이 총을 꺼내들었다. 역시나 무장하고 있던 경찰이 그에게 총을 쏘면서 범인이 사망했다. 이후 일어난 일은 1960년대와 뚜렷한 대조를 보였다. 범죄 집단이 해당 경찰서로 몰려가 항의하기 시작했다. 숨진 범인인 마크 더건은 사후에 범죄 공동체의 영웅이 되었다. 물론 두 가지 무장 범죄 사례가 똑같지는 않다. 전자는 범인이 총을 발사한 반면, 후자는 범인이 총을 꺼내들긴 했어도 발사할 겨를이 없었다. 게다가 첫 번째 사건 이후 두 번째 사건이 터지기까지 수십 년 사이에 경찰에 대한 신뢰가 현저히 낮아졌다. 그렇더라도 이들 범죄 집단이 보인 대조적 모습은 무척 놀랍다. 1960년대의 반응은 범죄자의 총기 사용을 용납할 수 없다는 관행을 강화한 반면, 2011년의 반응은 그 관행을 무너뜨렸다. 한 가지 핵심적 차이는 더건이 아프리카계 카리브해 사람이었고 경찰서 밖에 모인 항의 집단 역시 아프리카계 카리브해 사람들이었다는 점이다. 런던 지역에 살던 아프리카계 카리브해 사람들에게는 범인이 총기를 소지해서 금기를 깼다는 사실보다도 자신들의 유대 관계가 더 중요했다. 오랜 기간에 걸쳐 아프리카계 카리브해 사람들의 공동체와 런던 경찰은 서로를 불신해왔고, 경찰들 내부에서는 인종주의적 정서가 생겼다. 더건의 사망 소식을 들은 범죄 공동체는 그를 쏜 경찰이 돌발 상황에서 극도의 공포심 때문에 그렇게 대응했으리라는 현실적 해석을 하기보다, 과잉대응으로 총을 겨눴다고 넘겨짚었다. 그 결과 범죄 공동체는 더건을 비판하기는 커녕 서로 결속을 다지며 총을 쏜 경찰을 응징하려고 나섰다. 이것이 바로 '슈퍼 악당'이 보여주는 모습이며, 이런 행동 때문에 협력 게임이 파괴된다. 이러한 대응은 범죄자든 경찰이든 총기 소지 금지라는 깨지기 쉬운 관행을 무너뜨리기에 충분했다.

　이 사례에서 경찰이 실제 무장하고 있었다는 점은 비무장 관행이 이미 상당 부분 쇠퇴했다는 사실을 보여준다. 이러한 퇴보는 스티븐 핑커가 증명한 것처럼 1960년대부터 전반적으로 폭력을 용인하는 분위기가 되면서, 수세기 동안 잦아들던 폭력이 되살아났음을 보여준다.[20] 그렇지만 이 문제는 동시에 아프리카계 카리브해 출신 이주자들의 문화와 원주민들의 문화 사이에 존재하는 현저한 차이 때문에 더 두드러져 보이는 것일 수도 있다. 카리브해 국가들마다 편차가 있긴 하지만 자메이카는 세계에서 가장 폭력적인 문화를 지닌 나라다. 예를 들면 살인률이 영국보다 '50배' 높다. 이 나라는 총기 소지가 흔하므로 자메이카 이주자가 총기 문화를 그대로 들여오는 것은 어찌 보면 당연하다. 실제로 아프리카계 카리브해 공동체의 총기 문화는 현재 영국의 범죄 정책이 주목하는 사안이다. 더건은 자국의 이러한 문화에 친숙해서 총을 갖고 다녔는지도 모른다. 더건의 삼촌 역시 맨체스터에서 총을 휴대하고 다니던 조폭 두목이었으므로 더건에게는 총기 소지가 금기를 깬다는 의식도 없었을 것이다. 현재 맨체스터는 '건체스터Gunchester'라는 오명에서 벗어나려고 노력 중이다. 2012년에 터진 한 비극적 사건 때문이다. 당시 영국에서 최초로 여자 경찰관 두 명이 총에 맞아 사망하는 사건이 발생했다. 총격 사건 이후 영국 경찰의 무장 여부를 놓고 심각한 공개 토론이 벌어졌다. 비무장은 결국 깨지기 쉬운 관행이었다. 맨체스터 총격 사건의 범인은 원주민이었다. 수년 사이에 원주민 범죄자들의 관행이 바뀐 것이 확실했다. 물론 이주가 전혀 없었어도 이러한 변화는 있었을 것이다. 그렇지만 총기 소지가 사회적 관행이던 나라에서 상당수의 이주자가 건너오면서 선량한 사회적 균형이 흔들렸을 가능성도 있다.

이주로 인한 협력의 쇠퇴가 원주민 공동체 내부의 행동으로까지 확대된다는 퍼트넘 연구의 핵심 예측을 떠올려보자. 그 치명적 결과는 이주자와 원주민이 서로를 불신하는 게 아니라 원주민들끼리 서로를 불신하면서 기회주의적 행동을 보이는 것이었다. 더건 사건 이후에 벌어진 일들은 원주민 집단 내에 기회주의에 대한 안전 장치가 풀렸음을 보여주는 것일지도 모른다. 더건 사건에 대한 항의는 영국 전역에서 벌어진 약탈로 번졌는데, 여기에 가담한 이들은 수천 명의 십대 원주민이었다. 우리가 알기로 그 행동은 정치와 무관했다. 실제로 약탈 대상은 공공 건물이 아닌 쇼핑센터였다. 십대들은 이곳의 창문을 깨부수고는 십대 전용 물품을 거리낌 없이 훔쳤다. 이 행동은 인종과도 무관했다. 본질적으로 십대 원주민들이 원주민들 매장을 털었다. 십대들이 저지른 짓들은 전례 없는 행동이었다. 이 사건은 부분적으로 문화적 변화가 아닌 기술적 진보로 설명이 가능했다. 무엇보다 IT 기술에 해박한 십대들은 휴대전화로 약탈 행위를 조직할 수 있었고, 집단 행동을 통해 안전을 꾀했기 때문이다. 이에 대한 경찰의 대응은 비난을 받았다. 더건 사건에서는 과잉 대응이라고 비난받았고, 십대들의 폭동에서는 지나치게 수세적이라고 비난받았다. 그렇지만 범죄 행위에 대한 경찰의 대응보다 범죄 행위 자체에 흥미로운 사실이 숨어 있다. 약탈 행위는 원주민의 사회적 자본이 쇠퇴했음을 보여주는 증거로 볼 수 있기 때문이다.

'슈퍼 악한'이 사회적 자본을 훼손한 또 다른 사례가 있다. 아프가니스탄에서 싸우다 전사한 영국 병사들에 대한 공동체의 반응이다. 전통적으로 병사들의 시신이 영국 공군 기지에 도착하면, 지역 주민들은 길가에 줄지어 서서 운구된 시신에 경의를 표한다. 이는 공공 영역의 영웅들에게 경의를 표하는 것이 중요한 사회적 관행임을 보여준다. 아프가니스탄에서 싸운 영국 병사들은 영국 사회의 인종적 다양성을 보여주므로, 전사자 중에는 영국계 무슬림교도도 있었다. 전사한 무슬림 병사의 유가족 중 한 명이 텔레비전 인터뷰에 나와 전사자의 용기를 언급하면서 그의 사명감에 대한 자부심을 드러냈다. 그렇지만 인터뷰에 응한 그 가족은, 소수지만 폭력적인 다른 영국계 무슬림 교도들의 보복이 두려워 자신의 이름이나 얼굴이 노출되는 것을 꺼려했다. 유가족 인터뷰는 실루엣으로 처리되었다. '슈퍼 악한'에 대한 두려움 때문이었다. 물론 이는 망상처럼 보일 수도 있겠지만 '슈퍼 악한'이 사회적 자본에 해로운 이유 중 하나는 행동을 바꾸기 위해 다수가 나서지 않아도 된다는 사실에 있다.

실례는 분석이 아니다. 실례는 단지 분석이 보여주려는 대상을 묘사할 뿐이다. 실례만 탐구할 경우 우리는 이주가 원주민의 사회적 자본에 명백히 기여한다는 반례도 수집 가능하다. 그 대표적 예가 유럽 최대의 거리 축제로 자리매김한 노팅힐 카니발Notting Hill Carnival이다. 아프리카계 카리브인 공동체가 만든 이 축제는 출신지의 전통을 기념하는 행사로, 현재는 상당수의 원주민들도 동참한다. 이 거리 행사는 퍼트넘이 매우 의미 있게 여기는 전형적인 사회적 자본에 해당한다.

따라서 실례를 중심으로 연구를 하면 흥미로운 대상을 뒷받침하는 증거를 얼마든지 끌어모을 수 있다. 그렇기 때문에 실례는 유효한 분석 방법이 아니다. 오히려 독단적 주장으로 흐를 가능성이 있다. 이주에 반대하는 로비 세력들은 자신의 주장을 뒷받침하는 이야기를 인용할 것이고 이주에 찬성하는 로비 세력들은 그 반례를 인용할 것이다. 앞서 이주로 사회적 자본이 쇠퇴한 것처럼 보이는 실례를 언급한 것은 그 주장을 강화하기 위해서가 아니다. 실례를 열거한 것은 단지 깨지기 쉬운 협력을 연구하는 퍼트넘과 게임이론 분석가들이 무엇을 탐구하는지에 대한 독자들의 이해를 돕기 위해서였다.

평등과 협력을 위한 가치

지금까지 나는 신뢰의 원천이자, 결과적으로 상호 협력을 뒷받침하는 상호 배려에 주목했다. 그렇지만 상호 배려는 평등한 사회를 위해서도 중요하다. 공적인 소득 이전이 없다면 소득 분배는 극도로 불평등해질 것이다. 실제로 최근 몇십 년 동안 기술적 압박이 낳은 불평등이 사회적 압박으로 증폭된 것으로 보인다.[21] 일단 정보 경제가 성장하면서 남다른 지적 능력을 가진 인재들은 보수가 늘었을 것이다. 이들 고학력 신종 엘리트는 직업적으로든 사회적으로든 서로 뭉치는 경향이 있다. 이들이 끼리끼리 결혼하면 그 자손은 막강한 교육적 혜택을 받는다. 그 결과 사회적 유동성이 감소한다. 미국과 영국은 이러한 현상이 가장 두드러진 반면, 이를 완화하려는 정부 정책은 가장 뒤떨어진다. 급격히 심화된 사회적 불평등을 문제 삼기 위해 반드시 정치적 좌파가 되어야 할 필요는 없다. 소득 격차가 벌어지면 우리 사회는 살기 좋은 사회와 멀어진다. 교양 있는 보수적 경제학자로 존경받는 라구람 라잔Raghuram Rajn은 재정 정책을 둘러싼 미국 정치판의 교착 상태는 미국 부유층과 빈곤층의 근본적으로 다른 이해관계를 반영하는 것일 수 있다고 주장했다. 즉 중간층에 해당하는 인구가 급격히 줄어든 것이다.

따라서 기술적 불평등과 사회적 불평등이 심화되는 상황에서 더욱 적극적인 재분배가 이루어져야 한다. 이를 위해서는 더욱 평등한 사회라는 좌파의 전통적 구호가 아닌, 불평등 심화를 막으려는 더욱 온건하고 보수적인 외침이 필요하다. 재분배 정책에 대한 요구가 커졌는데도 현실의 정책은 그 반대였다. 소득세가 낮아졌을 뿐 아니라 이전에 정부가 공급했던 다수의 재화와 서비스를 이제 시장을 통해 공급한다. 이 과정을 면밀히 분석한 마이클 샌델은, 1960년대 이후 국가의 역할이 줄면서 불평등이 증가했다는 사실을 보여주었다.[22] 소득세율 인하와 시장의 역할 확대는 공존하는 사회에 대한 인식이 약해진 것을 보여줄 뿐 아니라 그런 상황을 조장하기도 했다.

재분배가 정치적으로 가능해지려면, 운 좋은 사람들이 자발적으로 나서서 운이 없는 사람들을 지원해야 한다. 그럼으로써 여유 없는 자들에 대한 부유한 자들의 배려가 확대되어야 한다. 여기서 다시 공감 능력이라는 개념으로 돌아간다. 고소득자는 저소득자를 행운이 따르지 않은 사람들로 인식할 수 있어야 한다. 공감대는 같은 정체성을 공유할 때 생긴다. 공동의 정체성을 마련하는 중요한 방법 한 가지는 상호의무적 네트워크를 통해 공동의 소속감을 느끼는 것이다.

문화적 격차가 큰 나라에서 온 이주자들이 저소득층에 압도적으로 몰릴 경우 이러한 메커니즘은 약화된다. 저소득층은 고소득층 되기가 한결 어려워진다. 이를 상쇄하지 않는 한, 결국 고소득층이 저소득층에게 소득을 이전하려는 의지도 약해진다. 세금을 줄이고 시장 의존도를 높이는 정책에 많은 요인들이 영향을 미쳤는데, 그중 경제 전문가들의 영향력을 빼놓을 수 없다. 그렇지만 이주로 생긴 현저한 문화적 다양성도 그러한 요인 중 하나일 것이다. 예를 들어 최근 영국이 문호를 개방한 것과 소득 재분배 의지가 약해진 것은 동시에 발생한 현상이다. 1991년에는 58퍼센트에 달하는 상당수 영국인들이 세금이 오르는 한이 있더라도 정부가 사회복지에 비용을 더 지출해야 한다는 의견을 보여주었다. 그러나 2012년이 되자 그 수치는 28퍼센트로 무시해도 될 만큼 줄어들었다. 문화적 다양성이 소득 재분배 의지를 낮춘다는 논쟁을 공식화하고 이를 연구한 사람들이 있다. 하버드 대학의 저명한 교수들인 알베르토 알레시나Alberto Alesina와 에드워드 글레이저 Edward Glaeser다.[23] 이들은 왜 미국보다 유럽이 소득 재분배를 훨씬 더 수용하는 분위기인지 의문을 품었다. 이들은 전형적인 유럽 국가의 독특한 태도가 미국보다 높은 문화적 동질성 위에 만들어졌다고 설명했다. 아울러 재분배 의지를 꺾는 원인이 단순히 다양성의 수위라기보다 다양성의 증가 속도임을 몇 가지 증거를 통해 밝혀냈다. 그렇지만 폭넓은 증거들을 동원해 다양성의 수위가 중요함을 보여주는 이론도 있다.[24] 이 이론에 따르면, 문화적 다양성이 높을수록 공공재의 재분배 상태는 좋지 않다고 한다.

다양성과 협력의 경우처럼, 다음에 나오는 사례들은 단지 설명을 돕기 위한 일화일 뿐이다. 이런 점에 유념하면서 첫 번째 사례로 캘리포니아를 살펴보자. 지리적 위치와 기회라는 두 요소가 공존하는 캘리포니아는 미국에서 이주율이 가장 높다. 1960년대 까지 미국은 문호를 닫았으므로 이 지역의 이주자들은 모두 지난 50년 사이에 이주 온 사람들이다. 캘리포니아 이주자들의 소득 분포는 대개 낮은 구간에 몰려 있다. 따라서 앞서 언급한 이론에 따르면 캘리포니아는 고소득자들이 소득 재분배를 위한 지출을 꺼릴 만한 조건을 명백히 갖추고 있다. 캘리포니아는 매우 부유한 주다. 즉 소득 재분배를 감당할 수 있는 곳으로, 실리콘밸리의 본 고장이기도 하다. 그렇지만 최근 몇십 년 사이 캘리포니아의 가장 두드러진 변화는 공공서비스가 무너진 것이다. 캘리포니아의 교육 수준은 미국의 학력 순위에서 곤두박질치면서 현재 바닥을 기고 있는 앨라배마주와 비슷해졌다. 한때 세계적 교육기관이었던 공 립대학들이 자금 지원에 목말라 한다. 공공서비스가 무너진 이유 중 하나는 지출의 우선순위가 소득 재분배에서 교도소 운영으로 이동했기 때문이다. 즉 전에는 빈곤층의 교육에 힘썼다면 지금은 빈곤층을 감옥에 가두는 일에 주력하고 있는 것이다. 그렇지만 문 제의 핵심은 지출 항목이 아니라 세입 부족이다. 캘리포니아가 부 유한 주인데도 극심한 세입 부족에 시달리는 이유는 고소득 집단 이 세금파업을 하면서 재산세에 대한 상한선 긋기에 성공했기 때 문이다. 캘리포니아가 겪는 문제의 규모를 감안할 때, 어느 한 가 지 요인만 문제 삼는 것은 어리석은 태도일 것이다. 그렇지만 빈곤층에 대한 운 좋은 원주민들의 공감 능력이 쇠퇴한 현상은 대량 이주에 어느 정도 영향을 받은 것으로 보인다. 전에는 부유한 캘리포니아인들이 형편이 좋지 않은 사람들을 운이 없었을 때의 자신과 동일시했다면 지금은 본인뿐 아니라 내 자녀와도 섞일 일 없는 별개의 집단으로 인식한다.

원주민들이 이주자들을 같은 사회 구성원으로 여기지 못하듯 이주자들도 원주민들을 그렇게 여기지 못한다. 이에 대한 사례를 살펴보자. 두 번째 사례는 2012년 영국에서 있었던 씁쓸한 법정 소송으로, 아시아 중년 남성들이 미성년 원주민을 성매매에 이용한 사건이었다. 이 사건을 둘러싼 논평은 그런 행위가 전형적인 아시아 문화라며 이주에 반대한다는 주장과, 이 사건은 이주와 아무 관련이 없고 호시탐탐 기회를 노리는 모든 중년 남성들의 욕정을 보여주는 것이라는 주장으로 양극화되었다. 그렇지만 그 행동은 아시아 사회의 일반적인 모습과 거리가 있었다. 실제로 성적 학대를 받은 이들 십대 중에는 아시아계가 한 명도 없었다. 그리고 아시아 가정들은 아이들을 성적 유해 환경에서 보호하는 일에 예민한 것으로 유명하다. 또한 이 사건에서 이주라는 측면을 무시한 주장, 즉 중년 남성을 욕정 덩어리로만 바라본 것 역시 설득력이 떨어진다. 이 사건에서 남성들은 분명 아이들의 인종성에 따라 전혀 다른 행동 기준을 적용했기 때문이다. 즉 원주민 아이들을 '다른 집단'으로 바라보고 이들을 보호하지 않았다.

이렇듯 상호 배려는 한 사회에서 협력과 평등을 위한 소중한 가치다. 그리고 이는 문화적 거리가 있는 집단이 들어오면 위기를 맞는다. 매우 상이한 문화권에서 온 이주자들은 다른 이에 대한 신뢰가 부족한 상태로 올 가능성이 높다. 부도덕한 사회에서 왔기 때문이 아니라 씨족이나 가문의 명예를 중시하는 등 도덕의 토대가 다른 곳에서 왔기 때문이다. 마크 바이너Mark Weiner가 『가문의 규율The Rule of Clan』에서 보였듯이 예전에는 명예 규약honor code이 전 세계적인 규범이었다. 명예 규약은 계속 전승되고 있지만 이를 깬 것은 서구 사회가 일군 성과 중 하나였다. 원주민들 눈에 명예를 중시하는 사회에서 온 이주자들은 '다른 집단'으로 보였을 테고 또 '다른 집단'으로 보려고 했을 것이다. 이러한 행동이 계속 되면 그 사회는 협력이 약해지고 불평등해진다. 따라서 핵심 쟁점은 신뢰가 존속하는지 아니면 쇠퇴하는지에 달렸다. 즉 이주자들이 신뢰 규범을 받아들이고 이주자와 원주민이 서로를 같은 사회 구성원으로 여기느냐가 핵심인 것이다.

동화율을 결정하는 힘

디아스포라가 사회에 동화되는 속도는 강력한 여파를 낳으므로 동화율을 결정하는 힘은 흥미로운 주제다. 2장에서 한 가지 중요한 영향력을 소개했다. 디아스포라의 규모가 커질수록 집단 내부의 상호작용이 늘어나면서 원주민과의 상호작용이 밀려나 원주민 사회에 대한 동화율이 떨어진다는 것이었다. 이제 세 가지 다른 영향력을 소개하도록 하겠다. 디아스포라의 구성과 이주자에 대한 태도, 그리고 유입국의 태도 및 정책이다.

디아스포라의 영향력

어떤 규모의 디아스포라가 있을 때, 그 구성은 디아스포라 구성원들이 원주민의 주류 문화에 동화되는 속도에 영향을 줄 것이다. 여기서 문화적 격차는 의미 있는 개념이다. 어족 수형도에서 보았듯이 두 문화의 언어적 거리를 측정해 이를 객관적인 문화적 거리로 삼을 수 있다. 그리고 이렇게 측정한 문화적 거리는 중요한 결과를 보여준다. 즉 이주자와 원주민 사이의 문화적 거리가 멀수록 동화율이 떨어진다는 합리적 추론이다. 나는 이를 절대적 법칙이 아닌 하나의 경향으로 제시하고자 한다. 동화라는 과정은 이주자가 원주민 문화를 선택하거나 원주민이 이주자 문화를 선택하거나 양쪽 모두를 통해 일어날 수 있다는 사실을 상기하자. 그렇지만 어떤 식으로 발생하든, 어떤 정책들이 주어졌을 때 애초에 문화적 격차가 클수록 통합되기까지 오랜 시간이 걸린다.

이 악의 없는 가정은 놀라운 함의를 보여준다. 앞서 언급했듯이 직관이 뛰어난 사람은 그 함의를 단번에 파악할 수 있겠지만 그렇지 못한 다수에게는 모형이라는 유용하고 믿음직한 도구가 있다. 다시 한 번 상기하자면 '디아스포라 스케줄'은 이주로 디아스포라에 합류한 인원과 주류 사회에 동화되어 디아스포라를 떠난 인원이 일치하는 디아스포라와 이주자의 조합을 나타낸다. 디아스포라가 원주민 사회에 흡수되는 속도는 디아스포라 스케줄

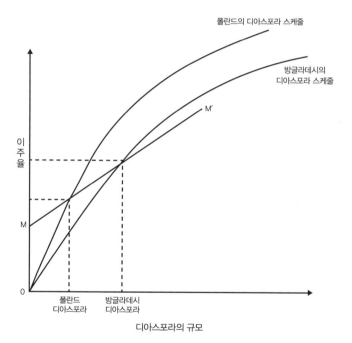

〈그림 3-1〉 디아스포라와 이주율의 균형 : 영국으로 이주한 폴란드인과 방글라데시인의 경우

의 기울기로 표현된다. 동화율이 느릴수록 디아스포라를 일정 규모로 늘릴 때 필요한 이주자의 수도 적어진다. 따라서 동화가 느리면 스케줄 곡선이 완만해진다. 〈그림 3-1〉에 원주민과의 문화적 거리가 각기 다른 두 디아스포라 집단을 비교해놓았다. 설명을 위해 영국에 있는 폴란드인과 방글라데시인을 선택했지만, 미국에 있는 멕시코인과 에리트레아인 혹은 프랑스에 있는 알제리인과 중국인이어도 상황은 마찬가지일 것이다. 동일한 규모의 디아스포라에 대해 문화적 거리가 멀수록 스케줄의 기울기가 완만해진다.

이 두 집단의 유입에 따른 자연 균형점은 디아스포라 스케줄과 이주 함수가 교차하는 지점에서 생긴다. 이는 이주 제한 조치나 특정 집단의 동화율을 바꾸는 전략 등 그 어떤 정책적 개입도 없을 때의 상황을 보여준다. 2장에서 논의한 것처럼, 이 두 그래프는 교차하지 않을 수도 있는데, 그런 경우 균형이 생기지 않으므로 자연 이주율natural rate of migration이 계속 커진다. 따라서 문화적으로 거리가 먼 집단이 이주해오면 자연 균형 상태가 없을 가능성이 높다. 그러면 정책적 개입으로 차단될 때까지 이주는 계속 증가한다. 또 다른 가능성을 고려해보자. 문화적으로 유사한 집단이든 문화적으로 이질적인 집단이든 모두 자연 균형을 갖는 경우다. 상황을 가급적 단순화하기 위해 디아스포라의 차이 외에는 방글라데시든 폴란드든 이주의 동력이 같다고 가정할 것이다. 즉 그림에서처럼 두 집단 모두 M-M'이라는 동일한 이주 함수를 갖는 것이다. 물론 이는 현실적이지 않다. 그렇지만 당장의 연구 목적을 위해 이주에 영향을 주는 단일한 요소에만 주목하고자 한다. 그것은 바로 디아스포라의 영향력이다.

합리적인 가정으로, 방글라데시가 폴란드 문화보다 영국 문화와 더 이질적이라고 해보자. 여기에는 간단하지만 중요한 함의가 숨어 있다. 앞서 논의한, 문화적 거리가 디아스포라의 주류 사회 동화 속도에 미치는 영향에 따르면 방글라데시 디아스포라는 폴란드 디아스포라보다 동화율이 느릴 것이다. 그림으로 보면 방글라데시 스케줄의 기울기가 폴란드의 것보다 완만할 것이다. 여기서 그래프의 진가가 드러나는데 우리에게 의외의 사실을 보여주기 때문이다. 균형점에서 문화적 거리가 더 큰 방글라데시가 더 큰 규모의 디아스포라를 갖는다. 이는 그리 놀라운 사실이 아니다. 문화적 거리가 더 크면 방글라데시인들은 동화 속도가 더딜 것이고 따라서 이주율이 같다고 할 때 방글라데시인으로 자아 정체성을 갖는 이주자들이 폴란드인으로서 자아 정체성을 갖는 이주자들보다 많을 것이다. 그렇지만 균형점에서 방글라데시와 폴란드의 차이로 이보다 더 주목할 만한 사실은, 방글라데시의 이주율이 폴란드의 이주율보다 언제나 더 높게 나온다는 점이다.

첫 번째 함의는 직관적으로 이해되는 반면 두 번째 사실, 문화적 거리가 더 먼 집단의 이주율이 언제나 더 높다는 점은 그렇지 않다. 사실 직관적으로는 그 반대일 것 같다. 이주 모형은 그 직관이 왜 틀렸는지를 보여준다. 따라서 우리는 유출국과 유입국 사이의 소득 격차가 주어졌을 때, '유출국과 유입국의 문화적 거리가 클수록 지속가능한 이주율sustained migration rate도 커진다'라는 역설적 결과를 얻는다. 이러한 결과는 아직 알려지지 않은 것으로 알고 있다. 만약 이게 사실이라면 모형의 가치가 입증되는 것이다. 좋은 모형은 우리의 사고를 대신하는 게 아니라 이를 발판 삼아 추론만으로는 도달할 수 없는 영역까지 이해할 수 있게 해준다.

이제 문화적 거리가 더 큰 집단이 균형 이주율이 더 높다는 새로운 인식을 바탕으로, 이것이 다시 유입국에서 커져가는 디아스포라의 구성에 어떤 영향을 주는지 생각해보자. 시간이 흐르면서 원주민과 문화적으로 유사한 이주자들은 유입국에 동화되는 반면 문화적 거리가 있는 이주자들은 디아스포라에 그대로 남는다. 그 결과 디아스포라가 성장하면서 보통은 원주민들과 문화적으로 더욱 멀어진다. 이는 다시 동화율에 영향을 준다. 디아스포라가 클수록 보통 원주민과의 문화적 거리가 커지고 평균 동화율도 떨어진다. 예를 들어 두 유출국이 있다고 가정해보자. 하나는 문화적으로 유사한 '거의 우리나라AlmostUsLand'이고 다른 하나는 문화적 거리가 있는 '화성국'이다. '거의 우리나라'에서 온 이주자들은 '화성국'에서 온 이주자들보다 동화가 빠르다. 이들의 디아스포라가 성장할 때, '화성국'에서 온 이주자들은 디아스포라에서 차지하는 비율이 높아서 평균 동화율이 떨어진다. 이는 다시 디아스포라가 성장할수록 전체 스케줄 곡선, 즉 모든 개별 디아스포라를 합한 것이 완만해지는 또 다른 이유가 된다. 우리는 이 장 후반부에서 그러한 완만화 경향이 중요한 결과를 낳는 이유를 살펴볼 것이다.

로버트 퍼트넘을 비롯한 여러 학자들이 발견한 이 효과는 어떤 이주율이 주어졌을 때, 문화적 격차가 클수록 집단 내부의 신뢰 하락과 집단 간의 긴장감 증대라는 사회적 비용이 높아진다는 사실을 보여준다. 이로부터 우리는 역설적 결과를 얻는다. 이주의 경제학은 이주자와 그 가족들이 개별적으로 내리는 효용 극대화 결정이 주도한다. 디아스포라는 이주 비용을 낮추므로, 디아스포라가 클수록 그 유출국에서 오는 이주율도 커진다. 그러나 이러한 개별적 극대화 결정이 낳는 외부 효과로 이주의 사회적 비용이 발생한다. 개인의 이윤 극대화는 그 정의에 따라 의사결정을 내린 사람에게 가장 큰 경제적 이득을 안겨주지만, 이 이윤 극대화라는 경제 논리가 사회적 비용도 높이는 역설적 상황이 생긴다.

이주자 혹은 정착민

어떤 디아스포라 규모가 주어졌을 때 이주자의 심리 역시 동화율에 영향을 줄 수 있다. 앞에서 대중문화를 전형적인 다운로드 목록으로 볼 수 있다고 주장했다. 이주자가 택하는 태도는 소득이나 숙련도처럼 전통적인 개별적 경제 변수뿐 아니라 그들이 택하는 전형적 대상으로부터도 영향을 받는다. 이주자가 택하는 전형적 대상은 고정불변이 아니다. 그 대상은 바뀌며, 때로는 매우 급격히 바뀐다.

　이주자들의 자아 규정 방식이 변한 것은 1815년 나폴레옹 전쟁이 끝나면서부터다. 그 부분적 이유는 선적 비용이 낮아지고 장기간 치른 전쟁이 끝나면서 억눌렸던 수요가 터져 나왔기 때문으로, 이때부터 영국과 아일랜드에서 북미로 향하는 대량 이주가 시작되었다. 당시 이주는 확고한 경제적 이유가 있었다. 북미의 비옥한 땅을 정착지로 삼으려는 것이었다. 그래도 당시의 이주 결정은 신중해야 했다. 혹독한 주변 환경 탓에 북미가 낙원은 아니었기 때문이다. 경제사학자 제임스 벨리크James Belich는 최근 이주의 개념화와 관련해 대단히 흥미로운 사실을 발견했다.[25] 매년 수백 개의 신문기사에 등장하는 단어를 유심히 살펴본 결과, 1810년에서 1830년 사이에 이주를 뜻하는 용어에서 미묘한 변화가 있었다. 1810년 무렵에는 신문에서 '이주자emigrants'이라는 용어를 가장 자주 썼다. 그러나 1830년이 되자 '이주자'는 새로운 용어인 '정착민 settlers'에게 그 자리를 내주었다. 나는 이러한 변화가 무해하다고 보지 않는다. 두 용어가 뜻하는 상황이 근본적으로 다르기 때문이다. 이주는 본질적으로 출신 사회를 등지고 새로운 사회에 들어가는 것이다. 반면 정착은 출신 사회와 함께 이동하는 것이다. 그렇다면 이러한 구분이 왜 중요한 걸까?

최근 몇 년간 경제 발전에 대한 가장 유명한 논문은 하버드 대학과 MIT 대학 학자들인 대런 에이스모글루와 사이먼 존슨 Simon Johnson, 제임스 로빈슨 세 사람이 쓴 공동 논문이다. 이들은 이주자가 역사적으로 중요한 이유는 바로 정착민이었기 때문이라고 주장한다.[26] 이 주장에 따르면, 정착민들은 법적 지배나 계약의 신성함 같은 자신들의 제도를 지니고 왔다. 정착민들이 이러한 제도를 들여온 덕분에 유입국은 당시까지 인류의 운명이라 여기던 빈곤으로부터 탈출이 가능해졌다. 그렇지만 정착민은 같은 정착민에게는 분명 유용한 존재였지만, 원주민에게 매우 부정적인 것들을 종종 들여오곤 했다. 그 누구도 북미의 정착민이 북미 대륙에 살던 원주민에게 유익했다는 주장을 설득력 있게 제시하지 못한다. 호주의 정착민이 호주 원주민에게, 뉴질랜드의 정착민이 마오리족에게 유익했다고 주장할 수 있는 사람 역시 아무도 없다. 장기적으로 봤을 때 남아프리카 흑인들에게는 정착민들이 유익했을지 몰라도, 이는 정착민들의 소득을 이전해서 흑인들에게 혜택을 주는 정부에게 정치 권력이 이동한 후의 이야기다. 현재 가장 큰 세간의 주목을 받는 정착민은 유대교도인 이스라엘인이다. 유대인들의 이스라엘 점령지 정착 권한은 뜨거운 논란거리지만, 그리고 이 책이 다루는 범위에서 완전히 벗어나 있지만 유대인의 정착이 팔레스타인 원주민에게 유익하다는 이유를 들어 이들의 정착을 정당화할 사람은 아무도 없다.

나폴레옹 시대 이후 북미로 집단 이주가 시작되었을 때, 정착을 가장 열망한 집단은 북아일랜드의 개신교 공동체였다_{남아일랜드 가톨릭 교도의 이주는 1840년대 감자 기근 이후에 시작되었다.} 당시 경향에 대한 가장 설득력 있는 설명은 북아일랜드 개신교도들이 이미 정착민 출신으로, 통제가 힘든 식민지에 충성주의자들_{loyalist, 아일랜드가 영국에서 독립하는 것에 반대하는 신교도 중심 세력들—옮긴이}을 심는 정책을 영국 정부가 대대로 추진하면서 스코틀랜드와 잉글랜드에서 건너온 사람들이었다는 해석이다. 이들 초기 정착민의 유입은 4세기가 흐른 지금까지도 여전한 분란 요인으로, 안타깝게도 아일랜드는 아직까지 '정착민'과 '원주민'이라는 구분이 어느 정도 통하는 곳이다. '아일랜드 원주민'을 상대로 과거 스코틀랜드에서 온 정착민들을 환영하는지 여론조사를 한다면 다수에게서 긍정적 답변을 듣기는 어려울 것이다.[27]

정착민들은 자신들의 현안_{agenda}뿐 아니라 고유한 문화도 들여온다. 역사상 소수의 정착민들이 원주민들에게 자신들의 고유문화를 전파한 사례가 무수히 많다. 그 명백한 사례 중 하나가 선교 활동으로, 다들 알다시피 선교 활동은 개종이라는 영원한 유산을 남겼다.[28] 단도직입적으로 말하자면, 문화 전파는 때로 잔혹했다. 남미에서 스페인어가 널리 쓰이는 현실은 과거 정착민들의 문화적 힘을 보여준다. 앙골라 원주민 중에 포르투갈 이름이 많은 것도 과거 정착민들의 문화적 우세를 반영한다. 그렇지만 광범위한 문화 전파는 총포보다는 분산된 경로를 통해 일어난다.

내 머릿속에 떠오르는, 소수 이주자들이 문화를 접수한 가장 완벽한 예는 영국에서 있었다. 바로 서기 약 400~600년 사이에 영국에 정착한 앵글로색슨족이다. 앵글로색슨족은 서기 400년 전까지 영국에서 거의 찾아볼 수 없었고, 인구 중 차지하는 비율도 10퍼센트를 넘긴 경우가 한 번도 없었다. 우리가 알기로 이들은 영국 원주민을 폭력적으로 정복하지도 않았고 예속하지도 않았다. 고고학적 기록에 따르면 이 지역에서는 폭력의 흔적을 거의 찾아볼 수 없다고 한다.[29] 그렇지만 앵글로색슨족이 언어부터 종교에 이르기까지 모든 문화를 장악한 사실은 누가 봐도 명백하다. 400년 이전에 이들이 쓰던 언어는 근대 웨일즈어와 얼추 비슷한 켈트어와 라틴어였던 것으로 보인다. 그러다 600년이 되자 이들은 영어를 썼다. 이 새로운 언어에서는 원조 켈트어의 자취를 전혀 찾아볼 수 없다. 대신 영어는 정착민들이 쓰던 방언이 뒤섞여 있었고, 프리지아어Friesian의 영향을 가장 많이 받았다. 마찬가지로 5세기 초 영국의 공식 종교였던 기독교는 6세기 말이 되자 거의 자취를 감추었다. 이후 기독교는 아일랜드와 로마로부터 다시 들어왔다. 어쩔 수 없이 부족한 증거들로 추측해보건대, 앵글로색슨족이 정착하면서 브리튼인들은 문화적 붕괴를 겪었을 것이다. 브리튼인들이 심각한 문화 상실을 겪은 정확한 이유는 밝혀지지 않았지만, 앵글로색슨 족의 모방을 매혹적으로 만든 요인이 분명 있었을 것이다.

원주민의 문화 상실이 안타까운 일인가를 두고는 논란의 여지가 있다. 문화 상실이 있더라도 이는 결국 자발적으로 생긴다. 그렇지만 문화는 전형적인 공공재다. 모두가 그 가치를 인정하지만 이를 존속시킨 대가로 보상을 받는 경우는 없다. 세계적 차원에서 우리는 개인적으로 다른 문화를 접해본 경험이 없더라도 그 문화의 가치를 인정한다. 우리가 몸소 겪어보지 못한 많은 대상들처럼 그런 문화들 역시 존재 가치가 있다. 개인적 차원에서 부모들은 보통 자신들의 문화를 자녀에게 물려주려 하지만, 그 실현 가능성은 부모의 선택뿐 아니라 자녀 주변인들의 선택에도 달려 있다. 따라서 후속 세대들은 사후적으로 보더라도 문화적 변화를 반기는 반면 원주민들은 사전적으로 정착민들의 문화적 도전을 경계한다. 손주들이 선뜻 다른 문화를 택한다는 사실은 분명 경계할 만한 일이다. 물론 정착민이 주도하는 문화적 변화는 다양한 변화의 동력 중 하나일 뿐이다. 그렇지만 다른 무수한 요인들과 달리 이는 선택으로 생기는 변화다. 원주민들이 변화를 원하지 않으면 정착민 문화를 받아들일 필요가 없기 때문이다.

따라서 부유국에서 빈곤국으로 건너온 정착민들은 원주민들에게 양날의 검이다. 정착민들이 가져온 제도는 바람직해도 그 문화는 달갑지 않다. 이제 가상의 상황으로, 빈곤국에서 부유국으로 방향만 바뀐 동일한 경우를 생각해보자. 부유한 사회로 간 가난한 정착민들이 자신들의 문화를 고수하고 이를 전파하는 일에 여념이 없다고 해보자. 이들이 갖고 들어간 사회 모델은 바람직하지 않을 것이다. 빈곤국이 가난한 이유는 그들의 역기능적 사회 모델 때문이었다. 따라서 번영한 사회가 정착민들을 경계할 만한 이유가 있는 것이다.

물론 빈곤국은 부유국에 정착민들을 보내지 않는다. 빈곤국에서 부유국으로 가는 몇몇 근대 이주자가 과거의 정착민들처럼 활동하고 싶다 해도 그 옛날 정착민들이 휘둘렀던 우세한 폭력에 기댄 정치적 힘 같은 것이 이들에게는 없다. 그렇지만 근대 사회에서 문화적 동화와 문화적 분리의 차이는 이전의 이주자와 정착민의 차이와 다소 유사하다. 이주자들은 고국을 등지고 새로운 사회에 진입한 것이므로 동화의 필요성을 쉽게 이해한다. 반면 정착민들은 동화할 의사가 없다. 이들은 자신들의 고유한 가치와 문화를 새로 진입한 사회에서도 유지하고 싶어 한다.

다문화주의의 의미

이주에 관한 다른 모든 쟁점과 마찬가지로 이주자에 적합한 문화적 담론을 둘러싸고도 상당한 정치적 논란이 있다. 그 스펙트럼의 한쪽 끝에는 동화가 있다. 이주자가 원주민과 결혼해서 원주민의 방식을 택하는 것이다. 나 역시 동화적 이주의 산물이다. 마찬가지로 런던 시장인 보리스 존슨Boris Johnson도 할아버지가 터키 출신 이주자였다. 스펙트럼의 다른 끝은 폐쇄적 공동체에 속한 이주자들의 영구적인 문화 고립으로, 이들 공동체는 따로 교육받고 별도의 언어를 쓰며 외부인과 결혼한 자는 추방한다. 법적으로는 시민이 될 수 있는 이들을 사회적으로 의미 있는 구성원으로 만들려면 이들의 문화 고립을 급진적 다문화주의로 바라봐주는 인식이 있어야 한다.

다문화주의는 동화 담론에 대한 반발에서 나왔다. 그 주요 동력은 동화를 열망하지 않는 이주자들이 다수라는 자각이었을 것이다. 즉 이들은 따로 무리지어 살면서 고유의 문화를 지키고 싶어 한다. 동화를 꺼리는 이주자들을 비판하면 원주민 문화의 우월함을 드러내 결국 인종주의에 다가서는 것처럼 보일지도 모른다. 그렇지만 다문화주의는 자유주의적 엘리트들에 의해 차츰 긍정적 이념으로 탈바꿈했다. 다문화 사회는 단일 문화권보다 다양성이 넘치고 서로를 자극한다. 이런 형태의 다문화주의는 각기 다른 문화가 한 나라 안에 영원히 공존할 수 있게 해준다. 그러한 나라는 서로 다른 문화 공동체가 동등한 법적 지위와 사회적 지위를 갖고 평화롭게 공존하는 곳이다. 원주민 공동체는 다수일 수도 있고 아닐 수도 있지만, 어쨌든 특별한 지위를 누리지는 않는다. 다문화주의의 또 다른 의미는 본래 아이디어와 더 가까운 것으로, 이주자가 원주민에게 동화되는 것이 아닌 이주자와 원주민 사이에 문화적 융합cultural fusion이 발생하는 것을 뜻한다. 동화와 달리 융합은 원주민 문화가 이주자 문화보다 더 우월하다거나 특권이 있다는 암시가 없다.

이제 우리는 서로 경합하는 네 가지 이주에 관한 담론을 모두 살폈다. 이주자들은 전통적인 이주자들처럼 원주민 문화를 받아들이고 그들과 동화되기를 염원하면서 이동해올 수 있다. 또 이들은 문화적 융합을 염두에 두고 이주해온 후 함께 누릴 고유한 문화를 제시할 수 있다. 혹은 문화적 분리주의자로 들어와 원주민 사회와 거리를 두면서 한편으로 경제 활동에 참가할 수도 있다. 사실상 초청 노동자인 셈이다. 마지막으로 이들은 원주민에게 자국 문화를 전파하는 데 열중하는 정착민으로 들어올 수도 있다. 이네 가지 담론은 윤리적으로 그리고 현실적으로 얼마나 타당할까?

동화와 융합의 이점

동화 담론은 유행이 지나긴 했어도 원주민뿐 아니라 모두에게 몇 가지 큰 이점을 준다. 윤리적으로 이는 대접받고 싶은 대로 남을 대접하라는 황금율과 맞닿아 있다. 무엇보다도 빈곤국에서 온 이주자들은 네 가지 담론 중 자신들이 고국에 있었더라도 지지했을 내용 한 가지를 윤리적으로 요구할 수 있다. 그렇지만 빈곤국 중에서 문화적 분리주의에 성공한 나라는 아직까지 보지 못했다. 사실 이런 이유로 몬탈보와 레이널 퀘롤은 빈곤국의 문화적 특징이 집단 간 폭력을 증가시킨다고 주장한다.[30] 문화적 분리를 극단적으로 주장하는 세력들은 동화를 '문화적 집단 학살cultural genocide'이라고 부르는데, 이러한 감정적 표현은 그것이 정말 필요한 최악의 경우에나 써야 하는 부적절한 표현이다. 고국의 역동적 상황에서도 이주자들의 초기 문화는 존재한다. 그렇지만 유입국이 이주자를 받아준 만큼이들에게는 원주민 문화의 수용을 요구하면 안 될 윤리적 이유가없다. 구체적으로, 유입국은 이주자에게 그 지역의 언어를 배우도록 요구할 수 있다. 공통의 언어가 있으면 사실 매우 편리하다. 공통된 언어가 없으면 공동의 정치적 기반을 갖기 힘들기 때문이다. 더 나아가 공통의 언어는 상호 배려에도 중요하다. 미국으로 건너온 멕시코 이주자들에 대한 연구를 떠올려보면, 이들 중 영어를배운 이주자들은 공공재 공급에 더욱 협조적인 자세를 보였다. 따라서 이주국의 언어를 배우지 않는 이주자들은 공통 언어가 기여해온 공공재에 무임승차하는 것이다. 더 나아가 언어 습득을 거부하는 이주자들은 황금률을 위반할 수 있다. 입장을 바꿔, 만약자신의 출신국에 온 이주자들이 지역 언어를 배울 필요가 없다고한다면 이들은 이 사실을 용인할 것인가?

동화 담론은 윤리적 토대가 탄탄할 뿐 아니라 현실적으로도 바람직한 결과를 낳는다. 이주자들이 원주민들의 태도를 흡수하면서 높은 신뢰도를 유지할 수 있기 때문이다. 이주자와 원주민들은 원주민 공동체에 뿌리내린 상호 배려 문화에 똑같이 익숙해진다. 동일한 문화적 태도를 갖추면서 원주민과 이주자는 서로를 같은 존재로 인식하게 된다. 집단 간 결혼으로 공동의 후손을 낳으면 이러한 인식이 점점 더 강해진다. 집단 간 결혼은 정체성 인식에 잠재적으로 중요하다. 대다수 유럽국이 1950년대까지 그랬듯이, 장기간 이주가 없으면 원주민들은 진심으로 자신들을 단일민족이라고 생각한다. 즉 대다수 영국인들이 영국인들은 신석기 시대 이전부터 단일민족이었다고 보는 것처럼 말이다. 동화를 기대하는 이주자들 역시 이와 동일한 인식을 보일 수 있다. 집단 간 결혼으로 낳은 자손은 일반 시민일 뿐 아니라 원주민의 직계 후손이 될 것이다. 시에라리온에서 영국으로 온 이주자는 알프레드 대왕앵글로와 색슨족을 뭉치게 하고 통일 잉글랜드를 건설한 왕—옮긴이의 후손일 가능성이 낮지만 집단 간 결혼으로 낳은 손주들은 그 후손일 가능성이 높다. 이주자들이 미래의 모습으로 과거를 인식한다면 자신들의 새로운 정체성을 수용하는 데 도움이 될 것이다.

융합으로서의 다문화주의 역시 윤리적 근거가 탄탄하다. 동화와 달리 이는 이주자에게나 원주민에게나 본래의 모습에 동일한 존엄성을 스스럼없이 부여한다. 여기에는 문화적 위계질서가 없고 대신 문화적 혼합에서 생기는 활력과 창의력이 있다. 문화 융합을 이루려면 이주자와 원주민 모두 다른 문화에 호기심을 갖고 적응하는 노력이 필요하다. 원주민이 수적으로 우세함을 고려할 때 새로 섞인 문화는 압도적으로 원주민의 성향이 반영될 것므로 이주자는 원주민보다 더 큰 문화적 적응을 감수하려는 의지가 있어야 한다. 그렇지만 이러한 예측은 윤리적 요구가 아니라 그야말로 현실적 문제다. 일례로 영국에서 치킨 티카chicken tikka, 뼈 없는 닭고기에 각종 향신료를 넣어 만든 카레 요리-옮긴이가 온 국민이 즐기는 요리가 되면서 영국 전통 요리인 피시앤드칩스fish-and-chips, 흰살 생선 튀김에 감자튀김을 곁들인 요리-옮긴이를 밀어내고 가장 인기 있는 국민 요리가 되었다. 치킨 티카는 원주민 문화를 그대로 수입한 것이 아니라 영국에 온 이주자들이 자신들의 문화를 패스트푸드를 찾는 원주민들의 요구와 융합하는 과정에서 탄생한 혁신적 요리다. 융합은 실질적으로 동화와 비슷한 결과를 낳는다. 한 가지 차이가 있다면 사회 모델의 순기능을 떨어뜨리는 유해한 방향으로 두 문화가 섞일 위험이 있다는 점이다. 경제적으로 볼 때 모든 문화가 동등하지는 않다는 점을 기억하자.

분리주의가 야기하는 문제

최근까지 유럽 정치엘리트 내부에서는 문화 분리주의에 대한 끈질긴 요구로 볼 수 있는 다문화주의를 옹호하는 것이 지배적이었다. 이러한 정통적 입장과 이를 뒷받침하는 정책들은 주요 이주 집단들이 선호하는 문화 분리주의에 대한 응답인 동시에 문화 분리주의에 정당성을 부여해준 것이었다. 문화 분리주의를 보여주는 한 가지 객관적 징후는 이주자 거주지의 공간적 분리다. 이를 가로막는 정책이 없는 한 이주자들은 서로 뭉치는 경향을 보인다. 이는 어찌 보면 당연한 현상이다. 기반을 잡은 이주자는 확실한 정보원이자 새로 온 이주자들의 지원군이기 때문이다. 캐나다를 포함한 몇몇 나라의 정부는 이주자들에게 특정 지역에 정착하라고 요구하는 등 이주자들의 밀집 흐름을 깨기 위해 적극적이다. 영국도 한동안 그러한 정책을 실시해 몇몇 소말리족 이주자를 글래스고Glasgow로 보냈다. 그러나 몇 주 만에 이주자 중 한 명이 인종주의자들에게 살해당하면서 그 정책은 당연히 폐기되었다. 밀집을 막는 정책이 사라지자 영국에 온 이주자들은 점점 몇몇 도시, 그중에서도 런던에 꾸준히 몰려들었다. 2011년 인구조사 결과 영국 원주민들은 자신들의 나라 수도에서 소수 집단이 되었다. 심지어 도시 내에 이주자들이 밀집한 경우도 꽤 많다. 이주자 분리지표에 따르면, 브래드퍼드에 있는 방글라데시인들은 유럽에 있는 36개의 이주 집단 중에서 공간 밀집도가 가장 높다. 이주자들이 런던 내부에서 뭉쳤다면 원주민들은 런던 외부로 이동해갔다. 이른바 도넛 현상이다. 런던 내부에서도 밀집도가 특히 높은 집단이 있다. 2011년 영국 인구조사에서 지난 10년 동안 가장 급성장한 행정구는 런던에 있는 타워 햄리츠Tower Hamlets로 나타났는데, 그동안 이 지역의 인구는 26퍼센트가 늘었다. 이 지역의 성장을 주도한 것은 주로 방글라데시에서 온 이주자들이었다. 런던에 있는 전체 방글라데시인 중 절반 정도가 타워 햄리츠에 모여 산다. 역으로 말하면 이 행정구에 있는 아이들 중 절반 이상이 현재 방글라데시인이라는 뜻이다.

객관적 측정이 다소 어렵기는 하지만 문화적 관행에도 분리주의가 등장했다. 이는 이주 집단의 보편적 현상과는 거리가 있으며, 유입국의 정책보다는 이슬람 근본주의의 득세와 더 관련 있어 보인다. 예를 들면 프랑스의 무슬림 이주자 2세는 자기 자녀들이 학교 식당에서 식사하는 것을 부모 세대들보다 더 꺼려한다.[31] 영국에서는 온몸을 가리고 다니는 방글라데시 여성이 점점 늘고 있지만 정작 방글라데시에서는 이제 히잡을 두르지 않는다. 이는 이주자들이 고국의 관행을 고수하려는 게 아니라 단지 원주민과 자신들을 구분하려는 행동을 보이기 때문이다. 이러한 문화적 분리주의는 결국 영국 의회에서 이슬람 율법인 샤리아 법sharia law을 토대로 법적 제도를 마련할 필요가 있다는 캔터베리 대주교의 주장까지 나오게 했다. 이는 이주자가 고국의 제도를 함께 들여온 대표적인 사례로 꼽을 수 있다.

법적 분리주의에서 한 발 더 나가면 정치적 분리주의가 된다.

공간적 분리주의와 문화적 분리주의가 결합하면서 정치적 분리주의가 생긴다. 정치적 분리주의의 징후 중 하나는 출신국의 정치 조직들이 유입국에서 재결성되는 것이다. 현재 타워 햄리츠 지방 정부는, 방글라데시의 강력한 두 정당인 아와미 리그Awami League와 방글라데시 민족주의당Bangladesh National Party의 오랜 반목 때문에 골치를 앓고 있다. 영국 정계에서 이 두 방글라데시 정당들의 활동은 그렇게 두드러지지 않았지만, 2005년 영국 무슬림들이 자신들의 정당인 리스펙트 당을 만든 것은 정치적 분리주의를 극명하게 드러낸 사건이었다. 리스펙트 당은 지금까지 두 지역의 의회 보궐 선거에서 승리를 거뒀다. 한 지역은 타워 햄리츠고 다른 지역은 브래드퍼드로, 두 곳 모두 무슬림 이주자들이 과밀집한 선거구다. 무슬림과 아시아인을 공공연하게 대변하는 리스펙트 당은 자신들의 정체성을 내세워 유권자들에게 호소한다. 리스펙트 당은 주류 정당의 입장에도 완강히 반대한다. 영국 유권자들은 직접 혹은 우편을 통해 선거인 등록을 할 수 있는데 브래드퍼드에서 리스펙트 당은 우편 투표 중 4분의 3을 확보했다. 우편 투표는 비무장 경찰처럼 시민 사회의 유용한 장치이지만 암묵적 관행이 성패를 좌우한다. 우편 투표는 비밀 투표 원칙을 어길 소지가 있다. 가장의 권위가 상당한 가정의 경우 집에서 투표 용지를 작성하면 가장이 부당한 영향력을 행사할 수 있다. 물론 이 비판은 위계질서가 존재하는 원주민 가정에도 해당한다. 그렇지만 현재 다수의 이주자 가정과 원주민 가정을 보면 이러한 문화적 차이가 뚜렷이 존재한다.

타워 햄리츠 지방정부는 현재 자치구borough에서 시city로 정치적 위상을 높이려고 추진 중이다. 이 시도가 성사되면 지방정부의 권한이 상당히 높아질 것이다. 이주자들의 공간적 밀집을 감안할 때, 정치적 분리주의 흐름이 계속 이어진다면 아마 이주자들이 장악한 정당이 지배하는 도시가 탄생할 것이다. 이는 도시 차원에서 빈곤한 사회의 제도가 부유한 사회로 이전된 것이라 할 수 있다. 다소 아이러니한 점은 경제 성장 과정을 연구한 저명한 경제학자 폴 로머Paul Romer가 정반대의 주장을 한다는 점이다. 그는 제도가 빈곤과 번영을 가르는 근본 요인이라는 분석은 공유하지만, 그 해결책으로 차터 시티charter cities라는 단순한 정책을 덧붙인다.[32] 차터 시티는 빈곤국 정부가 장기 임대를 허용한 땅에 선진국이 자국의 법률을 적용하는 정책이다. 예컨대 방글라데시가 영토의 일부를 싱가포르의 사법권 아래 두거나 영국의 관할구역으로 허용하는 것이다. 법의 지배가 보장되는 한, 로머는 이 경우 투자자와 노동력 모두 유입된다고 전망한다. 그렇지만 로머의 주장과 반대되는 현상, 즉 유출국의 제도가 유입국으로 이전하는 것의 아이러니는, 로머의 말이 옳다면 이주자들이 고국을 떠나는 이유가 본인은 의식하지 못하더라도 역기능적 제도 때문이라 할 수 있는데 이들이 그 역기능적 제도들을 들여오고 싶어 한다는 점에 있다.

리스펙트 당이 영국에서 잠시 주목받긴 했지만 대다수의 이주자들은 영국의 정치조직과 선을 긋지 않는다. 그럼에도 이주자들이 가입한 정당은 보통 큰 특징을 보인다. 2010년 영국 총선에서 원주민 유권자들이 보여준 지지율은 집권당인 노동당 대 보수당이 3대 4였다. 반면 소수 인종들의 노동당 대 보수당의 지지율은 5대 1이었다.[33] 이주자들의 이러한 투표 성향은 유럽 대륙의 전반적인 특색이다. 미국은 이런 성향이 두드러진 편이 아니지만 2012년 대선에서는 이주자들의 투표가 결정적이었다. 미트 롬니Mitt Romney가 대선에서 내건 '자발적 송환'이라는 다소 위협적인 정책이 당연하게도 히스패닉계 유권자들을 소외시켰기 때문이었다.

이주자들의 정치적 통합 정도는 이주자들의 정치 성향이 원주민들의 정치 성향을 얼마나 폭넓게 반영하는가로 따질 수 있다. 이는 통합을 보여줄 뿐 아니라 기존의 민주적 제도를 최소한으로 위협한다. 민주주의는 정권 교체가 좌우하므로 주요 정당들이 골고루 득표해야 한다. 극단적인 경우, 이주자들이 모두 특정 정당을 지지하면서 상당한 유권자 세력을 구성하게 된다면 정당 간 세력 균형을 유지하는 방법은 단 하나, 원주민들이 이주자의 지지를 받는 정당에 압도적으로 반대표를 던지는 것이다. 여기서 두 가지 바람직하지 못한 결과가 생긴다.

하나는 정치적 경쟁에서 불가피하게 공격적이고 자극적인 표현이 오가면서 이주라는 쟁점을 흐릴 수 있다. 이주자의 표심에 기대는 정당은 이주에 우호적인 정당으로 비춰지는 반면 원주민의 표를 압도적으로 끌어 모으는 정당은 이주에 반대하는 정당으로 비춰지기 때문이다. 또 하나는 정권 교체 과정에서 이주자들의 목소리가 사실상 정부 정책에 반영되지 못하고 또 원주민의 표를 대거 얻은 집권당이 이주자의 정치 성향 때문에 영향력을 발휘하지 못하는 문제를 겪을 수 있다. 이는 가상이 아니다. 런던 시장 선거에서 바로 이러한 양극화 현상이 드러났다. 이에 정당들은 이주자와 원주민의 도넛형 분포를 반영한 전략을 마련했다. 이주자의 투표 성향은 이주의 불가피한 특성도, 누군가의 '잘못'도 아니지만 분명 바람직한 현상은 아니다. 이주자들의 극단적인 정치적 성향이 매우 바람직하지 못한 결과를 낳으므로, 정당들의 이주 정책이 차별성을 띠어서는 안 된다는 강력한 주장마저 제기된다. 즉 이주 정책은 서로 동의한 근거를 중심으로 공통의 접근 방식을 취하는 것이 바람직하다는 입장이다. 물론 공통의 접근 방식이라고 해서 주류 정당이 그 사안을 소홀히 다룬다는 뜻은 아니다.

혐오 혹은 신뢰

저소득 국가에서 온 이주자들은 고소득 국가에서 좀처럼 환영받지 못한다. 이들은 인종주의와 고용 차별에 맞서 싸워야 하는데, 유입국의 위신을 떨어뜨리는 이러한 차별적 행동들은 정부 정책으로 대응이 가능하다. 여기서 주목할 것은 동화율, 이주자가 원주민 사회에 흡수되는 비율이며, 차별 행위는 당연히 동화를 방해한다. 사회적 배제는 별개의 정체성을 갖도록 자극하기 때문이다.

원주민들의 외국인 혐오가 동화에 기여하지 못한다는 명백한 사실 외에 사회과학은 어떤 연구 성과를 내놓았을까? 최근 연구 결과 중 잠재적으로 중요한 사실 하나는 원주민들의 일반적인 태도 즉 신뢰 수준이 동화에 막대한 영향을 끼친다는 것이다.[34] 원주민들이 이주자뿐 아니라 서로에 대해서도 높은 신뢰 수준을 보여줄수록 이주자들은 쉽게 통합된다. 당연한 사실이다. 이주자들은 원주민에게 신뢰를 느끼면 새로운 사회에 대한 애착심, 즉 퍼트넘이 말한 '교량적 자본bridging capital'도 더욱 깊어지기 때문이다.

그렇지만 이것이 사실이라면 우리의 모형에 또 다른 피드백 메커니즘이 생긴다. 퍼트넘은 다양성의 확대가 원주민 간의 신뢰를 떨어뜨린다는 사실을 발견했다. 사람들이 수세적 태도를 보이는 것이다. 이를 우리의 논의로 바꿔보면 동화되지 않은 디아스포라가 클수록 신뢰가 떨어진다. 그렇지만 이렇게 떨어진 신뢰가 디아스포라의 동화율에 미치는 피드백 효과를 추가해야 한다. 이 효과가 암시하는 바는 동화되지 않은 디아스포라가 클수록 동화율

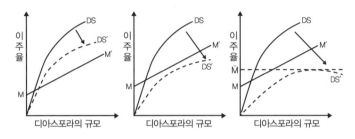

〈그림 3-2〉 신뢰와 디아스포라의 동화율

이 떨어진다는 것이다. 동화율은 '디아스포라 스케줄'의 기울기로 표현된다. 즉 동화율이 느릴수록 기울기가 완만해진다. 이러한 효과를 반영하면 스케줄 곡선은 시계 방향으로 휜다. 이때 가능한 결과를 〈그림 3-2〉가 보여주고 있다.

첫 번째 그림은 디아스포라가 커지고 동화율이 빨라지는 경우를 보여준다. 두 번째 그림은 자연균형점이 존재하지 않는 경우를 보여준다. 즉 이주를 통제하지 않을 때, 디아스포라와 이주율은 계속 증가한다. 마지막 그림은 디아스포라가 신뢰에 미치는 피드백 효과와 신뢰가 다시 동화율에 미치는 효과가 매우 강력해서 디아스포라의 규모가 어느 지점을 넘어서면 동화되는 인원이 사실상 줄어든다는 것을 보여준다. 이런 일이 생기면 이주율에 상한선이 생긴다. 만약 이주 통제가 이 상한선 위에서 이뤄지면 디아스포라는 무한정 팽창한다.

뭉치면 산다?

유입국 정부가 택한 정책은 원주민과 이주자 모두에게 어느 정도 영향을 미친다. 다문화주의를 공식 정책으로 삼아 고유의 이주자 문화를 허용하면 문화적으로 상이한 이주자들의 사회적 네트워크가 공식적으로 활성화된다. 또한 디아스포라가 몇몇 도시에 결집하면서 이들 도시에 디아스포라 출신 입학생의 비중이 압도적인 학교가 생기게 된다. 1960년대에 미국의 취학 아동을 대상으로 강제버스통학정책busing policy, 학교의 인종 구성을 다양화하기 위해 학생들을 강제 배정한 정책-옮긴이을 추진했던 진보주의 세력이 단일 인종이 모인 이주자들의 학교가 활성화되는 모습을 본다면 깜짝 놀라면서 믿기지 않는다는 표정을 지었을 것이다.

그렇지만 다문화 정책은 이주 집단에게는 그들의 문화적 특성과 사회적 특성을 고수해도 좋다고 허락하는 반면 원주민에 대해서는 어쩔 수 없이 다른 정책을 적용한다. 정부는 이주자에 대한 차별 가능성이나 실제 차별하는 현실에 대한 합리적 두려움 때문에 원주민의 특색이 강한 네트워크를 강력히 단속한다. 이주자가 오기 전에 한 나라에 존재하는 사회적 네트워크는 당연히 원주민 중심이었다. 이제는 차별 금지 정책으로 그러한 성향의 네트워크가 근본적으로 금지된다. 정확히 말해 포용적 네트워크로 탈바꿈하는 것이다.

루드 쿠프먼스Ruud Koopmans는 최근 연구를 통해 실제로 이러한 정책 선택이 통합 수준에 영향을 준다는 사실을 알아냈다.[35] 통합은 다문화 정책을 택하면 느려진다. 다문화 정책은 이주자들의 유입국 언어 실력 저하와 같은 측정 가능한 효과를 낳는데, 언어 능력이 떨어지면 알다시피 공공재 공급에서 협력이 낮아지고 공간적 분리를 조장한다. 쿠프먼스는 복지제도가 후하면 이주자들이 사회 최하층에 안주하려고 하므로 통합이 늦어진다는 사실도 밝혀냈다. 물론 복지제도가 후하면 원주민들 역시 안주하려고 하겠지만 더 낮은 수준의 삶에 길들여져 있는 이주자들이 안주하려는 성향이 더 클 것으로 보인다. 심지어 복지제도가 제공하는 소득이 미미해도 이들은 그 수준에 만족하므로 일자리를 구해 소득을 높이려는 동기가 강해지지 않는다. 이주자와 원주민 사이에서 다문화주의와 넉넉한 복지제도는 가정 및 직장에서의 통합 속도를 늦춘다. 쿠프먼스의 연구에 따르면 두 가지 모두 그 효과가 상당하다고 한다.

집단 내에서 사회적 네트워크, 즉 로버트 퍼트넘이 '결속적 bonding' 사회 자본이라고 부르는 연결망을 만드는 것은 '교량적 bridging' 사회 자본이라고 부르는 집단 간의 사회적 네트워크를 형성하는 것보다 쉽다. 또한 큰 집단보다 작은 집단에서 사회적 네트워크를 세우기가 더 수월하다. 따라서 다문화주의와 차별금지법이 결합하면 의도치 않게 역설적 상황이 생길 수 있다. 즉 이주자들은 원주민들보다 결속적 사회 자본을 만드는 것이 유리해진다. 이주자들은 자국 문화를 고수하는 긴밀한 유대 공동체를 구성하는 것이 허용되고 또 권장된다. 사실 방글라데시 공동체나 소말리아 공동체처럼 어디든 같은 나라 출신자들이 모이면 여기에 '공동체'라는 꼬리표가 붙는다. 반면 법률에 따라 원주민들이 모인 사회적 네트워크는 결속적 사회 자본을 교량적 사회 자본으로 바꿔야 한다. 그 결과 일반 이주자는 이주라는 사회적 격변으로 힘든 시기를 겪을지라도 일반 원주민보다 끈끈한 사회적 네트워크를 갖게 된다. 아마 이러한 이유로 퍼트넘은 원주민들이 파편화된다고 보았을 것이다. 원주민들이 사회적 네트워크에서 느끼는 유대감이 약해지기 때문이다. 그의 표현에 따르면 '수세적 태도'를 보이는 것이다. 이주자에게 적용되는 다문화주의적 분리 정책과 원주민에게 적용되는 차별금지법이 결합되면서 황금률은 깨진다. 한 집단에는 용납되지 않는 일이 다른 집단에는 허용된다. 배타적 네트워크가 허용되지 않는 쪽은 당연히 원주민들이다. 통합주의라는 현안이 무엇보다 중요하기 때문이다.

베일 착용 사례처럼 이주자의 문화적 관행에 대한 프랑스와 영국의 대조적인 정책은 일관성 없는 이주자 정책의 현실을 보여준다. 베일 착용은 말 그대로 상호 배려를 파괴한다. 프랑스에서는 베일 착용 관행이 박애와 양립할 수 없다는 인식이 우세해서 이를 금지했다. 베일 착용 금지는 공산주의와 주류 우파 세력 양

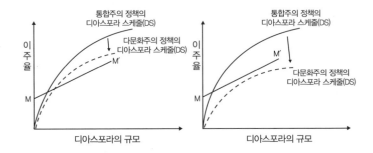

<그림 3-3> 통합주의 정책의 균형과 다문화주의 정책의 균형 비교

쪽의 지지를 받았다. 영국에서는 정치색과 무관하게 베일 착용 증가를 통탄한 정치인들이 있었지만 모든 정당들이 이를 정부의 간섭에서 자유로워야 할 사안이라고 보았다. 그렇지만 프랑스의 결단이 보여주듯이 박애를 깨뜨리는 자유를 인권으로 여기면 곤란하다. 이러한 정책 선택의 차이로 프랑스보다 무슬림 인구가 훨씬 적은 영국은 베일 착용이 점점 보편화된 반면 프랑스에서는 더 이상 베일 착용을 볼 수 없다.

우리는 급속한 이주가 허용될 때 통합주의와 다문화주의를 정책으로 선택했을 경우 각각 어떤 결과를 낳는지를 모형을 통해 다시 한 번 살폈다. 이는 동화율을 바꾸는 효과가 있다. 즉 통합주의 정책은 동화율을 높이고 다문화주의 정책은 동화율을 낮춘다. 동화율이 느릴수록 디아스포라 스케줄은 완만해진다. 느려진 동화율은 두 가지 방향으로 전개될 수 있다. <그림 3-3>이 이를 보여준다. 왼쪽 그림을 보면, 동화율이 느려지면서 다문화주의 정책은 결국 디아스포라 규모와 이주율 모두를 키운다. 오른쪽 그림은 또 다른 가능성을 보여준다. 즉 동화율이 느려지면서 균형이 사라지는 경우다. 이주를 통제하지 않을 경우 디아스포라와 이주율 모두 계속 증가한다.

이제 독자들은 정책적 실패가 몰고 올 파장이 눈에 보이기 시작할 것이다. 그렇지만 이주가 유입국 원주민에게 미치는 경제적 효과를 우선 살펴보도록 하자.

4장
이주의 경제적 결과

경제학은 이주가 원주민에게 미치는 효과와 관련해 두 가지 확실한 예측을 한다. 불가피하게도 이러한 예측은 지나치게 단순하고 완전히 빗나가는 경우도 있지만 복잡한 분석에 들어가기 전에는 단순하게 시작하는 것이 좋다.

원주민 가정의 경제적 복지는 개인 소득에서 일부가, 정부 서비스에서 일부가 나온다. 소득의 경우 노동력이 이주해오면 경제학의 제1원리에 따라 임금은 낮아지고 자본수익률은 높아진다. 그 결과 원주민 노동자들은 더 열악해지고 원주민 자산가들은 더욱 부유해진다. 정부가 제공하는 서비스의 경우 학교, 병원, 도로 등과 같은 기존의 공공자본을 더 많은 사람들과 공유하게 되면서 1인당 제공받는 서비스의 질이 전보다 떨어진다. 가난한 사람들일

수록 소득에서 근로 소득의 비중이 많고 자산 소득의 비중은 적으며, 전반적 복지에서 정부 제공 서비스가 차지하는 비중이 높다. 따라서 경제학 제1원리는, 부유한 원주민들은 이주로 혜택을 보지만 빈곤층은 이주로 인해 더 열악해진다고 예측한다. 지나치게 단순한 이 분석에 따르면 중간계층은 청소부나 보모처럼 전형적인 이주 인력 덕분에 혜택을 보지만 노동계급은 저임금에도 일하려는 이주 인력과의 경쟁에서 그리고 사회복지 혜택을 얻는 이주자 가정과의 경쟁에서 패하게 된다.

이주가 임금에 미치는 효과

이제 몇 가지 근거를 살펴보도록 하자. 다행히 이주율이 높은 국면을 포함해 영국에 온 이주자가 임금에 미치는 효과를 다룬 매우 설득력 있는 연구가 있다.[1] 이 연구는 임금에 미치는 평균적인 효과뿐 아니라 고소득층부터 저소득층까지 모든 계층이 겪는 변화까지 탐구했다. 이 연구에 따르면, 소득 최하위 집단은 경제학의 기본 원리의 예측대로, 이주로 인해 실제 소득이 감소하는 것으로 나타났다. 그렇지만 나머지 소득 집단은 이주 덕분에 소득이 늘어났다. 게다가 소득 증가분이 소득 감소분보다 크고 또 광범위하게 발생했다. 즉 원주민 노동자들은 대개 이주로 이득을 본 것이다. 소득 최하위 집단의 임금 감소는 경제학의 기본 원리로 설명이 되지만 소득 상위 집단의 소득 증가는 단순한 분석이 무시한 효과를 고려해야만 설명이 가능하다. 연구자들은 이주로 생긴 인력 유동성이 노동시장의 효율성을 개선했다고, 즉 새로운 직종에 맞는 엄청난 잠재력으로 무장한 이주자들이 도시와 틈새시장에 몰렸다고 추측했다. 이는 곧 사우스 이스트 잉글랜드 서비스 경제의 팽창을 뜻했다. 이주 때문에 서비스 경제의 팽창이 매우 용이해지자 기업의 생산성이 향상되었고 이는 결국 임금 인상의 배경이 되었다.

이주가 노동시장에 미치는 효과를 다룬 또 다른 연구는 그 근거를 유럽 전역에서 찾았다.[2] 이 연구는 이주가 원주민 노동자들의 임금을 높인다는 사실도 알아냈다. 그렇지만 이러한 현상이 생기는 메커니즘에는 흥미로운 사실이 숨어 있었다. 즉 유럽은 평균적으로 이주자들의 숙련도가 원주민 노동자들의 숙련도보다 높다. 이 중 일부는 단지 유럽 주변의 숙련 노동자들을 처닝churning, 원래 휘젓기를 뜻하지만, 대량 해고와 대규모 채용이 동시에 진행되는 현상을 가리킨다—옮긴이해서 얻은 결과지만 말이다. 숙련 노동자들은 미숙련 노동자들과 경쟁하기보다 이들의 부족한 점을 보완하므로 미숙련 노동자들의 생산성이 높아진다. 물론 이러한 효과는 전반적인 숙련도를 높일 만큼 이주가 선별적으로 이루어졌을 때의 이야기다.

승자와 패자가 동시에 존재할 때 경제학자들은 보통 승자의 이득이 패자의 손해를 충분히 상쇄하고도 남는지를 살핀다. 이주가 임금에 미치는 효과를 보면, 형편이 나아지는 원주민 가정이 얻는 이득이 극빈층이 잃는 것을 메우고도 남는다. 그러나 손해를 벌충할 수 있는가도 중요하지만 핵심은 실제 그런 일이 일어나는가이다. 이런 점에서 앞서 논의한 상호 배려와 운 좋은 이들이 운 없는 자들을 도우려는 태도로 다시 돌아가게 된다. 이주로 인해 그러한 소득 이전의 필요성은 커지는 반면 실제 그렇게 하려는 의지는 줄어들 수 있다.

따라서 과거의 이주가 소득에 미치는 효과로, 상당수의 원주민 노동자들은 이득을 얻지만 극빈층 원주민은 손해를 볼 가능성이 매우 높다. 한편 이러한 영향이 이주를 옹호하는 근거로 쓰이지만 사실 그 효과는 전반적으로 미미한 편이다. 이주를 둘러싼 온갖 주장에 비하면 이주가 원주민 노동자들의 소득에 미치는 효과는 사소하다. 실증 연구는 관측 가능한 범위 내에서 이주의 효과를 분석할 수 있을 뿐이다. 실증 연구는 이주가 계속 증가할 때 어떤 상황이 벌어지는지에 대해 말해주는 바가 거의 없다. 이주의 지속적 증가와 관련해서는 처음에 언급한 경제학의 제1원리로 돌아가는 편이 안전할 것이다. 즉 대다수 원주민 노동자들의 임금은 상당히 떨어질 것이고 수년 동안 이렇게 낮아진 상태를 유지한다고 보는 것이다.

이주가 공공주택에 미치는 효과

고소득 사회에서 단일 자산으로 가장 중요한 주택은 전체 유형 자산에서 절반 정도를 차지한다. 따라서 이주가 노동으로 받는 소득에 미치는 효과 외에 주택 접근성에 미치는 효과는 원주민들의 경제적 복지와 관련해 잠재적으로 중요하다. 이주는 분명 다양한 경로를 통해 주택 스톡housing stock에 대한 압력을 높인다.

잠재적으로 가장 중요한 문제는 가족과 함께 온 가난한 이주자들이 공공주택social housing을 놓고 가난한 원주민들과 경쟁한다는 사실이다. 이주자는 원주민보다 가난하고 딸린 식구도 더 많은 편이므로 공공주택에 대한 수요가 이례적으로 높다. 그렇지만 이러한 수요를 충족시키다 보면 가난한 원주민들이 어쩔 수 없이 밀려난다. 이주가 저소득 원주민 노동자들의 소득에 미치는 효과는 미미한 반면, 공공주택을 둘러싸고 이주자와 벌이는 경쟁은 치열하게 만든다. 이주자들은 가난할 뿐만 아니라 몇몇 빈곤한 지역에 몰려 있기 때문이다. 과거의 이주 역시 상당한 구축 효과를 낳는 경향이 있다. 또 이주가 계속 증가하면 가난한 원주민들의 공공주택에 대한 접근성이 심각하게 떨어질 가능성이 있다.

이주자들에게 공공주택에 관한 특별한 권한을 주느냐에 관한 문제는 활발한 정책적 논쟁을 불러오는 윤리적으로 복잡한 사안이다. 이주자는 유입국 원주민에 비해 궁핍하지만 고국에서 누릴 수 있었던 것보다 훨씬 많은 혜택을 이미 얻었다. 늘어난 수요를 충족시키기 위해 공공주택을 공급하려면 유입국의 기준으로 볼 때 역시나 궁핍한 원주민들로부터 소득 이전을 해야 한다. 공급 제한이 있는 공공재는 공공주택만이 아니다. 교실에서도 극심한 갈등을 불러온다. 원주민의 언어에 서툰 이주자의 자녀들은 더 큰 관심이 필요하다. 그렇지만 성적이 낮은 가난한 원주민 자녀들 역시 관심이 필요하다. 예산을 꾸준히 확보한다면 이런 사안을 어느 정도 다룰 수 있겠지만 그렇지 않은 경우 실제 현장에 있는 교사들은 무엇에 우선순위를 둬야 할지 난감할 것이다. 그런데도 보편주의적 공리주의자들은 원주민들보다는 이들을 밀어낸 이주자들이 더 어려운 처지이므로 이주로 인해 전 세계적인 복지가 향상되었다고 결론내릴 것이다. 반면에 운이 좋은 이주자들은 이미 개인 소득에서 이득을 얻었으므로, 이들에게 공공주택을 압도적으로 할당할 이유는 없다고 보는 사람들도 있다.

이주자와 원주민을 똑같이 대우해야 한다는 원칙은 집단으로든 개인으로든 적용 가능하다. 일정 비율의 원주민에게 공공주택에 대한 접근을 어느 정도 허용했다면 각 집단을 똑같이 대우한다는 원칙에 따라 이주자들도 그 비율만큼 접근 자격이 있어야 하며, 이 과정에서 개인의 특성에 따른 차이는 무시해야 한다. 이는 실제로 몇몇 지역에서 관행으로 자리 잡았다. 이 결과는 지역 원주민들이 공정성을 자각한 덕분이기도 했고 통합에 대한 현실적 관심 때문이기도 했다.

집단별로 동등한 권한을 주는 것에 반대하는 사람들은 그 윤리적 근거로, 2등 시민이 되지 않으려면 개별 이주자들이 개별 원주민과 정확히 동등한 권한을 가져야 한다는 점을 든다. 만약 이주자가 원주민보다 상황이 더 어렵다면 그러한 형편을 감안해 배제적excludable 재화인 공공주택에 대한 접근성을 더 높여야 한다는 것이다. 그렇지만 개인적 차원에서 적용되는 2등 시민 논리는 그 자체로 한계가 있다. 3장에서 논의한 것처럼, 공공주택 같은 공공재가 보급되려면 무수한 협력 게임을 유지할 수 있어야 한다. 시민권은 법적 개념이지만 도덕적 힘을 갖추려면 상호 배려라는 한 차원 높은 개념에 기대야 한다. 시민권은 정부 혜택을 받을 자격도 아니고 법을 준수해야 하는 의무도 아니다. 이는 타인에 대한 태도와 관련이 있다. 공공재를 꾸준히 보급하려면, 원주민들끼리 서로 배려하듯이 이주자와 원주민도 서로에게 배려심을 보여야 한다. 문화적 차이를 고수하려는 태도가 공공재 보급을 잠재적으로 위협하는데도 이를 개인적 권리로 여긴다면, 문화적 차이에 대한 집단적 권리와 원주민 문화로 일군 공공주택에 대한 개인적 권리 사이에 갈등이 발생한다. 집단적 권리에 대한 이러한 원칙이 윤리적으로 타당한지는 신중히 고려해야 할 문제로, 6장에서 다시 다루도록 하겠다.

공공주택을 둘러싼 경쟁 외에도 이주자들이 기반을 닦으면 민간주택 시장에서도 경쟁이 생길 것이고 결국 임대료와 주택 가격이 올라가게 된다. 영국의 예산책임국Office of Budgetary Responsibility이 최근 추산한 자료에 따르면 영국의 주택 가격이 이주 현상 때문에 10퍼센트 정도 올랐다고 한다. 역시나 이주가 주택에 미치는 효과가 임금에 미치는 효과보다 훨씬 커 보인다. 주택 소유자 중에는 어느 정도 나이가 있고 부유한 사람들이 압도적으로 많으므로 이주로 인한 주택 가격 상승은 저소득 집단으로부터 상당한 소득을 이전시키는 퇴행적 결과를 낳는다. 게다가 이주자들은 특정 공간에 심하게 밀집하므로 지역마다 매우 상이한 효과를 낳게 된다. 이주 때문에 전국의 주택 가격이 10퍼센트 상승한 것은 나라 전체로 보면 무시할 만한 수준이겠지만 런던과 사우스 이스트 등 이주가 빈번한 몇몇 지역에서는 엄청난 가격 상승으로 다가온다. 역설적이게도 북부와 남부의 주택 가격 편차가 심해지면서 영국의 다른 지역에서 사우스 이스트로 이사 가기가 더욱 힘들어졌다. 성장세인 지역의 기업들은 이주 덕분에 고용을 늘릴 수 있게 되었지만 의도치 않게 원주민 인력의 국내 유동성이 낮아졌다. 이는 원주민 노동자들에게 임금 상실이라는 또 다른 결과를 안긴다. 즉 원주민 노동자들이 보수가 더 나은 성장 지역으로 들어갈 기회를 차단하기 때문이다.

이것이 이주 현상이 원주민에게 미친 경제적 효과의 종합적 결과라면 어째서 경제학자들이 이주가 긍정적이라고 대체로 합의했는지 이해하기 힘들다. 우리가 몇 가지 핵심을 놓치고 있는 것은 아닐까? 이제 그동안 계속 제기된 몇몇 주장과 부당하게도 지금까지 소홀히 다뤄진 몇 가지 사항을 살피도록 하겠다.

이주자들의 예외적 능력이 갖는 효과

이주에 찬성하는 사람들은 이주로 인해 장기적으로 얻는 큰 혜택을 그 근거로 든다. 이 주장에 따르면 이주자들은 매우 혁신적이거나 아니면 적어도 독창적 사고를 하기 때문에 전반적으로 혁신의 속도를 높인다고 한다. 흔히 인용하는 수치로, 미국에서 이주자들과 그 자녀들이 특허발명 건수에서 상당한 비중을 차지한다는 사실을 든다. 한마디로 이주자들은 예외적 능력을 보이는 경향이 있다. 이 주장은 중요하다. 혁신적 인력이 이주해오면 이주 인원에 비해 성장 속도가 더 빨라질 수 있기 때문이다. 그렇지만 미국의 사례는 전 세계 이주자의 예외적 능력보다는 혁신적 기업가를 끌어 모으는 미국의 예외적 특성이 더 크게 작용했을지도 모른다. 게다가 이들이 자발적으로 이주한 예외적 인력이라 하더라도 고소득 국가가 혜택을 얻는 만큼 이주자들이 떠나온 빈곤국은 손해를 본다. 가난한 사회에서 부유한 사회로 인재가 이동하는 것이 꼭 전 세계적 차원에서 환영할 만한 현상은 아닌 것이다. 덧붙이자면 이주자들이 꽤 혁신적이라 해도 그것은 혁신적 인재가 이주하는 경향 때문이 아니라 이주를 하려면 혁신적 인재가 되어야 하기 때문이라는 설명도 가능하다. 일례로 2개 국어에 능통해야 할 경우 지능이 높아진다는 연구 결과가 있다.[3]

이주의 장기적인 성장 효과는 측정하기 어렵다. 이주자의 예외성은 오직 중단기적으로만 존재할 수 있다. 장기적으로는 이주자의 후손들이 총 인구로 흡수되기 때문이다. 따라서 이주가 낳는 한 가지 확실한 장기적 효과는 인구가 늘어난다는 점이다. 소득 수준이 높은 경우 한 나라의 인구 규모와 소득 사이에는 사실 아무 관련이 없으므로 이주의 장기적인 경제 효과를 어느 쪽으로든 크게 기대해서는 안 된다. 룩셈부르크, 싱가포르, 노르웨이, 덴마크 모두 인구는 적지만 소득 수준은 세계적으로 높다. 따라서 인구가 늘었을 때의 득실은 그 나라가 이용 가능한 지리적 여건에 비해 인구 과소인지 인구 과밀인지에 주로 달려 있다. 호주는 인구 과소로 고민하는 나라로, 넓은 국토에 거주하는 인구가 3,000만 명밖에 안 된다. 호주의 저명한 경제학자인 맥스 코든Max Corden은 호주에게 인구 증가는 이득일 것이라는 설득력 있는 주장을 폈다.[4] 인구 스펙트럼의 또 다른 끝에는, 유럽 내에서 뿐만 아니라 실상 전 세계적으로 인구 밀도가 매우 높은 잉글랜드와 네덜란드가 있다. 인구 밀도가 지나치게 높으면 공개 공지open space가 부족해진다. 인구가 늘면 공개 공지 이용률이 과도하게 높아질 뿐 아니라 주택과 사회기반시설도 그 수요가 늘어 공개 공지가 절대적으로 줄어든다. 따라서 순이주가 크게 증가해도 장기적으로 순이득을 보기 힘들어지므로 결국 이득은 오래 유지되지 못한다.[5]

　이주자들의 성공은 중단기적으로 경제 활성화에 도움이 되고 원주민들에게도 유익하다. 그렇지만 일반적인 이주 경향과 마찬가지로 이주가 일정 규모를 넘어서면 이주자들의 상당한 성공도 문제가 될 수 있다. 성공과 거리가 먼 원주민들은 이주자들의 성공에서 자극을 받기보다 사기가 꺾일 수 있다. 미국의 경우 이주자 자녀들은 원주민 자녀들보다 평균적으로 학력이 높고 소득 수준도 높다.[6] 영국에서 거듭 제기되는 가장 중요한 사회 문제는 노동계급 자녀들이 삶에 대한 열의가 낮다는 점이다. 이는 이주자 자녀들의 특성과 정반대다. 두 가지 특성 모두 자기실현적self-fulfilling 성향을 띤다. 수십 년간 좌절을 맛본 최하층 원주민들은 체념적 정서가 팽배하다. 즉 이들은 실패가 두려워 시도조차 하지 않는다. 이주자에게 밀려나면 실패를 단정 짓는 태도가 더 심해질 수 있다. 심지어 영어가 모국어가 아닌 이주자 자녀들이 현재 노동계급 원주민의 하위 50퍼센트 자녀들보다 성적이 좋다. 사기 저하는 경쟁으로 증폭되기도 한다. 즉 실패에 대한 두려움을 떨쳐내더라도 노동계급 자녀들은 대학과 직장에서 의욕적인 이주자 자녀들과 출세를 위한 자리다툼을 벌여야 한다. 게다가 이주자 자녀들이 겪는 언어 문제와 차별 행위는 적극적 정책으로 다룰 만한 구체적 사안이며 실제로 다뤄지고 있다. 이는 삶의 열의가 낮은 일부 원주민 집단의 애매하고 다루기 힘든 문제를 밀어낼 수 있다.

학업성취도가 높은 집단에서도 이주자들의 지나친 성공은 문제가 될 수 있다. 동아시아의 '호랑이 엄마들tiger mothers'은 자녀들이 좋은 성적을 받도록 닦달하는 것으로 유명하다. 논란이 많은 이들의 교육 방식에 대해 일각에서는 아이들이 공상하거나 뛰어놀기 등 어린 시절에 누려야 할 것들을 희생시키는 교육법이라고 지적한다. 따라서 동아시아 사람들이 교육 열기가 낮은 사회로 이주할 경우 교육에 최적인 지역에 밀집할 것으로 예상할 수 있다. 예를 들면 호주의 주요 도시인 시드니의 경우, 시드니에서 전통적으로 최고로 손꼽히는 학교의 재학생 중 90퍼센트가 동아시아계다. 정부의 재정 지원을 받는 뉴욕 최고의 학교인 스타이브샌트Stuyvesant와 브롱스 과학고Bronx Science 같은 곳 역시 70퍼센트가 아시아계 학생들이다. 그만큼 똑똑한 원주민 자녀들이 밀려난 것이다. 물론 호주와 미국의 젊은 세대들이 이주자로부터 자극받아 더 똑똑해졌을지도 모른다. 어떻게 보면 호주인과 미국인은 이 뛰어난 인재들 덕분에 전반적으로 이득을 얻었다고 볼 수도 있다. 그렇지만 학창 시절 두드러진 성공이라는 '반짝거리는 상glittering prizes'을 받는 원주민 자녀들이 그만큼 줄어든다고 볼 수도 있다. 원주민들이 이러한 현상을 순이득으로 볼지 순손실로 볼지는 쉽게 답할 수 없는 문제다. 이에 북미의 다수 대학들은 동아시아 학생들을 사실상 할당제로 뽑는 은밀한 대응을 해왔다. 일부 영국의 사립학교들은 역인종차별적 행동을 하기도 한다. 학력평가에서 우수한 성적을 내려는 학교간 경쟁이 치열해지자 동아시아 학생을 많이 뽑음으로써 쉽게 목표를 이루려는 유혹적 조치를 취하는 것이다. 대학과 사립학교들이 자체적으로 하는 은밀한 차별행위는 분명 비윤리적이지만, 이는 정부의 정책 공백에 따른 자연스런 반응이기도 하다. 결국 이러한 공백이 생긴 원인은 이주에 대한 공개 토론을 금기시했기 때문이다.

캐나다에서도 이와 동일한 현상이 더욱 광범위하게 벌어지고 있는데 이러한 규모에서 문제가 생길 수 있다. 현재 캐나다 법대의 절반은 동아시아 학생들이다. 따라서 다음 세대로 넘어가면 캐나다 재판관 중 절반이 동아시아 출신일 가능성이 높다. 이러한 사법 영역의 인종 구성은 동아시아인이 캐나다 사회에 통합되는 정도에 따라 캐나다 원주민에게 우려의 대상이 될 수도 있다. 통합 스펙트럼의 한쪽 끝은 동아시아인이 그냥 캐나다인이 되는 것이다. 이 경우 판사들 중 절반이 동아시아 출신이라는 사실은 판사들 중 절반이 왼손잡이라는 사실만큼이나 의미가 없다. 통합 스펙트럼의 또 다른 극단으로, 다문화주의에 고무 받은 동아시아인들이 폐쇄적 공동체를 만들어 끼리끼리 뭉치고 저들끼리 결혼하면서 고유한 문화적 가치와 신념을 지킨다고 가정해보자. 이는 상당수의 소송을 문화적으로 다른 집단이 판결한다는 점에서 원주민들의 심기를 불편하게 할 수 있다.

더 나아가 이주자들은 재산 현황에서도 예외성이 엿보인다. 빈곤국에서 온 대다수 이주자들은 원주민보다 재산이 적어서 공공주택을 놓고 이들과 경쟁하기도 하지만 다른 한편으로 재산은 이주 자격을 부여하는 하나의 기준이기도 하다. 그 결과 이주자의 재산 분포는 원주민보다 더 양극단으로 치우쳐 있다. 즉 원주민보다 더 빈곤하기도 하고 더 부유하기도 하다. 부유층의 이주를 허락하는 정책은 보통 이들이 가져오는 자본이 추가되면 생산성과 임금이 높아진다는 점을 근거로 삼는다. 경제학자들은 이러한 주장을 의심해봐야 한다. 자본은 고소득 국가들을 손쉽게 오가므로, 이주자들이 들여오는 추가 자본은 금융시장의 균형을 회복하려는 자본 유출로 상쇄될 가능성이 있다. 그렇지만 부의 직접적인 유입은 눈에 잘 띄는 반면 이를 상쇄하는 자본 유출은 눈에 잘 들어오지 않기 때문에 정치인들은 이주 요건으로 점차 재산을 내세웠다. 이러한 부유층의 이주는 주택시장에서 중대한 결과를 낳는다. 이들 부유층이 고가의 자산을 사들이기 때문이다. 예를 들면 현재 런던에서 고급 주택을 매입하는 사람들의 70퍼센트가 이주자다. 이는 사회에 또 다른 여파를 낳을 수 있다. 프레드 허쉬Fred Hirsch가 만든 용어로 '지위재positional goods'라는 개념이 있다. 이는 사회적 위신은 높여주지만 공급에 제약이 있는 재화를 일컫는다.[7] 그는 사람들이 경제적으로 성공할수록 좌절감이 커질수 있다고 보았는데 소득이 올라도 지위재를 구입할 능력이 안 된다는 점을 깨닫기 때문이라고 지적했다. 허쉬의 말이 옳다면, 유익해 보이나 품위는 없는 국가적 강령인 '당신의 부를 달라Give me your rich'를 한번쯤 의심해볼 필요가 있다.

갑부들의 이주가 보기보다 유익하지 않을 수 있는 반면, 이주 반대 로비는 이주자들이 보여주는 또 다른 예외적 성향을 과장한다. 그것은 바로 범죄율이다. 이주자의 범죄율은 관련 자료가 심하게 제약적이지만 수감자 중 외국인 비율을 그 대리 변수로 삼을 수 있다. 유럽 전반적으로 볼 때 외국인의 수감 비율은 여러 가지 이유로 매우 높다. 프랑스가 대표적인 나라로, 외국인이 전체 인구에서 6퍼센트를 차지하지만 수감자 비중은 무려 21퍼센트에 달한다. 이러한 경향은 유럽 밖에서는 일반적이지 않다. 미국의 경우 이주자의 범죄율은 원주민의 범죄율보다 현저히 '낮다.' 나는 이 자료를 토대로 영국 내무부의 수석 과학 연구 책임자와 논의를 했는데, 여기에는 네 가지 영향력이 작용한 것으로 볼 수 있다. 하나는 이주자들이 갖고 들어오는 출신국의 문화다.[8] 하버드 대학 사회학과 교수 샘프슨Sampson은 미국에 온 이주자들의 평균 이하 범죄 성향을 멕시코인의 사회적 특성으로 설명한다. 그는 멕시코인의 돈독한 가족 관계, 직업 윤리, 종교적 헌신 등 1950년대 미국 문화에 비견할 만한 이 모든 요소들이 이들의 범죄율을 낮춘다고 지적했다. 문화는 이주 집단별로 편차가 매우 크므로, 이러한 영향력은 이주 집단의 규모보다는 이주 집단의 구성이 결정한다. 두 번째 영향력은 이주자들이 유입국에서 얻는 합당한 기회다. 미숙련 이주자가 노동시장에서 차별까지 받으면 범죄에 더욱 쉽게 빠져든다. 합당한 기회라는 요소가 이주와 범죄 사이에 강력한 상관관계를 낳는지는 이주자의 숙련도와 노동시장 정책 두 가지에 달려 있다. 세 번째 영향력은 인구학적 특성이다. 범죄는 대개 젊은 남성들이 저지른다. 따라서 이주 방침이 젊은 남성에게 지나치게 유리하면 이주자들의 수감 비율은 매우 높아질 것이다. 네 번째 영향력은 타인에 대한 사회적 유대감이다. 사회성이 떨어지면 범죄에 쉽게 노출된다. 잠재적 피해자와 유대감이 없을수록 상호 배려 또한 약해질 것이다.

이러한 요인들이 원주민의 소득에 미치는 영향을 시간대별로 종합해보면, 단기적으로는 집단에 따라 각각 다른 영향을 준다. 소득 스펙트럼에서 하위 집단에 놓인 원주민 노동자들은 임금이 다소 깎이고 다른 지역으로 이동하기가 힘들어지며 공공주택이라는 혜택을 얻기 힘들어지는 반면, 대다수 원주민 노동자들은 이득을 본다. 중기적으로는 이주자들의 높은 성공 경향이 소득을 증가시키지만 원주민들이 반짝이는 상과 멀어지게 하기도 한다. 장기적으로는 어떤 식의 경제적 영향이든 미미하다. 장기적 결과에서 분명한 사실 하나는 1인당 공개 공지가 점점 줄어든다는 점이다.

노령화 사회를 살리는 이주

이주를 옹호하는 더욱 흔한 근거인 인구학적 주장은 특히 유럽에서 많이 찾아볼 수 있다.[9] 바로 '우리 사회가 노령화되고 있으므로 이주가 필요하다'는 주장이다. 몇몇 사회의 경우 매우 무능한 사회 정책을 택한 결과, 원주민의 인구학적 특성이 독특한 모습을 띠게 되었다. 가장 극단적 사례 중 하나가 러시아인데 이행기 경제를 잘못 관리하면서 생긴 포스트 소비에트post-Soviet 시기의 참상으로 출생률이 무너지고 사망률은 더욱 높아졌다. 러시아의 인구는 계속 줄어들다가 최근에야 회복되기 시작했다. 이는 생산 인구 1인당 부양자 수를 뜻하는 부양 비율이 급격히 오르는 시기가 닥칠 것임을 암시한다. 이러한 불균형을 바로잡는 방법 중 하나는 국내에 젊은 노동력이 많이 이주해 오도록 장려하는 것이다. 러시아만큼 극단적이지는 않지만 이탈리아와 중국 역시 같은 문제를 안고 있다. 국내로 들어오는 이주는, 만약 영구히 이어진다면 일시적인 인구학적 불균형을 해소하는 다소 과감한 수단이 된다. 인구 불균형을 해소하는 몇 가지 다른 대안들도 있다. 이를 테면 노년층 중 일부가 타국으로 이주하는 것이다. 노르웨이의 경우 인구 중 다수가 현재 남부 유럽으로 이동해 가고 있다. 또는 개인이 은퇴 후에 자산을 소비하듯이, 사회에서도 자산의 일부를 소비할 수 있다. 사회에서 자산을 소비하면 수출했을 때보다 더 많은 상품을 수입할 수 있게 된다. 그 결과 노년층의 수요에 묶여 있던 젊은 인력이 풀려난다. 러시아의 경우 대폭적인 자산 축소가 가능한데 외환 보유고가 막대할 뿐 아니라 천연 자원도 풍부하기 때문이다.

그렇지만 노령화 사회로 가고 있다고 해서 추가 인력이 반드시 필요한 것은 아니다. 과학 연구와 공공정책의 상호작용이 낳은 가장 고무적인 업적 중 하나는 기대수명이 전 세계적으로 빠르게 늘었다는 사실로, 실제로 10년마다 2년씩 늘었다. 따라서 선친보다 40년 늦게 태어난 나는 기대수명이 8년 더 길어진다. 비관적 성향을 보이는 매체들은 때로 이를 문제라는 식으로 보도한다. 즉 앞으로 나이든 병약자를 책임져야 한다는 것이다. 그렇지만 사실상 왕성하게 활동하는 기간이 수명만큼 빠르게 늘고 있다. 노령화가 문제를 일으키는 이유는 단 하나, 부적절한 정책 때문이다. 보통 20세기 중반에 법적 퇴직 연령 제도와 연금 제도가 도입되었는데, 당시 정치인들은 퇴직 연령을 정할 때 평균수명을 고려하기보다 그냥 안이하게 60세나 65세처럼 구체적 숫자로 고정해버렸다. 10년마다 수명이 2년씩 늘면 은퇴 시점도 자연스럽게 뒤로 밀린다. 그 결과, 드문 경우지만 정치인들이 늘어난 기대수명을 반영해 퇴직 연령을 높이려고 하면 그 사회는 분노와 실망감을 분출한다. 어차피 기대수명이 빠르게 증가하는 상황에서, 늘어난 수명만큼 은퇴 시점을 늘리는 것만으로는 문제를 해결하지 못한다. 사회가 점점 부유해지면 기대수명에 비해 은퇴 연령을 낮춰도 무난

하겠지만 기본적으로 은퇴 연령을 특정 나이에 고정시켜서는 안 된다.

정부가 퇴직 연령을 정할 때 보인 안이한 태도를 감안해, 젊은 층의 이주를 받아 사회를 구원하는 전략은 어떨까? 안 된다. 그러한 전략은 지속되기 힘들기 때문이다. 생산 가능 인구가 이주해 오면 그 사회는 재정적 이득을 잠깐 얻을 뿐 기대수명은 계속 늘어난다. 경제학자들은 일시적 이득의 활용 방안에 대해 명확한 분석을 해왔다. 예를 들면, 정부는 젊은층의 이주로 생긴 일시적으로 늘어난 세입을 공공부채를 줄이는 데에 사용할 수 있다. 그렇지만 경제학자들은 정부가 이를 이용해 연금처럼 의무적 지출이 꾸준히 발생하는 항목을 만들면 안 된다고 지적한다. 그러한 정책은 '인구 노령화에 대비하려면 이주자가 필요하다'는 주장으로 이어지기 때문이다.

나아가 인구학적 주장을 펴는 쪽에서는 이주로 인해 생산 인구 대비 부양자 비율이 낮아진다고 전제한다. 즉 젊은 이주 집단이 생산 가능 인구이므로 늘어나는 퇴직층 원주민과 균형을 이룬다고 보는 것이다. 그렇지만 생산 가능 이주자에게는 자녀와 부모가 있다. 저소득 사회의 규범적 특징 중 하나는 여성들이 자녀를 많이 원한다는 점이다. 따라서 저소득 사회에서 온 이주자들은 고소득 사회의 규범에 적응하기 전까지는 자녀를 지나치게 많이 두는 경향이 있다. 이주자가 유입국에 부양할 부모를 데려오는

지 여부는 주로 유입국의 정책이 좌우한다. 영국의 경우 1997년 무렵 저소득국 출신 이주자들 중 부양가족을 데려오는 사람이 상당히 많았다. 이주자 가운데 일하러 오는 사람들은 12퍼센트에 불과할 정도였다. 부양해야 할 자녀와 부모를 모두 감안하면 이주자들이 잠시나마 부양 비율을 낮춘다고 가정하기도 힘들다. 덴마크의 경제학자 토벤 앤더슨Torben Andersen은 최근 내놓은 일련의 논문에서, 스칸디나비아 식의 관대한 복지제도가 이주를 통해 계속 유지될 수 있는지를 연구했다. 그가 내놓은 결론은 이주를 통해 복지제도가 유지되기는커녕 높은 부양 비율과 이주자의 낮은 숙련도가 결합하면서 복지제도의 실현조차 어렵다는 것이었다.[10]

기술 부족을 해결하는 이주

이주에서 얻는 또 다른 잠재적 이점은 기술 부족을 메운다는 것이다. 때때로 특정 기술 분야에 원주민 인력이 부족할 때 이를 가장 쉽게 해결하는 방법은 선별적으로 이주를 받는 것이다. 1990년대에 독일은 IT 인력이 부족해지자 인력 불균형 해소를 위해 일시적으로 아시아의 숙련 인력을 유입하려고 애썼다. 1950년대에 프랑스는 건설 인력이 부족하자 북미에서 데려온 인력들로 그 자리를 채웠다. 1970년대에 영국은 간호사가 부족하자 영국연방Commonwealth, 영국과 과거 영국의 식민지였던 나라들로 구성된 연방체―옮긴이에서 인력을 뽑았다. 영국의료협회British Medical Association, 즉 점잖은 이름을 내건 영국 의사노동조합은 장기간에 걸쳐 의사 인력의 공급을 제한해왔다의사들의 실력 유지라는 명분을 내세웠으나 수입을 높이려고 인력 부족을 유도했다는 해석이 더 타당해 보인다. 그 결과 영국 의사들은 유럽에서 가장 고소득을 올리는 집단 중 하나가 되었다. 이에 대응해 영국 보건 서비스는 이주자 출신 의사를 채용했다. 자국의 전문 인력 수요를 예견할 수 있는 나라는 어디에도 없다. 그렇지만 영국 의사들의 사례가 보여주듯이 이주라는 안전 밸브가 있으면 오랜 시간을 거치면서 근본적인 문제를 해결하려는 의지, 즉 전문 인력을 양성하려는 의지가 약해진다.

이주가 원주민 전문 인력 양성에 미치는 효과는 제대로 연구된 적이 없는 것으로 알고 있다. 앞서 숙련된 이주자들 덕분에 유럽의 원주민 노동자들이 혜택을 얻는다고 한 사실을 떠올려보자. 미숙련 원주민이 숙달된 이주자들과 함께 일할 수 있기 때문이다. 그렇지만 이것이 미숙련 노동자들에게 직접적으로는 반가운 이야기일지 몰라도 간접적으로는 아닐 수 있다. 젊은 인력의 양성은 회사가 여기에 투자할 의사가 있는가에 달려 있다. 비용을 들여 기술 훈련을 시켜도 훈련된 인력이 다른 회사로 갈 수 있으므로 개별 회사 입장에서 가장 이윤이 남는 전략은 다른 회사에서 숙련된 인력을 빼오는 것이다. 인력 가로채기는 제로섬 게임이기 때문에 때로 업계에서는 다함께 인력 양성에 힘쓰기로 공약하고 동료업자들이 그 이행 여부를 감시하기도 한다. 업계의 모든 회사들은 인력 양성에서 각자 맡은 몫을 해야 한다는 사실에 수긍한다. 그렇지만 협력의 산물은 잠재적으로 깨지기 쉽다. 어떤 충격이 닥쳤을 때 협력 패턴이 깨질 수 있기 때문이다. 숙련된 인력의 이주로 충격이 생길 경우 업계 전반의 인력 양성 프로그램이 흔들릴 수 있다. 숙련된 이주 인력이 들어오면 기존의 숙달된 인력을 고용하던 제로섬 게임이 잠시 멈춘다. 다른 회사에게 인력을 가로채일 이유가 없기 때문이다. 인력 양성 프로그램이 깨지더라도 회사 입장에서는 이제 훈련비를 들이지 않고도 숙달된 인력을 구할 수 있으므로 종합적으로 보면 이득일 것이다. 그렇지만 이제 회사들이 구태여 인력 양성이라는 투자를 하려 들지 않을 것이므로 젊은 원주민들 입장에서는 손해다.

이러한 효과가 실증적으로 중요한지에 대한 연구는 아직 이루어지지 않았지만 그 효과를 충분히 추정해볼 만한 사건이 영국에서 있었다. 영국은 업체 간 인력 양성 프로그램이 붕괴되었다. 가장 두드러진 예로 수습 제도가 중단되었다. 젊은 인력의 훈련 철회는 이주 증가와 광범위하게 맞물린 사건이었다. 이주가 가장 높이 치솟던 시기에 신규 일자리의 80퍼센트가 이주자로 채워졌는데, 이주가 원인인지 단지 우연의 일치인지 아니면 어떤 일의 결과인지는 아직 답을 찾지 못했다. 답이 무엇이든 일단 업계 전반의 수습 제도가 한번 무너지면 협력이라는 비용 때문에 다시 되살리기 힘들다.

업계에 유익한 것이 반드시 원주민에게도 유익한 것은 아니다. 업계의 단기적 이익은 문호개방이다. 젊은 원주민들을 훈련시키는 것보다 이미 숙련된 이주자들을 채용하는 것이 비용이 적게 들고, 또 문이 더 활짝 열려야 재능 있는 인력이 더 많이 들어오기 때문이다. 반면 원주민들의 이해관계는 본국의 사회 모델에 의지하는 회사들이 원주민 청년들을 훈련시키고 고용하도록 압박하는 것이다. 독일은 이주 제한 정책을 실시해도 기업들이 해외로 빠져나가지 않음을 보여준 나라다. 그렇지만 기업과 시민들 사이의 이해관계가 엇갈리면서 이주 정책에 대한 기업들의 성명서에 사람들은 의심스런 눈길을 보낸다. 나는 몇몇 CEO의 서명이 담긴, 이주 제한 조치를 맹렬히 비난하는 독자투고를 거의 매주 신문에서 접한다. 회사들은 숙련된 인력이 필요하다면서 왜 젊은 인력을 훈련시키지 않을까? 그들의 거창한 선언은 "제너럴 모터스General Motors에 유익한 것이 나라에도 유익하다"라는 과장된 주장의 빈약한 변형일 뿐이다.

이주가 또 다른 이주를 낳는가

현재 영국의 이주 정책은 인구의 순이동을 기준으로 정해진다. 즉 유입 인구에서 유출 인구를 뺀 인원을 정책 대상으로 삼는다. 몇 가지 장기적 목표들은 이런 식으로 정책을 정하는 것이 맞다. 정책 목표가 거주민 1인당 공개 공지 비율을 유지하는 것이라면, 출생률에 따라 '순'이주를 제로나 그 근처 비율로 정해야 한다. 그렇지만 다른 것을 목표로 삼는다면 유입 인구와 유출 인구를 별개로 고려해야 한다. 대다수 고소득 국가에서 타국으로의 이주는 정책적 고려의 대상이 아니었다. 그러나 최근 유럽 국민들이 해외로 이주하면서 남은 인구에게 심각한 손해를 준다는 연구 결과가 나왔다.[11] 이주자들은 일반인보다 전문 인력인 경우가 많아서 미국이나 호주처럼 고임금에 고성장인 나라들에 끌리는 경향이 있다. 그렇다면 어떤 요인 때문에 국내에 온 이주자들이 원주민의 해외 이주를 자극하는 것일까?

이주에 관한 표준 경제 모형에서, 이주 자격을 결정하는 점수제는 국내 이주immigration와 해외 이주emigration 사이에 직접적인 연결고리를 만든다. 점수제가 일반적으로 디아스포라의 친척들에게 특혜를 준다는 사실을 떠올려보자. 그 결과 과거에 있었던 전 세계적 이주 덕분에 유럽인은 다른 저소득 국가의 시민들보다 미국, 캐나다, 호주, 뉴질랜드 등에 훨씬 쉽게 접근했다. 이 전개 과정을 살펴보기 위해 세 개의 국가로 이루어진 세계를 살펴보자. 떠올리기 쉽게 이 나라들에 실제 국가 이름을 붙이겠지만 이는 현실의 국가가 아닌 가상의 나라들이다. A국가America, 아메리카와 B국

가Britain, 브리튼는 같은 고소득 국가인 반면, C국가Chad, 차드는 저소
득 국가다. 아메리카는 브리튼 시민들의 이주를 허용하지만 차드
에서 오는 이주는 막는다. 브리튼은 현재 차드 시민을 받아들이
는 이민 정책을 취하고 있다. 그 결과 차드 시민들이 브리튼으로
이동하고, 이로 인해 임금이 약간 낮아지게 된다. 임금이 다소 하
락해도 차드의 이주를 막을 정도는 아니다. 이주로 생기는 이득이
여전히 크기 때문이다. 그런데 이제 브리튼 시민에게 아메리카로
이주할 경제적 동기가 생겼다. 이 단순 모형에서 브리튼 시민의 해
외 이주를 부추기는 기제는 임금 하락이지만 우리가 알기로 임금
은 실제 이주를 자극할 만큼 떨어지지는 않는다. 그렇지만 임금이
하락하지 않는다고 해서 생활수준이 떨어지지 않는 것은 아니다.
예를 들면 인구가 밀집된 도시일수록 임금에서 얻는 이득을 도시
혼잡이 상쇄한다. 런던은 현재 인구 중 절반 이상이 이주자지만,
오늘날 런던 인구 수는 거의 모든 런던 시민이 원주민이었던 1950
년대와 같다. 이주가 없는 상황에서 런던 인구가 절반으로 줄었다
고 보기는 힘드므로 이주자 때문에 원주민들이 런던을 떠났다고
보는 것이 유일하게 합리적인 해석일 것이다. 그렇다면 이들은 어
디로 갔을까? 많은 사람들이 런던을 벗어나 교외로 이동했다.[12] 영
국과 네덜란드 모두 현재 높은 국내 이주율과 높은 해외 이주율
을 동시에 겪고 있다. 이 두 가지 현상 사이에 어떤 인과관계가 있
는지는 아직 연구되지 않았다.

이주자 유입이 원주민 유출을 유도할 수 있는 기제는 주기적인 경기 과열과 경기 불황이다. 노동과 자본이 국제적으로 이동하면서 경기 과열이 증폭되고 이에 따라 이후의 경기 불황도 불가피하게 증폭된다. 1990년대에 동아시아로 흘러들어간 자본은 1998년의 경기 불황 즉 동아시아 위기로 이어졌다. 이와 유사하게, 문호를 개방한 이주 정책은 1997년부터 2007년까지 미국, 아일랜드, 영국, 스페인의 경기 호황을 증폭시켰다. 당시 고든 브라운 Gordon Brown 같은 정치인들은 이제 호황과 불황이 반복되는 경기 순환은 없다고 주장했다. 그러나 실제로 이들이 한 일은 경기 호황을 더욱 연장시켜 경기 순환의 골을 더 깊게 판 것이었다. 즉 노동력의 유입으로 정부와 민간 모두 이전과 달리 정부의 경기 과열 진화책이 필요한 인플레이션을 촉발하지 않고도 과잉소비가 가능해졌다. 이는 결국 2008년의 초대형 불황superbust이라는 유산을 남겼다. 이주자 유입이 경기 순환의 원인은 아니었지만 국제적인 자본 이동처럼 경기 순환을 증폭시키면서 불황도 심화시켰다. 불황을 겪으면서 신규 고용이 사라졌고 청년 실업률도 치솟았다. 스페인의 경우 현재 청년 실업률이 50퍼센트다. 이주자들로 하여금 노동시장에 새로 진입한 원주민 노동자들에게 자신의 일자리를 양보하게 할 메커니즘이 있을 리 없다. 따라서 실업에 처한 원주민 청년들이 이주를 결심하는 것은 나름 합리적인 판단이다. 실직자가 된 이주자들이 귀국을 결심하는지는 고국과 유입국의 임금 격차와 나라 간 이동이 얼마나 수월한지에 달려 있다. 스페인에 온 이주자들은 대개 아프리카 출신이었는데 아프리카의 임금은 스페인보다 훨씬 낮고 스페인에 들어오는 일도 보통은 매우 까다로워서 고국에 돌아가면 다시 오기가 힘들었다. 따라서 몇 년간 실직 상태에 놓이더라도 스페인에 있는 편이 스페인을 떠나는 것보다 나은 선택이었다. 반면 아일랜드가 호황일 때 들어온 이주자들은 대개가 동유럽 출신이었다. 이 경우 고국과 유입국의 소득 격차가 작고 이주도 쉬운 편이었다. 따라서 아일랜드가 불황일 때 고국으로 돌아간 이주자들이 많아서 노동시장의 조정 작업도 수월했다. 그런데도 2011년 무렵 아일랜드 원주민의 해외 이주는 19세기 이래 가장 속도가 빨랐다. 포르투갈은 불황에 대처하는 과정에서 청년 실업 문제가 심각해지자 정부가 적극 나서서 국외 이주를 공식 정책으로 추진했다. 경기 호황 때 국내에 들어온 이주자들이 경기 불황이 되자 의도치 않게 원주민들의 국외 이주를 낳은 것이었다.

　이주자의 국내 이주가 원주민의 국외 이주를 유발하지 않아도 이것이 문제가 될까? 공리주의든 자유주의든 개인주의적 관점에서 보면 원주민의 자발적 이동은 중요한 문제가 아니다. 사실 영국 시민들이 국내 이주자 덕분에 자가 주택에서 자본 이득을 얻고 또 스페인으로도 갈 수 있게 된다면 모두에게 이득이다. 그렇다면 국내 이주를 가로막는 모든 제한 조치를 없애는 것이 최선이겠지만, 차선책으로 고소득 기회에 합법적으로 접근할 수 있도록 전 세계를 누비게 하는 것도 한 방법이다. 이러한 결론이 그리 달갑지 않다면 그건 아마도 개인에게 기회를 제공하는 수단으로서의 국가를 넘어 국가 자체에 어떤 가치를 부여하기 때문일 것이다. 국외로 나가는 이주는 앞서 언급한 경제적 효과 외에 인구 구성을 근본적으로 바꾸지 않는 한 문제되지 않는다. 그렇지만 국내 이주와 국외 이주의 연결 고리가 인구 구성을 바꾸는 강력한 회전문이 된다면 이는 분명 폭넓은 관심이 필요한 사안이다. 마치 차드 국가가 텅 비면서 세계적인 문화 손실을 겪은 것처럼, 아이슬란드가 중국 사람들로 붐벼 아이슬란드인이 노르웨이로 이주한다면 분명히 문화 손실을 겪을 것이다. 현실적인 윤리적 잣대로 볼 때 이를 손실로 보는 것이 합당한지는 5장에서 다시 논하도록 하겠다.

초청 노동자의 경제학

지금까지 우리는 이주의 경제적 효과를 상당 부분 살펴보았다. 국내 이주자가 원주민 노동자들의 임금을 낮춘다는 설명과 국내 이주자가 경제적으로 꼭 필요한 존재라는 설명 모두 틀렸다. 실제로 적당한 이주는 중단기적으로 원주민에게 미미한 효과를, 아주 약간은 긍정적일 수 있는 경제적 효과를 낳는다. 장기적 효과는 어떤 효과든 무시할 만한 수준이다. 반면 급속한 이주가 계속되면 임금 하락과 부족한 공공자본의 공유 때문에 대다수 원주민의 생활수준이 떨어질 가능성이 높다. 따라서 적당한 이주는 약간 이로운 정도이고, 이주 통제는 생활수준을 유지하기 위해 필요하다. 그렇지만 일본처럼 동질성을 추구하는 사회라면 이주의 경제적 대가가 크지 않으므로 문을 계속 걸어 잠글 수 있다. 어찌됐든 일본은 이주를 전혀 받지 않아도 세계적인 부유국이 될 수 있었기 때문이다. 다시 말해, 경제적 근거로 볼 때 경제는 이주 정책을 결정하는 결정적 기준이 아니다.

그렇다면 무엇을 기준으로 삼아야 할까? 분명한 사실은, 불명확하지만 잠정적으로 경제적 복지에 미치는 부정적인 결과가 3장에서 논의한 사회적 효과를 통해 드러날 수 있다는 점이다. 사실모든 사회적 효과는 피하면서 경제적 효과만 남기는 방법은 딱 하나다. 이주자들을 노동자로만 받아들이고 어떤 식으로든 사회 구성원이 될 수 없게 막는 것이다. 즉 독일식 완곡어법으로 '초청 노동자'로만 받아들이는 것이다. 순수한 초청 노동자 정책에는 이주가 노동시장에 미치는 효과만 있고 다른 효과는 없다.

몇몇 사회, 그중에서도 중동 지역에서는 초청 노동자 프로그램을 매우 포괄적으로 운영해왔다. 중동 지역은 작고 부유하므로 원주민들은 이러한 이주 정책을 매우 반겼다. 즉 다른 사람들을 데려와 일하게 하지만 사회의 인구 구성에는 변함이 없는 것이다. 두바이는 이 모델로 호화로운 서비스 국가가 되었다. 현재 두바이의 소득 중 원유에서 얻는 것은 2퍼센트뿐이다. 놀랍게도 두바이에 거주하는 인구 중 95퍼센트가 이주자다. 이렇게 어마어마한 인구 유입을 감당할 수 있는 나라는 세상에 없을 것이라고 생각할지 모르나 두바이의 이주자들은 인구 비중은 높아도 시민권이나 거주권조차 얻지 못하기 때문에 두바이 사회에 위협적이지 않다. 초청 노동자들의 체류는 고용 계약과 이들의 처신, 두 가지가 결정한다. 이주자들의 임금은 시민들이 받는 임금과 무관하며 단지 숙련도에 따라 세계시장에서 통용되는 임금을 받을 뿐이다. 두바이에 가보면 세계적 불평등이라는 불편하지만 엄연한 현실을 체감하는데, 그 이유는 두바이의 비즈니스 모델이 전 세계의 양극단에 놓인 임금 집단을 끌어 모으도록 설계되었기 때문이다. 엄청난 갑부는 두바이의 호화로운 호텔에 머물고 극빈층은 이 호텔에 일하러 온다. 그렇지만 두바이가 세계적 불평등을 기회로 이용한다고 해서 이것이 불평등을 야기하는 것은 아니다. 오히려 두바이가 제공하는 일자리는 빈곤층을 돕는다.

요약하면, 경제학자들이 이주에 열광하는 것은 곧 초청 노동자 모델에 열광하는 것이다. 보통 초청 노동자 정책은 암묵적 지지를 받는데 이주가 낳는 다른 모든 효과를 무시하기 때문이다. 그렇지만 이주를 연구해온 저명한 경제학자 앨런 윈터스Alan

Winters 교수는 초청 노동자 모델을 명백하게 옹호해 솔직한 지성인의 자세를 보여주었다. 구체적으로 그는 모든 고소득 국가가 나서서 빈곤국의 미숙련 노동자들이 일시적으로 대량 이주를 할 수 있게 해야 한다고 주장한다.[13] 경제적으로 보면 이 처방은 흠잡을 데가 없다. 실제로 이렇게 하면 전 세계가 경제적 이득을 얻고 이와 관련된 거의 모든 이들에게 혜택이 돌아간다. 이 경우 세상은 다시 윗층과 아래층upstairs-downstairs으로 나뉠 수 있다. 즉 최하층 10억 출신의 미천한 가정부들을 모든 중산층 가정의 다락방에 밀어 넣을 수 있다. 그렇지만 이 주장의 맹점은 현실적 윤리와 동떨어져 있다는 점이다. 폐쇄적 전제 사회인 걸프 국가들의 경우 원주민의 권리와 자격을 이주자의 것과 철저히 구별하는 무자비한 정책을 실제로 집행할 수 있다. 비슷한 맥락에서 이들은 일정 기간 계약이 끝나면 이주자를 추방할 수 있다. 그렇지만 개방적 자유주의 사회인 서구 국가들은 그러한 정책을 집행하지 못한다. 일단 국내에 들어온 이주자들은 내쫓기가 극히 어렵다. '어렵다'는 표현은 '불가능하다'로 이해하면 되는데, 사실 미국은 예외다. 미국은 오바마 행정부가 매년 40만 명씩 이주자를 추방하고 있다. 반면 유럽은 이주자를 추방하는 경우가 드물다. 법적으로 시간이 걸리고 또 논란이 많은 사안이기 때문이다. 1950년대에 터키에서 독일로 온, 잠시 일하고 돌아갈 예정이던 초청 노동자들도 결국은 영구히 머물렀다. 고소득 민주국가에 온 이주자들은 노동력의 일부일 뿐 아니라 '그 사회의 구성원'이다. 이 명백한 사실을 받아들이면서 이 사실이 원주민에게 주는 전반적인 이해득실을 따지는 것이 현실적으로 최선책이다.

5장
이주 정책은 어떻게 만들어지는가

이주가 유입국의 원주민들에게 미치는 효과와 유출국의 남은 사람들에게 주는 효과를 살피는 긴 여정에서 잠시 숨을 돌리는 단계에 왔다. 지금까지 이주가 유입국 인구에게 미치는 사회적 효과와 경제적 효과를 살폈으니, 이제 이에 대한 예비적 평가를 하고 이주 정책에도 적용해보도록 하자.

경제적 효과와 사회적 효과의 결합

앞 장에 나온 근거에 대한 합당한 평가는, 개인의 도덕적 편견대로 평가하려는 강한 충동을 억누르고 본다면 적정 수준의 이주는 원주민에게 대개 긍정적인 경제적 효과를 주지만 그 사회적 효과는 모호하다는 것이다. 문화적 다양성이 커지면서 얻는 이득도 있지만, 상호 배려에 부작용을 낳는 다양성의 단점과 역기능적 사회 모델을 고수하는 디아스포라 때문에 순기능적 사회 모델이 흔들릴 수 있다는 점에서 그 이득은 상쇄된다. 이주가 빠른 속도로 계속 이어지면 전혀 다른 문제가 생긴다. 유입국 원주민에게 불리한 경제적 효과와 사회적 효과가 생길 가능성이 높아진다. 이때 단순 모형의 기본적인 경제적 효과가 나타나기 시작한다. 즉 임금이 낮아지고 공공자본을 더 많은 사람들과 공유해야 한다. 다양성의 확대에서 생기는 사회적 이득은 점점 줄어들 가능성이 높고 다양성과 역기능적 사회 모델이 초래하는 사회적 비용은 점점 늘어날 수 있다. 이를 구체적으로 살피기 위해 소말리아처럼 누가 봐도 사회 모델에 문제가 있는 저소득 국가로부터 이주자들이 오는 경우를 생각해보자. 어떤 유입국이든 처음에 온 만 명의 소말리아 이주자들은 문화적 다양성의 유익함을 안겨주고 그 밖의 상이한 효과는 거의 주지 않을 것이다. 그렇지만 이주가 늘면서 문화적으로 다른 소말리아 디아스포라가 100만 명에서 200만 명으로 증가하면 다양성에서 얻는 추가 이득은 줄어드는 반면 상호 배려가 약해지고 해로운 사회 모델이 크게 부각될 것이다.

따라서 이주 통제는 어느 정도 필요하며 그 목적은 이주를 차단하는 것이라기보다 이주의 가속화를 예방하는 것이어야 한다.

이 책의 독자들이 이주 찬성파와 이주 반대파로 나뉜다고 할 때 나의 이러한 잠정적 평가는 근본주의자들의 심기를 이미 자극했을 것이다. 그렇다면 이러한 효과들을 종합적으로 다룰 방법은 없을까?

이주 찬성파는 이 잠정적 평가에서 몇 가지 불명확하고 부정적인 사회적 파장 때문에 다양성의 유익한 면과 더불어 크고 명확한 경제적 이익을 희생한다는 것은 어불성설이라며 감정적 반응을 보일 것이다. 마찬가지로 이주 반대파는 덧없는 약간의 화폐적 이익 때문에 우리 사회의 구조를 뿌리째 흔들어서는 안 된다며 감정적 반응을 보일 것이다. 그렇다면 이 효과들이 서로 대립한다고 할 때 그 순효과는 어떻게 알 수 있을까?

한 가지 방법은 장기적으로 어떤 효과가 우세할지 판단하는 것이다. 단기에는 이주에 따른 비용이 압도적이지만 장기적으로 편익이 우세하다면, 이주는 투자라는 개념으로 바뀔 것이다. 그 경우 이주 제한 조치는 근시안적 처방이 된다. 그렇지만 이주의 효과가 이렇게 기간별로 맞아떨어질까? 장기적으로 이주의 유일한 효과는 인구가 더 늘어난다는 것뿐이다. 호주와 캐나다처럼 인구 밀도가 낮은 국가에게는 이주가 아마도 이로울 것이다. 반면 네덜란드와 영국처럼 인구 밀도가 높은 나라에게 이주는 해로울 것이다. 가장 뚜렷한 경제적 이익은 단기에 나타난다. 젊은 인력이 유입되면 일시적으로 부양 비율이 낮아지고 1997년부터 2007년의 경험처럼 물가 상승 없이 경제가 최대한으로 가동될 수 있다. 중기에는 매우 혁신적인 자세 등 이주자들이 지닌 예외적 속성에서 좀 더 이득을 얻을지도 모른다. 그렇지만 그 근거는 일반적이지 않으며 유입국과 유출국의 구체적 상황에 따라 달라질 수 있다. 잠재적인 사회적 비용, 다양성의 확대 그리고 역기능적 사회 모델에 집착하는 디아스포라 때문에 협력이 되지 않고 관용이 사라지는 현상은 중기에 생긴다. 단기에는 다양성이 커져도 사회적 유대라는 관행이 유지된다. 장기에는 인구가 뒤섞이면서 초기의 사회적 유대가 재정립될 수 있다. 이러한 흐름에서 우리는 경제적 이득과 사회적 비용이 빚는 갈등을 해결할 수 있을까? 인구 밀도가 낮은 국가들은 그럴 수 있을 것이다. 장기적 효과가 다른 효과를 압도할 수 있으므로 이런 나라들은 원시안적으로 이주를 선호한다. 그러나 다른 나라들에게는 문호개방이 근시안적 선택일 수 있다. 지속력이 없는 경기 호황을 거친 후 복잡하고 오래 지속되는 사회적 문제가 이어지기 때문이다.

경제적 이득과 사회적 비용을 비교하는 또 다른 해결책은 공통의 척도로 두 효과를 결합할 방법을 찾는 것이다. 최근 사회과학 분야의 고무적인 발전 중 하나는, 소득이 삶의 질을 측정하는 좋은 지표가 아님을 깨닫게 된 것이다. 리처드 레이어드Richard Layard 같은 학자의 주도로 몇몇 경제학자가 공공정책의 목적을 행복 극대화로 재규정하고 있다. 레이어드가 영국 총리 데이비드 캐머론David Cameron의 경제자문으로 활약하면서, 캐머론 정부는 소득과 차별화된 행복의 변화를 재기 위해 공식적 척도를 도입했다. 행복은 인생의 유일한 목적은 아니지만 매우 근본적인 가치다. 사람들이 행복 대신 추구하는 다른 많은 목표들, 존엄, 성취, 평온, 존경도 행복을 대체하기보다 행복을 얻기 위한 수단으로 볼 수 있다.

행복을 측정하면, 정책 목표에 맞게 경제적 효과와 사회적 효과를 하나의 공통된 척도로 통합할 수 있다. 다행히 이주가 유입국 원주민들의 행복에 미치는 순효과를 측정한 연구가 있는데, 바로 로버트 퍼트넘의 연구다. 비록 그가 초점을 둔 것은 이주가 상호 신뢰와 사회적 자본에 미치는 효과지만 이와 더불어 이주가 행복에 미치는 효과도 측정했다.

퍼트넘이 경제적 효과를 측정하지는 않았으나 우리는 그 효과가 긍정적이었을 것이라고 추론할 수 있다. 유독 퍼트넘이 선정한 지역들만, 이주자들은 혜택을 많이 보고 대다수 원주민들은 혜택을 적게 보는 이주의 일반적 패턴에서 벗어나 다른 경제적 효과를 보였다고 볼 이유가 없기 때문이다. 그렇지만 퍼트넘은 행복에 미치는 효과가 사회적 비용을 압도한다는 사실을 밝혀냈다. 즉 다른 특성들을 통제했을 때 한 공동체에서 이주자들의 응집력이 높을수록 원주민들의 행복감은 줄어들었다. 부정적인 사회적 효과가 이주의 긍정적인 소득 효과를 압도한다는 점은 행복을 연구하는 학자들에게 놀라운 사실이 아니었다. 연구자들은 상대적으로 낮은 소득이 임계점을 넘어서면 소득이 늘어도 행복이 계속해서 크게 증가하지는 않는다는 점을 알아냈다. 게다가 이주로 생기는 원주민들의 소득 증대는 미미할 가능성이 높았다. 또한 행복에 대한 연구는 사회적 관계가 소득 변동보다 훨씬 중요하며, '수세적 자세'는 본질적으로 이러한 관계들이 무너졌다는 신호임을 밝혀냈다.

한 가지 연구로 너무 많은 사실을 단정해서는 안 된다. 유감스럽게도 문헌을 샅샅이 훑어봐도 이주가 원주민들의 행복에 미치는 효과를 측정한 또 다른 엄밀한 연구 사례를 찾지 못했다. 이는 연구자들이 채워야 할 공백이다. 현재의 부족한 연구 수준을 감안할 때 문호개방식 이주 정책에 지나치게 열광하는 사회과학자들은 어떤 사실이든 그것을 장담하기 전에 신중을 기해야 한다. 지금까지 이주가 유입국 원주민의 전반적인 복지에 미친 효과는 미미하고 모호했던 것으로 보인다. 이주의 경제적 효과와 사회적 효과 모두 이주가 적당할 때는 긍정적이지만 적정선을 넘어서면 부정적일 수 있다. 경제학자들이 유독 이주 증대를 선호하는 이유를 현재의 분석 수준에서는 찾기 힘들다. 적어도 유입국 인구에 미치는 효과에서는 그 이유가 나올 수 없다. 이에 대한 그럴듯한 근거를 다음 장에서 살펴보자.

이주 흐름의 전개 양상

유입국 정부들은 어떤 이주 정책을 선택하며, 선택 가능성이 높은 정책은 무엇일까? 유입국 정부가 선택할 수 있는 정책 중 가장 논란이 많은 정책은 이주율을 양적으로 제한하는 조치다. 그렇지만 잠정적으로 다른 정책들이 훨씬 중요하다. 일련의 정책들은 숙련도, 노동자 대 부양자의 비율, 이주자들에게 친숙한 사회 모델의 역할 등 다양한 맥락에서 이주자들의 구성에 영향을 줄 수 있다. 또한 디아스포라가 일반 인구에 동화되는 수준에 영향을 미치는 정책들도 있다. 양적 제한 조치보다는 이런 정책들이 더 중요한 정책들이다. 이 정책들을 알아보기 위해, 적절한 분석이 없을 경우 이주 흐름과 이주 정책이 어떻게 전개되는지 그 유감스러운 상황을 모형을 통해 살펴보도록 하겠다.

이 이야기는 네 단계로 나뉘며, 이를 〈그림 5-1〉에 표현했다. 첫 번째 단계는 이주에 제약이 없는 경우로, 이주가 화살표 방향으로 '이주 함수'를 따라 자연 비율로 증가한다. 사람들이 이주에 대한 열망이 강해서 이주 함수가 '디아스포라 스케줄'과 교차하지 않으며 따라서 자연 균형이 없다. 이 단계에서 이주가 계속 가속화되면 정치 쟁점으로 부각되므로, 이 초반 상태를 '불안 단계 anxiety phase'라고 부르겠다. 결국에 정부는 양적 제한 조치를 해서 이주가 더 증가하지 않도록 M*에 이주율을 고정시킨다.

그 결과 이제 두 번째 단계로 들어서는데, 이를 '패닉 단계panic phase'라고 부르겠다. 이주율에 대한 구속력 있는 제약으로 추가 이주를 막아도, 이것 자체로 디아스포라의 규모가 균형에 도달하지는 않는다. 디아스포라의 크기가 증가함에 따라, 원주민과의 줄어든 상호작용, 이주자들의 더욱 이질적인 문화, 신뢰 하락에 따른 피드백 효과 등이 모두 결합해 동화율을 낮추는데 디아스포라 스케줄이 휘어질 때까지 동화율은 계속 낮아진다. 이러한 정책 시나리오에서는 이주율이 동결되는 지점인 M*와 안정적인 다이스포라가 양립하지 못한다. 따라서 패닉 단계에서는 이주가 동결되

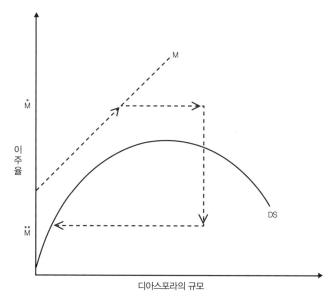

〈그림 5-1〉 패닉 단계의 정치·경제 : 양적 이주 제한 조치

더라도 동화되지 않은 디아스포라가 계속해서 증가한다. 그림에서 이는 구속력 있는 이주 정책을 뜻하는 수평선을 따라 화살표로 표시했다. 동화되지 않은 디아스포라가 계속 증가하다가 어느 지점에 이르면 원주민 간의 신뢰 하락 같은 사회적 비용이 증가하고 또 디아스포라와 원주민 사이에 복지를 둘러싼 경쟁이 벌어지면서 새로운 정치적 압력이 생긴다. 이 시나리오에서 정부가 활용하는 유일한 정책은 이주율을 양적으로 제한하는 것이다. 따라서 정부는 그 어느 때보다 엄격하게 제한 조치를 실시한다.

이제 세 번째 단계로 들어서는데, 이를 '혼돈 단계ugly phase'라고 부르겠다. 이 단계가 혼돈스러운 이유는 디아스포라 스케줄을 밑돌 만큼 이주가 줄어들기 전까지는 아무리 줄어도 동화되지 않은 디아스포라가 계속 늘어나서 사회적 비용과 정치적 압박이 계속 커지기 때문이다. M*와 M**를 잇는 화살표가 이를 나타내는데, 이 구간에서 이주율이 뚝 떨어지면서 디아스포라가 줄어들기 시작한다.

이제 디아스포라 동화율의 마지막 단계에 왔다. 도달하기까지 수십 년이 걸릴 수도 있는 이 마지막 단계에서 이주는 심한 제약을 받는 반면 디아스포라가 차츰 일반 인구에 흡수되면서 사회적 신뢰가 회복되고 깨지기 쉬운 협력적 균형도 되찾게 된다.

이주 흐름에 대한 이 설명은 특별히 고무적이지 않다. 이주율을 보면 매우 극심한 변화를 겪는다. 즉 이주율이 매우 높은 수준에서 매우 낮은 수준으로 요동친다. 이는 어떤 관점으로 보더라도 최적의 상태와 거리가 멀다. 게다가 디아스포라의 규모도 매우 큰 변화를 겪는데, 장기간 계속 큰 규모를 유지할 경우 원주민들에게 상당한 사회적 비용을 안길 수 있다.

이러한 전개 양상은 고무적이지 않지만 불가피하지도 않다. 이 책 마지막 장에서 이 시나리오를 다시 살필 예정인데, 정확히 똑같은 객관적 여건, 즉 동일한 이주 함수와 동일한 디아스포라 스케줄에서 시작해서 이와 다른 정책들을 실시할 경우 이보다 훨씬 우세한 결과를 얻을 수 있다는 것을 보여줄 것이다.

그렇지만 그 전에 고소득 유입국 원주민의 이해관계부터 이들의 사회로 온 이주자들의 이해관계까지 살펴보도록 하겠다. 이주자를 초청 노동자로 보는 접근 방식을 제외하면, 이 이주자들은 새로운 사회의 구성원이 된다. 이것이 이주자들에게 어떤 영향을 줄까?

3부
공짜 점심과 소화불량

경제학자들은 이주자들이 이주로 얻는 막대한 생산성 이득에 흥분하지만,
이것이 삶의 만족도를 더 높인다고 보기는 힘들다.
이주는 예상과 달리 공짜 점심을 주지 않는다.
아니 공짜 점심을 주되 소화불량도 같이 준다.

6장
이주에서 **혜택**을 얻은 **사람들**

이주자들은 이주를 통해 경제적으로 큰 소득을 얻기도 하고 큰 손실을 입기도 한다. 경제적 이익이 행동에 영향을 주는 유일한 요소라고 할 때, 빈곤국 사람들은 부유국으로 이주하기 위해 물불을 가리지 않겠지만 일단 이주하고 나면 엄격한 이주 제한 조치를 옹호하는 정당에 표를 던질 것이다. 이주가 이주자에게 미치는 영향에 대한 경제적 분석은 이처럼 뜻밖의 결론을 얻는데, 이제부터 이를 단계별로 살펴보도록 하겠다.

이주자들이 큰 이득을 얻는 이유

첫 번째 단계는 어느 정도

당연한 이야기다. 이주자들이 이주를 통해 이득을 크게 얻는다는 것이다. 노동자들은 급료가 적은 나라에서 많은 나라로 이동하면서 큰 이익을 얻는다. 부유국과 빈곤국의 임금 격차는 믿기 어려울 만큼 크다. 이는 사실 경제협력개발기구OECD에 속하는 부유국과 최하층 10억이 존재하는 빈곤국 사이의 전반적인 소득 격차를 반영하는 것이다. 우리는 임금 격차로부터 저소득 국가에서 고소득 국가로 이주하면 높은 소득을 얻는다고 곧바로 추론할 수는 없다. 경제학자들은 모두 당연히 여기지만 그 외 사람들은 불편하게 여기는 사실이 하나 있는데, 그건 바로 임금 격차의 근사치가 생산성 격차를 반영한다는 것이다. 즉 사람들은 자신의 가치에 따라 더 받기도 하고 덜 받기도 한다. 물론 우리는 그렇지 않은 명백한 사례들을 안다. 자신의 가치보다 훨씬 많이 받는 사람도 있고 훨씬 못 미치게 받는 사람도 있다. 그렇지만 임금과 생산성을 일치시키지 못하는 체계적 실수를 범하는 고용주들이 있다면 그들은 결국 파산하게 된다. 따라서 핵심은 고소득 국가의 노동자들이 저소득 국가의 노동자들보다 더 생산적인지 아닌지가 아니라 이들이 훨씬 생산적일 수밖에 없는 이유다.

논리상 단 두 가지 가능성이 존재한다. 생산성 격차가 노동자 개인의 특성에서 생기는 것과 나라별 특성에서 생기는 것이다. 이 주제를 연구해온 경제학자들은, 상당한 임금 격차가 노동자의 개인차보다는 나라별 특성의 차이에서 생긴다는 사실을 알아냈다.

연구자들은 어떻게 이러한 결론에 도달했을까?

　노동자가 지닌 특성의 중요성을 알아볼 수 있는 몇 가지 현명한 방법이 있다. 하나는 유입국과 출신국에서 서로 상응하는 일자리끼리 비교하는 것이다. 이때 상당한 임금 격차가 존재한다. 예를 들어 아이티의 일반 노동자가 미국에 가서 똑같은 일을 할 경우 소득이 열 배로 오른다.[1] 또 다른 방법은 유입국에 있는 이주자와 원주민을 비교하는 것이다. 이주자들의 생산성은 원주민 노동자들의 생산성과 차이가 거의 없는 것으로 밝혀졌다. 그렇지만 이것도 아주 결정적인 근거는 아니다. 출신국에서 가장 생산적인 인력이 이주를 결심했다고 볼 수 있기 때문이다. 이러한 가능성을 통제하려면 기발한 아이디어가 필요하다. 그 해결책 중 하나는 이주가 무작위로 발생하는 자연 실험을 찾는 것이다. 무작위 이주는 현실성이 없어 보일지 몰라도, 비자를 말 그대로 무작위로 발급하는 과정은 통계적으로 이상적인 상황에 근접한다. 미국의 경우 1,400만 명에 달하는 비자 신청자 중에서 매년 추첨으로 5만 명을 뽑는다. 따라서 운 좋게 비자를 발급받은 소수들은 이주 올 가능성이 높으면서도 동시에 운이 없어 비자를 발급받지 못한 다수와 생산성이 다르지 않을 것이다. 뉴질랜드도 통가의 이주 희망자를 상대로 이와 유사한 추첨을 한다. 운 좋은 소수가 고국에서 특별히 생산적 인력인지 조사한 결과 그렇지 않다는 결론을 얻은 어느 연구도 있다. 따라서 개인의 특성은 이주자의 생산성에서 많은 부분을 설명하지 못한다.[2] 마지막 접근 방식은 나라간 생산성 격차를 전적으로 나라별 특성으로 설명하는 것이다. 이 방식도 동일한 결론에 도달했다. 즉 부유국과 빈곤국의 소득 격차는 전부는 아니더라도 대개가 노동자 개인의 특성이 아닌 나라별 특성에 따른 생산성 차이로 생긴다는 것이다. 이는 2장에서 제시한 소득 격차에 대한 설명, 즉 소득 격차를 사회 모델의 차이로 설명한 것과 맞닿아 있다.

이주자와 원주민 노동자들은 교육수준이 동일하더라도 어느 정도의 생산성 격차가 여전히 존재한다. 이주자들은 일반적으로 정규 학력에 어울리는 직업보다는 여러 단계 낮은 일자리를 얻게 된다. 이는 단순한 차별을 보여주는 것일 수 있지만 근본적인 숙련의 차이를 반영하는 것일 수도 있다. 그렇지만 숙련에 차이가 있다 하더라도 빈곤국과 부유국의 임금 격차에 비하면 이러한 저평가는 가벼운 축에 속한다.

부유한 계층과 최하층 10억 사이의 소득 격차에서 노동자의 특성보다 나라별 특성이 압도적으로 작용한다는 사실은 강력한 함의를 갖는다. 그중 하나는 최하층 10억이 선진국을 따라잡으려면 어떤 조건이 필요한지 말해준다. 바로 이들 사회의 핵심적 특성이 바뀌어야 한다는 것이다. 이는 단순히 개인의 숙련도를 높이는 문제가 아니다. 2장에서 논의한 것처럼 유출국은 그들의 사회 모델을 바꿔야 한다. 이때, 빈곤국에서 오는 이주자들이 자국의 사회 모델을 유입국에 가져오는 것은 바람직하지 않다는 불편한 결론이 딸려나온다. 이주자들이 의식하든 의식하지 못하든, 국외 이주자의 이주는 자국의 낮은 생산성에서 벗어나고픈 바람이 동력으로 작용한다. 마찬가지 논리로 국외 이주가 고국에 근본적인 영향을 주려면 자국의 사회 모델을 변화시켜야 한다.

나라별 특성에서 소득 격차가 생긴다는 사실은 이주자들이 나라를 쇼핑한다는 사실도 함축한다. 나는 앙케 회플러Anke Hoeffler와 공동 연구를 하면서 전 세계 이주 흐름을 커다란 행렬표로 정리한 다음 각 유출국별로 선택 가능한 유입국을 모두 나열했다. 우리는 이 연구를 통해 한 유출국이 특정 유입국에 대해 보여주는 이주율은 단지 이들 사이의 소득 격차뿐 아니라 다른 후보 유입국들의 소득에도 영향을 받는다는 사실을 알아냈다.

이주 후보국들의 평균 소득 차이뿐 아니라 이주자들이 소득 분배 구조에서 놓이게 될 위치도 나라 쇼핑에 영향을 준다. 평균 이하의 소득을 예상하는 이주자들은 소득 재분배 과세율이 높은 나라를 선호할 것이고 평균 이상의 소득을 예상하는 이주자들은 다소 불평등한 구조를 용인하는 나라를 선호할 것이다. 이주자들은 희망하는 임금뿐 아니라 선호하는 조세제도와 복지제도에 따라 이주할 나라를 고른다. 이를 처음에는 이론적 가능성으로만 받아들였다. 즉 저숙련 이주자들은 평등한 사회를 선호할 것이고 고숙련 이주자들은 불평등한 사회를 선호할 것이라고 생각했다.[3]

그러나 최근 들어 이러한 예측을 뒷받침하는 몇 가지 실증적 연구가 나왔다. 즉 유럽과 미국에 온 이주자들은 이러한 예측에 맞게 각기 숙련도가 달랐다.[4] 유럽은 미국보다 평등한 사회이자 세계에서 복지제도가 가장 훌륭한 곳이므로 저숙련 이주자들을 끌어 모으는 경향이 있다. 물론 이러한 이주자들의 구성적 특성은 다른 요인으로도 설명이 가능하다.

마지막 함의는 노동자들을 역기능적 사회에서 순기능적 사회로 이동시키는 것만으로도 이들의 생산성이 10배가량 늘어날 수 있다는 사실이다. 이 효과는 생산성을 향상시키는 그 어떤 과정보다 10배 이상 높다. 기술을 연구하는 방대한 조직 덕분에 전 세계적으로 생산성이 매년 2~3퍼센트씩 점점 오르고 있다. 지난 20년간 중국은 실로 놀라운 성과를 보여준 예외적 국가였다. 중국은 누적 생산성을 10배 향상시킨 나라이기도 하다. 이는 역사상 전례가 없는 일로 이를 달성하려면 엄청난 의지로 소비를 미뤄야 한다. 애초에 빈곤했던 중국은 지난 20년 동안 전체 소득 중 절반을 저축하거나 투자에 썼다. 그렇지만 이주 노동자들은 비행기에 오르기만 해도 중국이 힘들게 얻은 생산성 향상을 재현할 수 있다. 바로 이러한 이유로 경제학자들은 이주 증대에 그토록 흥분한다. 이는 세계 경제에서 공짜 점심이나 다름없기 때문이다.

이주로 생긴 이득은 누구의 몫인가

그렇다면 그 공짜 점심을 먹는 사람은 누구일까? 다시 말해 이주에서 생긴 생산성 이득을 취하는 사람은 누구일까? 시장경제에서 생산성으로 생긴 이득은 기본적으로 생산자의 몫이다. 즉 노동자들이 자신의 생산성에 따라 급료를 받는다. 따라서 정책적 개입이 없을 경우 이주로 생긴 이득은 이주자에게 돌아갈 것이다. 소득을 생산성과 연결하는 경제 이론은 이렇게 해야 '마땅하다'라고 설명하기보다 앞으로 이렇게 '전개될 것'이라고 설명만 해도 어느 정도 도덕적 힘을 갖는다. 이 이론은 분명 노동의 과실 중 대부분이 노동자에게 돌아가야 한다는 전제를 깔고 있다. 그렇지만 다른 이들에게 혜택을 주기 위해 그 소득에 과세할 수 있다는 원칙 역시 탄탄한 근거가 있다. 따라서 이주자들은 생산성에서 얻은 이득을 배타적으로 주장할 수 없다. 물론 유입국의 원주민 노동자들처럼 이주자들도 유입국의 조세제도를 적용받는데, 이는 이주특별세와는 성격이 전혀 다르다. 그렇다면 이주자들에게 일반 세금 외에 사회에 기여하라고 요구할 수 있는 윤리적 근거가 있는가? 만약 그렇다면 그 혜택은 누구에게 돌아가야 하는가?

이와 관련해 가장 두드러진 주장은 유출국의 입장을 대변한 것이었다. 매우 유명한 경제학자이자, 본인 역시 인도 출신 이민자인 컬럼비아 대학의 자그디쉬 바그와티Jagdish Bhagwati 교수는 이주 노동자들이 특별추가세를 내야 하며, 그 세입은 그들의 고국에 돌아가야 한다고 전부터 주장해왔다. 이 주장은 언뜻 보면 윤리적으로 매우 설득력이 있다. 이주자들은 뜻밖의 횡재로 형편이 극적으로 좋아졌으므로 고국의 훨씬 가난한 시민들을 도울 수 있기 때문이다. 보편적 공리주의자의 시각으로 보면 이러한 소득 이전은 매우 유익하다. 이주자들은 고국에 남겨진 사람들보다 훨씬 풍족해졌으므로, 소득 이전으로 생기는 이주자의 효용 감소보다 수혜자의 효용 증대가 훨씬 크다. 물론 보편적 공리주의자들의 사고 구조로 보면 고소득 사회의 원주민들에게 대거 조세 전가tax transfer를 하는 것도 같은 근거로 정당화될 수 있다.

그렇지만 공리주의자들의 윤리적 잣대가 탐탁지 않다면 이주 특별세를 정당화할 마땅한 근거를 찾기 힘들다. 특별세는 이주자들이 고국을 떠나기 전에 받았던 교육에 대한 보상으로 볼 수도 있다. 그렇지만 생산성 향상으로 얻는 이득에 비해 교육 비용은 미미한 수준이다. 즉 이 논리로는 상당한 세율을 정당화하지 못한다. 사실 고국의 엘리트들이 나라 운영을 형편없이 하는 바람에 이주를 통해 자신의 생산성을 발휘할 수밖에 없었다는 이주자들의 주장도 나름 설득력이 있다. 그렇다면 고국을 통치하는 엘리트들이 세금을 통한 강제적 소득 이전으로 보상을 받는 것은 부당하다.

또한 이주자들은 고국에 돈을 보내는 것을 심각하게 고민했지만 고국의 엘리트가 못 미더워 가족에게 보내기로 했다고 주장할 수도 있다. 이를 뒷받침하는 증거가 상당히 많다. 보통 이주자들은 고국에 매년 1,000달러 정도 송금한다. 만약 이주자들이 고국 정부에게 상당한 세금을 내야 한다면 이들은 아마 송금을 줄일 것이다. 과세로 가처분 소득이 줄어드는 탓도 있지만 친척들에게 전보다 야박해진 변화에 대한 나름의 핑계가 생기기 때문이다. 비슷한 논리로 공공복지는 개인 차원의 자선을 줄인다.[5]

이주자들에게 생긴 뜻밖의 생산성 이득에 대해 고국에서 정당한 소유권을 주장하는 것은 생각보다 논리가 약한 반면, 유입국에서 그러한 주장을 하는 것은 논리가 다소 탄탄하다. 어찌됐든 생산성 이득은 유입국의 우월한 사회 모델 덕분에 얻은 것이기 때문이다. 이러한 사회 모델은 일종의 공공자본이다. 즉 장기간에 걸쳐 쌓아온 생산적 자산으로, 도로망처럼 구체적인 자본이 아니어도 그 중요도에서 밀리지 않는다. 이러한 공공자본을 축적하는 과정에서 생기는 비용은 원주민들이 댔다. 비용을 지불한 형태는 명확하지 않을 수도 있다. 현재 경제학자들은 포용적인 정치제도를 경제 성장을 위한 소중한 자산으로 여기지만, 정치제도는 보통 정치투쟁으로 만들어진다. 근대의 생산성은 자기 잇속만 챙기고 착취를 일삼던 엘리트들의 권력을 깨뜨린 거리 시위와 저항의 산물이다. 따라서 이주에서 얻은 뜻밖의 이득은 결국 원주민들이 만든 공공자본 덕분이라고 할 수 있다. 시장경제에서 이러한 이득은 원주민보다는 이주자에게 돌아간다. 이는 뜻밖의 이득이 어떤 혜택을 바라지 않고 제공하는 '공공'재에서 생기기 때문이다. 이주자들은 많은 비용을 들여 쌓아온 자본에서 무상으로 이득을 취하는 셈이다.

그렇지만 이주특별세에 반대하는 아주 강력한 근거가 있다. 혜택을 보는 곳이 유입국이든 유출국이든 그러한 종류의 세금은 모두 이주자의 순수입을 유입국의 원주민에 비해 낮아지게 한다. 순수입이 낮아지면 이주자들은 유입국의 생활수준과 삶의 방식을 따라가기가 한결 힘들어질 것이다. 이주자들에게 과세하는 것은 이들을 2등 시민으로 만드는 가장 확실한 방법이며 사회 통합도 더욱 어렵게 한다. 이주특별세가 없더라도 유입국의 이주자 중에는 원주민들보다 교육 수준이 떨어지거나, 생산성과 밀접한 암묵지暗默知가 부족하거나, 또 차별을 받는 탓에 최하층으로 전락하는 이들이 있다. 이런 일이 있다면 이를 사회적 문제로 인식하고 상당한 자원을 투입해야 한다. 또 한편으로는 이주자들에게 세금을 부과하면서 다른 한편으로 세금 부과에 따른 폐해를 바로잡으려는 것은 정책적 일관성을 떨어뜨린다.

나아가 이주세에서 생긴 세입이 원주민에게 돌아간다면, 이는 원주민에 대한 이주자의 적대감을 키우는 역설적 효과를 낳을 수 있다. 이주세의 참된 근거는 원주민의 손해를 만회하자는 것이 아니다. 이보다는 공공자본을 통해 얻은 뜻밖의 이득이 과세 근거일 것이다. 그렇지만 이주자에게 본능적으로 적대적인 정치세력들은 분명 이주를 해롭게 보는 엘리트들과 동일하게 이주특별세를 이해할 것이다. 이주를 해롭게 보는 담론은 이 엘리트들에 의해 이주가 남에게 끼친 피해에 대한 보상이라는 식으로 확대될 것이 분명하다. 다시 말해 이 담론은 이주 때문에 원주민이 경제적 피해를 본다는 대중의 오해를 의도치 않게 정당화할지도 모른다.

요약하면, 이주자들이 역기능적 사회에서 순기능적 사회로 건너오면서 뜻밖의 생산성 이득이라는 공짜 점심이 생기며, 이 공짜 점심은 이주자들이 계속 먹게 된다. 이주자들은 이주의 진정한 수혜자다.

이주는 투자다?

결국 이러한 매우 큰 이득 때문에 빈곤국에 사는 사람들은 이주에 강하게 끌린다. 물론 이에 대한 가장 직접적인 증거는 이주 그 자체에 있다. 2장에서 설명한 것처럼 빈곤국에서 부유국으로의 이주는 계속 급증해왔다. 게다가 귀국을 결심할 만큼 이주를 후회하는 이주자들은 거의 없다.

누군가 이주를 했다면 스스로 원해서 했다고 봐도 무방한 반면, 누군가 이주를 하지 못했다고 해서 이주를 원하지 않았다고 해석할 수는 없다. 이주 비용과 이주 관련법 등 이주를 가로막는 장애물이 무수히 많기 때문이다.

대개는 단지 이주 비용을 마련하지 못해서 못 간 것뿐이다. 이주는 일종의 투자다. 다른 모든 투자와 마찬가지로 이주 역시 투자를 먼저 하고 이득은 나중에 조금씩 돌아온다. 이주 비용은 상당액에 달할 수 있는데 특히 빈곤국의 소득 수준을 기준으로 볼 때 큰 부담이 될 수 있다. 보통 극빈국의 소득은 연 2,000달러 미만이어서 항공비만 해도 몇 년은 저축해야 한다. 그렇지만 이주의 최적기가 젊을 때라는 사실에는 변함이 없다. 젊은이들은 부양가족에 덜 얽매이고, 투자금을 회수하기까지 일할 수 있는 기간도 길다. 그렇지만 젊은층에게는 투자 비용을 마련하는 것이 제일 큰 문제다.

이주는 초기 비용이 높고 자금 회수가 더딜 뿐 아니라 자금 회수에 따른 위험도 있다. 보통 이주자들은 구직을 장담할 수 없고 이주 결정이 오판으로 드러나도 이를 뒤집기에는 너무 큰 대가를 치러야 한다. 고국으로 돌아와 일자리를 찾아야 하는 현실적인 비용뿐 아니라 이주에 성공한 사람도 많은 상황에서 이주 실패를 공개적으로 인정해야 하는 심리적 대가도 치러야 한다. 아들이 성공했다고 자랑하고 다녔는데 그 아들이 무일푼으로 고향에 돌아왔을 때 부모의 심정을 생각해보라. 실패의 비용이 클 경우 사람들은 위험 회피적 태도를 보이게 마련이다. 즉 확률상 해볼 만한 도박이어도 위험 부담을 지려 하지 않는 것이다.

고소득 국가의 경우 비용이 많이 들고 위험이 높은 투자인 경우에 자체적으로 자금을 조달할 필요가 없다. 다양한 경로를 통해 자금을 조달할 수 있기 때문이다. 그렇지만 극빈국은 금융기관이 일반인과 거래하지 않는다. 따라서 그들에게 유일한 자금 원천은 가족뿐이다. 여기서 두 가지 중요한 특징이 나온다. 바로 이주 결정이 소득과 가족들의 결정에 달려 있다는 점이다.

언뜻 생각하면 가장 가난한 사람들의 이주 확률이 가장 높을 것 같다. 어찌됐든 이주의 동력은 임금 격차고, 유출국과 유입국의 임금 격차는 가장 가난한 잠재적 이주자들에게 가장 크게 와 닿기 때문이다. 그렇지만 소득 격차가 최종 손익을 결정한다면, 초기 소득 수준은 투자 자금 조달 능력을 결정한다. 종합하면 서로 상반된 요소들이 작용해서 소득과 이주 성향 사이에 역 U자 관계를 만들어낸다. 가장 가난한 자들은 이주를 원하지만 그 비용을 감당하지 못한다. 가장 부유한 자들은 비용을 감당할 수 있지만 그리 큰 이득을 얻지 못한다. 반면 소득 분포에서 중간 영역에 놓인 사람들은 이주 동기가 강하고 또 이주 비용을 마련할 수 있다. 이주는 인생을 역전할 수 있는 기회지만, 그 주인공은 극빈층이 아니다. 소득은 한 나라에서 누가 이주를 하는지 그리고 해외 이주율이 가장 높은 나라는 어디인지를 결정하는 가장 중요한 요소다. 일례로 세계에서 가장 가난한 곳인 사헬 지역은 극단적 빈곤에 시달리는 곳인 만큼 이주가 없었다. 찢어지게 가난한 현실 때문에 사람들이 이주 비용을 마련하기가 쉽지 않았던 데다가 육지로 둘러싸인 지리적 조건 때문에 이주 비용이 특히나 많이 들기 때문이었다. 금전적 제약은 명백한 역설을 낳는다. 즉 유출국의 소득이 오르면 사실상 해외 이주율이 높아진다.

젊은이들은 보통 본인의 이주 비용을 마련할 형편이 못 된다. 이들은 분명 가족을 통해 자금을 마련하므로 가족은 보답을 기대하게 마련이다. 이러한 기대가 부당하다고 보기는 힘들다. 부모는 자식의 교육을 위해 희생해왔기 때문이다. 흔히 하는 농담처럼 "어머니, 저를 위해 평생 일하셨으니, 이제는 나가서 어머니 자신을 위해 일하세요"라고 말할 자식은 어디에도 없을 것이다.[6] 게다가 젊은 인력이 떠나면 집에 돈을 벌어올 사람이 줄어든다. 이주 자금을 갚는 가장 흔한 형태는 송금이다. 결국 다음과 같은 거래가 성립한다. "지금 우리가 네 이주 자금을 마련해줄 테니 나중에 돈을 벌면 일부를 보내다오." 이는 솔깃한 거래지만 문제가 있다. 법적으로 강제할 수단이 없는 그저 약속일 뿐이기 때문이다. 더군다나 실현 가망성이 매우 낮은 약속이라는 특성 때문에 경제학에서는 이를 일컬어 '동태적 비일관성time inconsistency, 경제 주체가 세운 최적의 계획이, 상황이 바뀌면 다른 최적안으로 바뀌는 현상—옮긴이'이라고 부른다. 경제학자들이 사는 세상은 사람들이 합리적 이기심으로만 움직이는 다소 냉정한 곳이다. 다행히 우리가 사는 세상은 보통 후한 인심, 그리고 그에 따른 상호 배려가 있지만 그렇다고 냉혹한 합리적 이기심을 경시할 수는 없다. 애석하게도 젊은 이주 희망자들이 비행기 표를 얻기 위해 송금을 약속하는 것은 합리적 태도며, 일단 비행기 표가 손에 들어오면 송금 약속을 깨는 것 역시 합리적 태도다. 이주자들은 국제 이주로 인해 고국에 있는 가족의 울타리를 벗어나게 되므로 송금 약속은 일반적인 약속보다 강제하기가 힘들다. 따라서 중요한 것은 신뢰다. 특히 신뢰도가 전반적으로 낮은 사회인 빈곤국일수록 가족은 동떨어진 섬처럼 높은 신뢰를 보여준다. 가족과의 약속을 지키려는 이주자들은 최선을 다하고 있는 자신의 근황을 고향에 있는 가족에게 정기적으로 알리고 싶을 것이다. 이는 송금에 대한 분석에서 한 가지 역설, 즉 이주자들이 소액을 정기적으로 집에 보내는 이유를 해명할 수 있다.[7] 순진한 경제학의 관점에서 보면 소액을 자주 보내는 것은 어리석은 행동이다. 송금에서 발생하는 거래 비용에는 고정 비용이 있어서 소액을 보내면 손해가 크다. 그러므로 돈을 모았다가 가끔씩 거액을 한 번에 보내는 것이 이주자에게 훨씬 이득이다. 소액을 자주 보내는 관행이 지배적일 때 가장 큰 이득을 보는 곳은 송금전문업체 웨스턴 유니언Western Union일 것이다. 그렇지만 송금 행위에서 한 가지 짚지 않은 사실은, 그렇게 소액을 자주 나눠 보내는 것이 고국의 가족들에게 약속을 잊지 않았다는 신호로 전달된다는 점이다. 이러한 송금 방식은 이주자들이 가족에게 돈을 보내려고 열심히 돈을 모으고 있다는 인상을 준다. 반면, 총액은 같더라도 드문드문 거액을 보내면 가족들은 이주자가 돈을 잘 벌고는 있지만 송금 의무는 어쩌다가 떠올린다고 오해할 수 있다.

이주 비용을 마련해준 가족들이 이후 송금으로 혜택을 얻는다면 이주는 실상 이주자가 아닌 이주자의 가족들이 결정할 가능성이 높다. 이주에 관한 무수한 연구들이 이러한 가설을 뒷받침한다.[8] 사실상 개인이 살아갈 나라를 바꾸기로 결정한다기보다 가족들이 초국가적 가족이 되기로 결심하는 것이다. 빈곤국의 가족은 부유국의 기업과 거울처럼 닮아 있다. 다국적 기업은 대개 고소득 사회에 뿌리내리는 반면 다국적 가족은 대부분 저소득 국가에서 찾아볼 수 있다. 고소득 국가의 가정은 기업을 통해 빈곤국에 잉여 자본을 보내는 반면 저소득 국가의 가정은 가족을 통해 부유국에 잉여 노동력을 보낸다.

우리를 받아들여달라

이주 투자금을 마련하는 일은 이주를 가로막는 장벽 중 하나에 불과하다. 이주를 원하고 또 이주 자금을 마련할 수 있어도 자신이 선호하는 나라에서 이주를 제한하면 이주는 불가능해진다. 2장에서 논의한 것처럼 실제로 이주 증가에 대한 대응 차원에서 모든 고소득 국가들은 현재 여러 방식으로 이주를 제한하고 있다. 이러한 제약이 존재할 때 이주를 고민하는 사람에게는 고국에 그냥 남는 것을 제외하면 세 가지 선택지가 있다. 하나는 이주 조건이 요구하는 자격을 갖추려고 노력하는 것이다. 두 번째는 사기를 치는 것이다. 즉 필요한 자격이 없는데도 이주 허가를 받아내는 것이다. 마지막은 가장 필사적인 방법으로, 입국 허가를 못 받은 자들을 가로막는 물리적인 이주 장벽을 피해가는 것이다. 독자들이라면 이 세 가지 선택지 중에서 무엇을 택하겠는가?

유입국에서 이주자들에게 가하는 제한 규정은 매우 다양하다. 대개는 최저 교육 수준을 제시하며, 전문성까지 요구하는 나라들도 있다. 이는 유입국의 원주민들이 학력이 낮은 이주자보다는 학력이 높은 이주자들로부터 얻는 게 더 많기 때문이다. 또한 이주자들이 최저 소득층 원주민 노동자들과 경쟁하지 않아야 분배 상태가 개선된다는 이점도 있다. 호주와 캐나다가 학력을 이주 조건으로 내건 선도적 국가가 된 이유는 이들 나라가 명백한 이주자 사회라서 주류 정당들이 이주 정책의 세부 사항을 외면할 수 없기 때문일 것이다. 이주 정책에 대한 논쟁이 활발한 만큼 이주 정책은 원주민들의 이해가 일관성 있게 반영되도록 설계된다. 이를 증명이라도 하듯 호주와 캐나다가 이주자들에게 내세우는 학력 수준은 그 어떤 나라보다도 까다롭다. 그 다음으로 까다로운 나라는 미국이다. 미국인의 DNA에 이주자의 피가 흘러서인지 미국은 이주 정책 논쟁에 다소 개방적인 편이다. 유럽은 이주자들에게 최소한의 학력 조건을 요구한다. 1장에서 논의했듯이 이는 이주에 대한 합리적인 정책 논쟁이 없었음을 보여준다. 지금은 유럽의 이주 조건이 까다로워지고 있는데 이 변화는 어떤 합리적 근거에서 나왔다기보다 그러한 제스처가 필요하다는 이유로 나왔을 가능성이 높다.

이러한 제약 조건은 의도치 않게 빈곤국 내에 교육에 대한 수요를 높였다. 학력이 여권이 된 것이다. 장차 이주를 할지는 알 수 없지만 젊은층에게 교육은 일종의 보험이다. 이는 고국에서 차별을 받는 소수인종에게 특히 중요하다. 교육을 받으면 자신을 지킬 수 있기 때문이다. 피지의 소수인종인 인도계 주민이 바로 그런 경우다. 장기간 원주민과 인도계 주민이 평화롭게 공존했던 피지는 원주민 육군사령관들의 주도로 쿠데타가 터지면서 한동안 인도인을 적대시하는 언설과 차별이 있었고 이 때문에 다수의 인도계 주민이 피지를 떠났다. 이후 과도 정부가 권력을 상실하고 정부 정책도 원상태로 복귀했지만, 인도계 주민들은 필요할 때 호주로 들어갈 자격을 얻기 위해 교육에 상당한 투자를 했다. 그 결과 인도계 주민은 다른 원주민에 비해 교육수준이 눈에 띄게 높다. 이주 기회를 노리고 교육에 투자하는 것은 유출국에 중요한 파장을 일으키는데 이는 제4부에서 살피도록 하겠다.

학력 제한이 점차 흔해지면서 유입국은 다른 다양한 조건들도 추가했다. 이중 가장 중요한 조건은 가족 구성에 관한 것이다. 즉 이주자들이 유입국 시민들과 가족을 이룰 수 있게 하는 것이다. 그렇지만 가족 관계는 정해진 것이 아니라 결혼을 통해 만들어지는 것이다. 실제로 고소득 국가의 미혼 이주자들이 고국에서 아내를 구한다는 사실은 다들적어도 유출국에서는 인정하는 분위기다. 특히 가족이 배우자를 정해주는 중매 결혼 풍습이 있는 경우 유출국의 가족들은 결혼을 통해 진입 장벽을 돌파하려고 한다. 순전히 입국권을 얻기 위한 임시방편으로 혼인을 한다면 이는 분명 입국권을 남용한 경우에 해당할 것이다. 그렇지만 가족들이 재산을 보고 배우자를 택하는 것이 관행이라면 이주자를 배우자로 선호하는 것은 수긍할 만하고 또 사실 불가피한 일이기도 하다. 따라서 이주 제한 조치에서 두 가지 예측 가능한 결과가 나온다. 하나는 유출국 가족들이 자녀 교육에 더욱 힘쓰는 것, 그리고 다른 하나는 미혼 자녀의 잘 나온 사진을 정착한 이주자에게 보내는 것이다.

그 다음으로 유입국에 접근할 수 있는 방법은 사기를 치는 것, 즉 불법적 수단으로 합법적 이주 권한을 얻는 것이다. 가장 간단한 방법은 유입국 대사관에서 비자 업무를 보는 직원에게 뇌물을 주는 것이다. 이 직원들은 대부분 하급직이고 보수가 높지 않으며 이주자들의 출신지에 잠시 살았던 경력이 있어서 그 지역 사람들과 친분이 있다. 그들이 하는 일은 딱히 내적 만족intrinsic rewards

이 없다. 그들이 맡은 업무는 급증하는 이주 수요를 조율하면서 한편으로 복잡하고 임의적이며 자주 바뀌는 일련의 규정들을 어쩌다 만족시킨 운 좋은 소수 지원자들에게 매우 소중한 자격을 부여하는 것이다. 이런 상황에서 호의의 대가를 챙기는 직원이 있다는 사실은 어느 정도 예상 가능한 결과일 것이다. 이렇게 행동하는 대사관 직원들은 여러 가지 방식으로 양심과 타협할 수 있다. 이민 규정이 부당하다거나 이민 수요가 극심하다고, 또 개인적으로 건네받는 돈은 처벌 위험에 대한 보상일 뿐이라고 합리화하는 것이다. 비자 제도 관리가 이렇게 어렵다보니 많은 경우 불법 비자를 얻는 데 필요한 '현행 가격'이란 것이 존재한다. 이주로 얻는 이득이 상당한 만큼 현행 가격은 보통 수천 달러에 달한다.⁹

또 다른 사기 행위는 합법적으로 입국 가능한 신분으로 위장하는 것이다. 스웨덴은 1980년대 당시 에티오피아 연방의 일부로 내전에 시달리던 에리트레아 출신 망명 신청자에게 처음에는 시민권을 아낌없이 내주었다. 그러나 망명 신청자가 늘자 정책이 까다로워졌다. 그러자 스웨덴 시민권을 취득한 에리트레아 출신 이주자 중에 자신과 외모가 비슷한 친구나 친척에게 여권을 빌려주는 사람들이 생겼다. 당시는 아직 바이오 인식 장치가 도입되기 전이었으므로 스웨덴의 이민 관리 직원들은 여권 사진만으로 신원을 의심하기가 어렵다고 판단했다. 그리하여 사진 외에 신원을 확인할 수 있는 방법을 생각해냈다. 스웨덴 시민이 된 에리트레아인은 어쩔 수 없이 스웨덴어를 배웠지만 신분 위장자들은 아니었기 때문에 스웨덴어 구사 능력으로 이들을 감별했다. 그렇지만 이주 희망자들이 언어 교육을 받거나 이주 자격을 위해 배우자를 구할 수 있듯이 신분 위장자들 역시 스웨덴어를 배울 수 있다. 내전과 기근이 닥치면서 위기에 처한 에리트레아인들이 스웨덴 시민으로 위장하기 위해 스웨덴어를 배웠다. 또 다른 위장 방법은 망명 신청자로 행세하는 것이다. 다수의 빈곤국에서 추악한 탄압이 거듭되면 으레 망명 신청자가 생긴다. 이때 망명을 허용해주는 선의를 이용해 사기를 치는 것이다. 망명 신청자로 위장하면 꼭 필요한 인도주의적 제도의 정당성을 훼손한다는 이유로 거듭 비난받는다. 그렇지만 절망에 빠진 사람들에게 그러한 윤리적 고려는 아무 의미도 없을 것이다. 때문에 망명 신청자 수는 법적 요건에 맞는 사람들보다 열 배가 넘기도 하는데, 이는 고국의 권력 남용에 반기를 드는 것이 지극히 어려운 일임을 보여준다. 게다가 유입국의 사법당국이 출신국을 비억압적 국가로 분류할 때 내세우는 통치 수준이 지나치게 높기도 하다. 예를 들면 아프리카 시민을 고국에 비자발적으로 귀환시키는 경우, 영국 법원이 정한 기준에 부합하는 나라는 아프리카 54개국 중 4개국에 불과하다.

최후의 선택은 비용도 높고 위험한 것으로, 입국 허가 없이 물리적 제한을 피해가는 것이다. 갈수록 정교해진 진입 장벽으로 전문가의 도움 없이는 장애물을 넘기가 힘들어지자 인간 밀수라는 업종까지 생겨났다. 부패한 비자 관리 직원들처럼 이들은 보트에 자리를 마련해주거나 컨테이너 트럭에 숨겨주거나 국경 방벽을 넘는 무리들 사이에 끼워주는 대가로 수천 달러를 받는다. 그렇지만 불법으로 얻은 입국에는 무엇보다도 위험이 따른다. 한 가지 확실한 위험은 적발 가능성이다. 불법으로 호주에 들어가려다 붙잡힌 사람들은 본토와 멀리 떨어진 강제 수용소에 감금된다. 이들은 장기간 이곳에 묶여 있기도 한다. 미국에 불법 이주했다가 강제 추방당한 사람들의 수도 상당하다. 2011년에 추방된 인원은 놀랍게도 40만 명이었다. 적발당한 사람들은 굴욕적인 대가를 치른다. 일정 기간 삶에 제약을 받고 밀입국 과정에 투자한 돈도 잃는다. 두 번째 위험은 밀입국 과정에서 겪는 신체적 위험이다. 즉 보트가 가라앉아 익사하기도 하고 밀항하던 중 질식사 혹은 동사하기도 한다. 마지막으로 가장 불안한 위험은 바로 인간 밀수자들이다. 범죄자들이 운영하는 인간 밀수업은 그 본질상 규제가 닿지 않으며 고객과 회사 사이의 관계가 일회적이다. 비용을 미리 정산하기 때문에 이주 희망자들은 밀수업자들이 계약을 깨거나 일 처리가 미흡해도 이를 호소하지 못한다. 자금에 쪼들리는 불법 이주자들에게, 유입국에 성공적으로 도착하고 난 다음 나머지 잔금을 치르라는 밀수업자들의 제안은 유혹적으로 다가온다. 그렇지만 이런 제안을 하는 밀수업자들은 잔금 지급을 강제하는 장치를 반드시 마련해놓는다. 사실상 불법 이주자들은 잠시나마 밀수업자들의 노예가 되는 것이다. 돈도 벌면서 잔금 지급도 강제할 수 있는 몇 안 되는 노예 생활중 가장 확실한 수단은 성매매다. 한때 비서를 꿈꿨던 불법 이주자들이 결국 성 노예가 되는 것이다. 지급을 강제할 수단을 갖게 된 밀수업자들이 명목상의 빚만 받고 끝낼 이유는 없다. 성 노예들은 탈출하지 못하면 죽을 때까지 노예 생활을 할 가능성이 높다. 일단 목적지에 도착한 불법이주자들이 인간 밀수업자들에게 더 이상 얽매이지 않는다 해도 이들에게 주어진 선택지는 거의 없다. 이들은 살아남기 위해 합법적으로는 벌 수 없는 소득이 절실해진다. 따라서 불법 이주자들은 탈세 고용주의 손아귀에 놓이거나 범죄처럼 법의 울타리 밖에 놓인 일을 선택하게 된다. 그동안 불법 이주를 다룬 정책들은 전체 이주 정책의 형편없는 기준으로 봐도 매우 부적절했다. 나는 마지막 장에서 불법 이주를 다루는 더 나은 방법을 제시할 것이다.

고국에 던지는 구명 밧줄

이주 희망자의 입장에서 볼 때, 이주를 위한 거액의 투자비를 마련하면서 법적 제약도 안전하게 뛰어넘을 수 있는 한 가지 압도적인 해결책이 있다. 바로 먼저 이주한 가족들의 도움을 받는 것이다. 결국 이주의 패턴과 규모를 결정하는 데 있어 디아스포라의 역할이 무엇보다 중요해진다. 디아스포라는 각기 다른 다양한 경로로 이주를 촉진한다.

가족 관계는 비자 발급 때 특혜가 주어지므로 디아스포라가 후속 이주자들에게 합법적 기회를 마련해줄 수 있다. 따라서 기반을 잡은 이주자들은 고국에 있는 가족들로부터 합법적 이주를 추진하라는 강한 압박을 받는다. 유입국에서 이주를 추진하는 것이 고국의 포위된 대사관을 찾아가는 것보다 훨씬 수월하다. 게다가 일단 시민권을 얻으면 이주자에게 투표 자격이 생기므로 이들은 지역 정치인에게 자기 대신 대사관 담당자에게 편지를 써달라고 로비할 수 있다. 일례로, 영국에서 이주자 비율이 높은 선거구의 경우 국회의원 면담 방문자 중 95퍼센트가 친척의 이주 문제로 온다.

디아스포라는 이주 지역의 구직 활동에 대한 정보도 제공한다. 예를 들면 최근 한 실증 연구는 니제르Niger의 가정에 휴대전화를 지급하고 이것이 후속 이주에 미치는 영향을 알아보았다. 휴대전화 덕분에 친척 및 친구들과 해외의 구직 시장에 대한 정보를 더 긴밀히 주고받게 되면서 노동자들의 이주가 현저히 증가했다.[10] 이주자들은 본인의 성공을 과장하는 경향이 있으므로, 해외 친척들이 제공하는 정보 역시 현실보다 더 좋아 보이는 경향이 있다. 디아스포라는 구직 정보를 제공할 뿐만 아니라 직접 구직 기회를 마련하기도 한다. 이주자 중에는 소규모 자영업을 하는 사람들이 많은데, 이주라는 열망과 구직 시장에서 종종 받는 차별이 결합되어 생긴 자연스러운 결과다. 자영업을 하는 선행 이주자들은 새로 온 친척들이 생산적 인력이 아니어도 자신의 가게에서 잠시 일하게 해준다. 이는 법적 최저 임금을 쉽게 피해갈 수 있기 때문이기도 하다. 이주 정보와 구직 기회를 제공하는 것 외에도 디아스포라는 도착 비용을 직접적으로 낮춰준다. 이주자들은 구직 활동을 하면서 이미 기반을 잡은 친척들과 같이 생활할 수 있기 때문이다.

다른 무엇보다도 디아스포라는 이주에 대한 투자 부담을 덜어준다. 보통 기반을 잡은 이주자들은 고국에 있는 친척들보다 훨씬 많이 벌기 때문에 후발 이주자들에게 항공료를 대줄 만큼 여유 있는 집단일 것이다. 만약 항공료를 빌려줬다면 이들은 돈을 돌려받기에도 유리하다. 신규 이주자가 성공하는 과정을 지켜볼 수 있고 또 돈을 갚지 않으면 생활이 힘들어지게 할 수도 있기 때문이다. 이주 관련 거래는 동태적 비일관성 문제를 덜 겪는다. 이주 자금을 고국에 있는 가족이 빌려줬어도 디아스포라의 인맥을 통해 신규 이주자가 송금 약속을 지키도록 압박할 수 있으므로 위험이 덜하다.

이 모든 영향력은 디아스포라를 대단히 중요한 존재로 만든다. 그 결과 이주자들은 3장에서 설명한 것처럼 몇몇 도시에 밀집하는 경향을 보인다. 디아스포라는 후속 이주자들의 거주지에 영향을 줄 뿐 아니라 이주의 규모를 결정짓는 가장 중요하고 유일무이한 요소다. 이는 앞서 등장한 믿음직한 모형에서 확인한 내용이다. 총 이주자 수가 증가하면 이주 흐름이 늘면서 이주가 가속화되는 경향이 있다. 맨 처음 이주 온 사람이 넘는 장벽보다 백만 번째 이주자가 넘는 장벽이 훨씬 낮기 때문이다. 나는 동료 연구자인 앙케 회플러와 함께 빈곤국에서 부유국으로 가는 이주에 디아스포라가 미치는 전형적인 영향을 추적해보았다. 연구 결과, 아직 잠정적이긴 하지만 이주 흐름이 디아스포라에게 자극받으면서 급속히 늘어나는 과정이 밝혀졌다.[11] 맨 처음 10명이던 디아스포라는 10년이라는 기간 동안 7명의 이주자를 끌어들인다. 그 다음 10년에는 17명으로 늘어난 디아스포라가 같은 기간 동안 12명의 이주자를 끌어들인다. 1960년부터 2000년까지 이런 과정이 되풀이되면서 처음 10명이던 디아스포라는 2000년에는 83명으로 늘어난다.

그렇지만 경제학자들이 현재 디아스포라의 영향력에 가장 큰 관심을 보이는 이유는 디아스포라가 단순히 이주율을 높여서가 아니라 '이주자의 구성을 바꾸기 때문'이다. 원주민의 입장에서는 저학력 노동자나 부양자들보다 고학력 노동자가 들어오는 게 더 좋다. 이주 자격을 부여하는 점수제는 이러한 효과를 노리고 고안된 제도다. 그렇지만 디아스포라는 이주자들이 점수제를 뛰어넘도록 만든다. 이러한 디아스포라의 상당한 영향력으로 가족 관계가 입국 자격을 부여하는 것처럼 보일 때마다 디아스포라는 교육과 숙련도에 따라 이주 자격을 부여하는 효과를 압도하게 될 것이다.[12] 최근 연구가 내놓은 이 메시지는 이주자 개인의 권한을 중시하는 관점과 원주민의 권리 및 이해관계를 중시하는 관점이 첨예하게 대립할 수 있음을 암시한다.

따라서 현행 이주 정책은 보통 이주 흐름을 높이면서도 점수제는 약화시키는데, 가족 상봉 정책으로 기존 이주자의 친척들이 특권을 누리기 때문이다. 그렇다면 초청 이민은 다른 사람의 이주를 허용하는 권한을 이주자에게 부여하는가? 만약 그렇다면 다른 이주자들 역시 이주 허용 권한을 갖게 되는가? 만약 이러한 권한이 자리 잡게 되면 학력을 중시하는 점수제는 쓸모가 없어진다. 이주 온 친척들이 전문 인력을 밀어낼 것이기 때문이다.

이제 이 책에서 가장 중요한 윤리적 선택을 다룰 차례다. 나는 앞서 공공주택을 살필 때 집단적 권한과 개인적 권한을 구분해 설명했다. 이주자들은 원주민들보다 절박한 처지이므로 개인에 초점을 둔 권리에 따르면 원주민보다 이주자에게 공공주택이 더 많이 돌아갈 것이다. 반면 집단을 강조하는 권리에 따르면 이주자도 원주민과 똑같이 할당받아야 한다. 그렇지만 공공주택은 친척을 데려오는 초청 이민과 비교하면 사소해 보인다. 외국인 배우자나 다른 친척을 데려오려는 원주민은 극히 적은 반면 외국에 있는 친척을 데려오려는 디아스포라는 매우 많다. 그렇기 때문에 초청 이민이 하나의 권리가 된 것이다. 따라서 이주자들에게 원주민들과 똑같이 개인적 권한을 주면 이주자 중 부양자 비율이 심하게 높아진다. 따라서 개인이 아닌 집단으로 이주자를 똑같이 대우해야 한다는 강력한 현실적 주장, 윤리적으로도 정당해 보이는 주장이 생겨난다. 즉 이주자들이 공공주택 같은 배제적 공공재뿐 아니라 친척들을 데려올 수 있는 권한 역시 원주민들과 똑같이 집단적 권한으로 누려야 한다는 주장이다.

공공주택은, 지역당국이 선택한 관행에 따라 다르지만 이미 집단적 평등권에 따라 할당하는 곳들이 있다. 반면 친척 초청은 현재 뚜렷한 원칙에 따라 부여하는 경우가 드물다. 그렇지만 집단적 평등을 고려한 친척 초청권은 단순한 방식으로 할당될 것이다. 이미 어떤 나라들은 몇몇 분야에서 할당 추첨으로 초청권을 부여한다. 이는 정해진 목표에 맞게 공정한 접근권을 실현하는 국제적 표준 방식이다. 물론 나라마다 자체적인 이주 규정을 만들어 이주자에게 아무 제약 없이 친척을 데려오게 할 수도 있다. 그렇지만 그러한 관대한 정책이 윤리성을 담보하는 유일한 방법은 아니다. 친척을 데려오는 디아스포라의 권한을 제약하는 주목적은 총 이주자 수가 아니라 이주자의 구성을 통제하기 위한 것이다. 이주자의 학력을 중시하는 점수제는 디아스포라 구성원의 개인적 권한을 이주 제도의 목적에 맞게 제한할 때에만 그 효력을 발휘할 수 있다.

이주의 장애물이 없다면

앞서 우리가 도달한 결론은, 빈곤국에서 부유국으로 이주하면 생산성 격차로 뜻밖의 이득이 생기며 이 이득은 이주자들이 차지한다는 사실이었다. 이러한 이득을 가로막는 주요 장애물은 두 가지다. 이주를 위한 초기 투자 비용을 마련하는 것과 입국을 가로막는 무수한 법적 제약을 넘어서는 것이다. 디아스포라는 이러한 두 가지 장애물을 모두 낮춰주므로, 이주 흐름이 계속되고 이주 인원이 늘어날수록 더 많은 사람들이 이주가 이득임을 깨닫게 된다. 즉 연간 이주 흐름이 가속화될 것이다. 세계 경제의 다른 변화 역시 이주를 늘리는 경향이 있다. 기술 진보로 이동 비용이 현저히 낮아지고 통신 요금이 상당히 떨어지면서 디아스포라가 고국과 연락하기가 훨씬 쉬워졌기 때문이다. 극빈국에서 소득이 증가하면 이주 비용 마련이 수월해지겠지만 한편으로 절대적인 소득 격차는 여전히 크다. 또한 이주자들이 생산성 향상으로 큰 이득을 얻는다 하더라도 상당한 장애물이 이득을 가로막고 있는 것도 엄연한 현실이다.

이러한 이주의 장애물로부터 한 가지 추측이 가능하다. 이주 열망은 현실의 이주가 보여주는 것보다 훨씬 크다는 점이다. 이주에 대한 열망을 보여주는 표준 자료로, 전 세계에서 대형 표본을 추출한 갤럽여론조사가 있다. 빈곤국 인구의 40퍼센트가, 여건이 되면 부유국으로 이주하고 싶다고 밝혔다.[13] 이 수치 역시 비용 문제와 법적 장애가 없을 때의 상황이 그대로 반영되지는 못했을 것이다. 이들 40퍼센트가 실제로 이주했다고 가정해보자. 이로부터 대규모의 디아스포라가 생겨나 몇몇 고소득 도시에 과밀집할 가능성이 높다. 유출국 수도보다 확연히 높은 소득을 안겨주는 이 도시들은 그 사회의 새로운 문화 중심지로 떠오를 것이고, 아직 떠나지 않은 젊은이들은 국외의 삶에 솔깃해질 것이다.

경제학자들은 갤럽여론조사와 같이 여론조사로 얻은 결과를 신중히 다룬다. 사람들의 의사가 실제 결정으로 이어지지 않을 수 있기 때문이다. 따라서 상대적 저소득 국가에서 고소득 국가로 제약 없이 이동할 수 있었던 보기 드문 자연실험 하나가 연구자들의 관심을 끌었다. 그 자연실험이 이뤄진 곳은 터키계 키프로스로, 경제적으로 터키와 비슷해 유럽을 기준으로 보면 매우 가난한 나라다. 그러나 복잡한 정치사 때문에 터키계 키프로스인들은 영국으로의 이주라는 특혜를 누렸다. 키프로스인들은 이러한 이주 권한을 십분 활용했을까? 이주에 관한 경제 이론을 떠올려보면 이 경우 균형이 존재하지 않는다고 예상할 것이다. 즉 터키계 키프로스는 이주가 가장 발생하기 쉬운 중간 소득 국가인데다가 유입국과 지리적으로 매우 가까워 터키계 키프로스 디아스포라가 빠르게 구축될 것이고, 이로 인해 유출국인 터키계 키프로스가 거의 텅 빌 때까지 이주 흐름이 가속화된다고 전망할 것이다. 이는 다수의 잠재적 상쇄 요인을 고려하지 않은 너무나 순진한 예측이다. 이 전망은 현실에서 어느 정도 효력이 있을까? 영국의 이주 통계가 부실해서 아쉽긴 하지만, 1945년 당시 영국에는 터키계 키프로스인이 2,000명 정도였던 것으로 보인다. 현재 영국에 있는 터키계 키프로스인의 인구 추정치는 13만 명부터 30만 명까지로 상당한 편차가 있으며, 높은 추정치는 영국 내무부의 공식 통계다. 한편 키프로스에 실제 거주하는 터키계 키프로스인의 수는 1960년 인구조사 시 10만 2,000명에서 2001년에 8만 5,000명으로 줄어들었다. 따라서 현재 영국에 있는 터키계 키프로스인이 키프로스에 있는 터키계 키프로스인보다 두 배 정도 많다. 키프로스가 말 그대로 텅 비지는 않았지만 응답자의 40퍼센트가 이주를 원한다고 답한 갤럽의 여론조사를 과장된 수치로 볼 수는 없다. 그러나 북키프로스의 인구는 줄어들지 않았다. 인구가 빠져나간 만큼 터키에서 이주자들이 대거 들어오는 바람에 현재 터키계 키프로스 원주민들은 북키프로스에서 소수 인구가 되었다.

이주에 장애물이 없으면 저소득 사회가 텅 빈다는 주장은 좋든 나쁘든 실상의 장애물이 중요함을 암시한다. 잠재적 유입국의 원주민 입장에서는, 시간이 갈수록 이주 가속화 흐름을 상쇄해주는 장애물들이 계속 존재하길 바랄 것이다. 이는 임금을 낮추고 상호 배려를 없앨 수 있는 이주자들의 대거 유입을 막아주는 안전장치이기 때문이다. 고국에 남겨진 사람들도 대규모 집단 탈출이 계속되면 중대한 영향을 받게 되는데 이는 제4부에서 논의할 것이다. 그렇지만 공리주의적 보편주의와 자유주의적 윤리관으로 보면 그러한 장애물은 불만스럽고 불행한 현실이다. 수억 명의 빈곤층이 소득을 올리고 싶어도 현실에서 거부당하기 때문이다. 공리주의자들은 빈곤층의 복지 감소를 피할 수 있는데 그렇게 하지 못한다며 애석해할 것이다. 자유주의자들은 자유에 제약이 가해졌다며 통탄할 것이다.

7장
이주로 손해 보는 사람들

이제 놀라운 사실을 논할 단계다. 왜 이주자들도 이주에서 큰 손해를 볼까? 그 답은, 선행 이주자들이 적어도 경제적인 면에서 후발 이주자들 때문에 손해를 보기 때문이다. 또한 이주자들은 저소득 원주민 노동자들과 경쟁하면서 손해를 본다. 사실 이 주장은 4장에서 다루면서 상당 부분 기각한 내용이긴 하지만 일면의 진실을 담고 있다. 이주자들은 원주민 노동자들과 정면으로 경쟁하는 경우가 드물다. 이주자들은 암묵적 지식이 없고 축적된 경험이 부족하며, 이주자에 대한 차별 때문에 훨씬 불리한 처지다. 따라서 이주자들은 저숙련 원주민 노동자들과 직접 경쟁하는 것이 아니라 '이주자들끼리' 경쟁한다.

이주자들은 원주민 노동자들과 치열한 경쟁을 벌이지 못하며,

교육 수준이 유사한 원주민들과도 경쟁하지 못한다.[1] 원주민은 언어구사력이 더 좋고, 생산성을 높여주는 사회적 관습에 대한 암묵적 지식이 있기 때문에 경쟁 우위가 있다. 혹은 고용주들이 이주노동자들을 차별하기 때문에 원주민들이 경쟁 우위를 누리는지도 모른다. 그 원인이 무엇이든 결과적으로 이주자들은 노동 인력에서 독자적 범주를 형성한다. 따라서 이주자가 늘어나면 기존 이주자의 소득이 낮아진다. 이러한 사실은 이주가 소득에 미치는 '상당한' 영향 중 누구나 인정하는 유일한 영향이다. 4장에서 논의했듯이 이주가 원주민 노동자의 임금에 미치는 영향은 아주 작은 손해부터 약간의 이득까지 다양하다. 만약 임금에 미치는 영향에 따라 이주 정책이 정해진다면 더 엄격한 이주 제한을 요구하며 캠페인을 벌여야 할 사람들은 바로 이주자들 자신일 것이다.

그렇지만 이주자들의 개별 행동을 보면 이러한 이해관계가 전혀 사실이 아닌 것 같다. 즉 보통 이주자들은 친척의 비자를 얻으려고 무척 애쓰기 때문이다. 사실 이 두 가지 이해관계는 공존할 수 있다. 친척을 데려오려고 애쓰는 이주자들은 그 과정에서 동지애를 느끼고 좋은 평판을 얻으며 자신의 책임을 다했다는 데에서 마음의 평화를 얻는다. 그렇지만 이주자가 증가하면 구직 시장의 경쟁도 더욱 치열해지므로 다른 이주자들이 피해를 본다. 엄격한 이주 제한 조치가 기존 이주자 공동체 전체에게 공적 이익을 준다면, 친척의 이주를 돕는 것은 이주자의 사적 이익과 관계가 있다.

기존 이주자들이 더 엄격한 제한 조치를 원하는 또 다른 이유는 사회적 차원일 것이다. 이주 규모가 늘면 사회적 신뢰가 감소할 수 있기 때문이다. 또 이주 규모는 이주자를 대하는 원주민들의 태도에도 영향을 미칠 수 있다. 이주자를 많이 접할수록 원주민들의 아량도 커질 것이라 희망할 수 있으나 현실은 그 반대다. 원주민들은 이주자 수가 많을 때보다 적을 때 더 관용적 자세를 보인다. 비관용은 이주자들이 집단으로 겪는 공공악公共惡, a public bad으로, 개인적인 이윤 극대화를 위해 이주자들이 잇달아 내린 결정에서 의도치 않게 생긴다. 비관용의 확산은 개별 이주자들이 이주 결정시 고려하지 못한 결과지만, 기존 이주자들에게 점차 심각한 영향을 줄 수 있다.

그러므로 우리는 이주의 역설과 마주하게 된다. 개별 이주자들은 이주로 생기는 막대한 생산성 이득을 얻는 데 성공한다. 그렇지만 집단으로서의 이주자들은 개별 이주자에게 가장 유해한 것에 이해관계가 있다. 바로 진입 장벽이다.

이주자들은 이주에서 생기는 막대한 생산성 이득에서 가장 큰 몫을 차지하면서, 처음에 투자한 이주 비용을 상당 부분 회수한다. 그렇지만 문화적으로 다소 이질적인 사회에 이주해서 생기는 지속적인 비용은 없을까? 이주가 유입국에 미치는 순효과를 따졌을 때처럼, 자료가 허용하는 선에서 경제적 이득과 사회적 비용을 종합적으로 재는 척도로서 행복을 이용할 수 있다. 행복이 복지를 재는 바람직한 척도인지에 대해서는 현재 논란이 많다. 연구에 따르면 중저 소득의 임계점을 넘으면 소득이 늘어도 행복감이 계속 커지지는 않는다고 한다. 물론 행복감이 순간적인 만족이긴 하지만 말이다. 즉 복권에 당첨되면 전보다 행복하기는 하지만 그런 흐뭇함은 몇 달만 지나면 사라지는 것이다. 이를 이주에 대입시켜보면, 저소득 사회에서 고소득 사회로 온 일반 이주자들의 경우 이들이 소득에서 얻는 이득은 과장된 경향이 있다. 증가한 소득은 중저 소득의 임계점을 한참 밑돌기도 하고 훌쩍 넘기도 한다. 행복경제학에 따르면, 처음에 늘어나는 몇천 달러는 행복감을 키우지만 이후의 소득증가분은 그 효과가 이전만 못하다고 한다. 소득이 중저 소득의 임계점을 넘어서면 행복을 결정하는 가장 강력한 요인은 사회적 관계가 된다. 즉 연봉이 아닌 결혼생활, 자녀, 친구로부터 행복을 느낀다. 이주는 분명 이러한 사회적 관계에 영향을 주지만 그 효과는 부정적이다. 가족들은 흩어지고, 이주자들은 평생을 문화적 이질감이 있는 사회에서 보내게 된다. 이주자들이 고국의 라디오 방송에 주파수를 맞추고 디아스포라에서 만난 친구들과 어울리며 매년 고국에 다녀올지라도 타향살이 때문에 행복감은 나날이 줄어들지도 모른다. 우리가 행복을 삶의 질을 재는 유용한 대리변수로 받아들이면, 소득 증대의 효과와 비화폐적인 심리적 비용을 모두 포괄한다는 점에서 행복은 우리의 연구에 유용하다.

그렇지만 웰빙을 재는 척도로 소득을 대신하는 것이 행복 하나만 있는 것은 아니다. 몇몇 경제학자가 선호하는 것으로 '인생의 사다리ladder of life'가 있다. 이는 인생에서 최악의 순간과 최고의 순간을 잡고 이를 10등분한 다음 이 구간에 현재 자신의 상태를 표시하는 것이다.[2] 이렇게 만들어진 자가보고식 웰빙 평가는 소득 수준이 높을수록 일관되게 증가한다. 따라서 우리는 이주로 늘어난 소득이 웰빙 측면에서 과장되었다고 단정하기는 힘들다.

어쩌면 행복감과 인생의 사다리 두 가지 모두, 이주로 인해 이주자들의 삶이 나아졌는가라는 의문을 푸는 데 활용할 수 있을 것이다. 두 효과를 측정했다는 학술문헌들이 많이 나오긴 했지만 애석하게도 연구에 사용된 방법이 신빙성 있는 결과를 내놓기에는 부족한 면이 있다. 예를 들면 몇몇 연구는 이주자들이 유입국의 원주민들보다 행복감이 낮은 경향을 보인다고 보고했다. 그렇지만 이로부터 이주하기 전보다 이주한 후에 덜 행복해졌다고 추론하기는 힘들다. 즉 이주하기 전에 이들이 유입국 사람들만큼 행복했다고 볼 근거가 전혀 없기 때문이다. 이러한 함정을 피한 연구는 내가 알기로 단 두 건뿐이다. 둘 다 미발표된 최신 연구로, 아직 엄격한 학술 심사 과정을 거치지 않았다. 그렇지만 이 흥미로운 질문에 합리적이고 신빙성 있는 국제 자료를 토대로 도달할 수 있는 결론은 이 두 연구의 결과뿐이다.

첫 번째 연구는 통가에서 뉴질랜드로의 이주를 다뤘다.[3] 이 연구는 뉴질랜드 정부가 도입한 '태평양 이주 프로그램Pacific Access Category'이라고 하는 이주 정책을 연구 대상으로 삼았다. 이 정책의 핵심은 통가의 이주 신청자들 중에서 추첨을 통해 무작위로 이주자를 선별하는 것이다. 이러한 무작위 추출은 연구자 입장에서 매우 편리하다. 여기에 몇 가지 정교한 기법을 적용하면 다른 연구들이 빠진 함정을 피해갈 수 있기 때문이다. 이 경우 이주자를 무작위로 선별하므로 당첨자와 탈락자는 크게 다른 집단이 아니다. 따라서 이주 이후의 당첨자들을 탈락자들과 비교할 수 있고, 여기서 발견한 두 집단의 그 어떤 차이도 당첨자들이 이주하면서 생겼다고 추론해볼 수 있다. 통가는 1인당 소득이 3,700달러로, 대다수 빈곤국의 현실을 잘 반영하는 나라다. 반면 뉴질랜드는 1인당 소득이 2만 7,000달러가 넘는다. 따라서 이주 당첨자는 실제 복권에 당첨되었다고 봐도 된다. 예상대로 이는 자료에서도 확인된다. 이주 후 4년이 지나자 이주 당첨자들의 소득이 400퍼센트 가까이 늘었다. 그렇지만 이 연구의 관심사는 행복과 인생 사다리 양쪽에 미치는 이주의 효과를 신중하게 측정하는 것이었다. 이주 후 1년이 지났을 때는 둘 다 뚜렷한 효과가 없었다. 그러나 4년이 지난 후, 인생의 사다리에는 여전히 아무 효과가 없었지만 사람들의 행복감은 뚜렷하게 줄었다. 행복감이 5점 척도에서 0.8점 낮아진 것이다.[4]

이 연구의 함의를 살피기 전에 시골에서 도시로 이주한 인도인을 다룬 또 다른 연구를 소개하겠다. 이 연구 역시 시골에 남은, 이주자들과 거의 동질한 집단과 이주자들을 비교하는 식으로 이주자들의 삶이 어떻게 변했는지 측정했다.[5] 이 연구는 이주자 본인이 내린 현재 및 과거의 삶에 대한 평가와 시골에 남은 다른 가족들이 내린 평가를 비교했다. 표본 설계에 따라 이 집단들은 이주가 있기 전에 같은 삶을 공유한 것이 된다. 해당 논문은 연구 설계가 탄탄하기는 하지만, 인도 내부의 이주자를 대상으로 했다는 점에서 국제 이주에 대한 이상적 지침이 되기는 힘들다. 국제 이주의 경우 소득 변화와 문화적 변동이 이보다 훨씬 크기 때문이다. 그렇지만 예상되는 이주의 효과와 관련해 몇 가지 암시를 얻을 수 있다. 뉴질랜드로 간 통가인처럼, 시골에서 도시로 이주한 인도인도 소득이 크게 늘었다. 소득은 평균 22퍼센트 정도 증가했다. 물론 국제 이주로 얻는 이득보다는 훨씬 적은 수치지만 시골의 저소득에 비하면 22퍼센트 증가한 사실은 그것만으로도 연구자들이 택한 웰빙 척도인 인생의 사다리에서 사람들의 웰빙 지수가 상승했다. 두 형태의 이주 모두 사회적 박탈감social dislocation이 어느 정도 생기긴 하는데, 빈곤국 내에서 시골에서 도시로 이동했을 때 얻는 소득 증대가 빈곤국의 시골에서 부유국의 도시로 이동했을 때 얻는 소득 증대보다 훨씬 적은 것처럼 사회적 박탈감의 크기 역시 마찬가지다. 인도의 시골에서 도시로 이동하는 경우 도시 생활이 주는 충격과 가족에 대한 그리움이 생기긴 하지만 이질적 문화에서 느끼는 박탈감만큼 심하지는 않다. 이 연구 결과를 토대로 국제 이주에 대한 추론은 할 수 없지만 몇 가지 시사점을 얻을 수 있다. 통가인에 대한 연구에서처럼 이 연구에서도 이주자들은 인생의 사다리에서 고향에 남은 형제자매들만큼이나 자신의 위치를 낮게 잡았다. 즉 이들이 얻은 소득 증대는 과거 삶에 대한 강한 그리움이라는 문화적 박탈감을 대가로 얻은 것이다. 여기서 우리는 눈에 드러나는 소득 증대를 상쇄시키는, 눈에 보이지 않는 상당한 비용이 이주를 통해 발생한다는 사실을 알 수 있다.

빈곤국에서 부유국으로 이주가 삶의 질에 미치는 효과에 대한 엄밀한 연구는 현재로서는 두 가지뿐이라고 얘기했다. 이주가 원주민의 행복에 미치는 영향에 대한 연구처럼 이 주제 역시 질문의 중요성에 비해 연구가 턱없이 부족하다. 두 가지 연구에서 어떤 강력한 결론을 도출하기는 힘들다. 그렇다고 그 결론이 우리의 편견에 맞지 않는다는 이유로 무시하면 안 된다. 다시 조너선 헤이트와 대니얼 카너먼의 연구에서 얻은 중요한 메시지를 떠올려보자. 개인의 도덕적 취향 때문에 신중하게 추론해 얻은 결론을 무시하려는 유혹을 우리는 떨쳐야 한다.

두 연구에서 잠정적으로 추론할 수 있는 사실은, 이주자들이 큰 경제적 이익을 얻는 만큼 상당한 심리적 대가를 치른다는 점이다. 이러한 추론에는 폭넓은 함의가 있는 듯 보인다. 경제학자들은 이주자들이 이주로 얻는 막대한 생산성 이득에 흥분하지만, 이것이 삶의 만족도를 더 높인다고 보기는 힘들다. 이주는 예상과 달리 공짜 점심을 주지 않는다. 아니 공짜 점심을 주되 소화불량도 같이 준다. 그렇지만 이러한 함의는 제한적이어야 한다. 이주의 심리적 비용이 이러한 초기 연구들과 일치한다는 더욱 일반적 연구 결과가 나오더라도 이주는 결국 삶의 질을 높일 가능성이 있다. 한 나라에서 시골에서 도시로 이주할 경우 이주자의 자녀들은 부모와 달리 고향에 대한 향수 없이 자랄 것으로 예측할 수 있다. 이들에게는 도시가 고향이기 때문이다. 이주 2세대와 후속 세대는 이주한 지역에서 버는 소득이 부모가 고향을 뜨지 않았을 때 자신들이 벌었을 소득보다 더 많을 뿐 아니라 소득 증가를 상쇄하는 심리적 대가도 치르지 않으므로, 부모가 고향에 있었을 때보다 현재의 행복지수가 더 클 것이다. 따라서 시골에서 도시로의 이주는 이주자 본인보다는 자녀를 위해 감행한다는 19세기의 담론과 일치한다. 도시화는 대중이 빈곤에서 탈출하는 기회를 제공하는 데 있어 필수적이다. 이때 이주자들이 감내하는 심리적 비용은 상당할 것이며 이주자들이 얻은 소득 증대를 씻어낼 정도일지도 모른다. 그렇지만 이주는 진보를 위한 불가피한 비용이라는 점에서 투자라는 성격을 띠게 된다.

빈곤국에서 부유국으로 가는 국제 이주의 경우, 소득 증대와 문화적 박탈감 모두 시골에서 도시로의 이주보다 열 배 정도 크다. 이때 심리적 비용이 한 세대만 치르고 끝날지 아니면 계속 이어질지는 후속 세대가 유입국에 어느 정도 적응하는가에 달려 있다. 시골에서 도시로의 이주가 치르는 심리적 비용은 첫 세대를 넘어 계속 이어질 가능성이 매우 낮지만 후손들이 계속해서 소외감을 느끼는 경우도 없지 않다. 가장 최악의 시나리오는 심리적 비용이 계속 존재하면서 여러 세대에 걸쳐 경제적 이득을 상쇄하는 경우다. 그 경우 이주는 투자가 아닌 실수가 된다.

4부
누구를 위한 구명 밧줄인가

원조 논쟁과 마찬가지로 이주에서 핵심 쟁점은 좋고 나쁘고를 따지는 것이 아니라, 한계적 효과 측면에서 현 상황을 개선할 수 있는 최선의 방법을 고민하는 것이어야 한다. 전반적으로 보면 이주가 최하층 10억에게 유익했다고 할 만한 합리적 근거가 있다. 그렇지만 한계적 효과로 보면 이주는 인재를 빼가고 송금을 줄이므로 해로운 영향을 준다.

8장
정치를 바꾼다

지금까지 연구자로 살면서 주목한 대상은 세계적 번영의 기회를 크게 놓친 나라들, 즉 최하층 10억이 사는 국가들이었다. 이 책을 쓰려던 원래 동기는 이주가 이 나라들에게 얼마나 중요한지 그 답을 찾기 위해서였다. 즉 이주가 이주자 본인이 아닌 고국에 남겨진 사람들에게 어떤 영향을 주는지 알아보기 위해서였다. 따라서 여기에서는 이주로 생기는 전반적인 이득과 손실을 어떤 식으로 측정하든, 수십 년째 가난에서 탈출할 기미가 없는 빈곤국에 사는 최하층 10억에게 미치는 여파를 비중 있게 다룰 것이다.

경제 번영이라는 기적은 근본적으로 '사회 모델'과 관련이 있다. 즉 제도, 담론, 규범, 조직의 우연한 조합인 사회 모델은, 18세기에 수천 년째 이어진 빈곤으로부터 영국을 구제했고 뒤이어 여러 나라들도 구제하기 시작했다. 궁극적으로 이주가 최하층 10억의 삶에 미치는 효과는, 이주가 이들 빈곤국의 지배적인 사회 모델에 미치는 효과에 달려 있다. 사회 모델의 결정적 측면은 최근 에이스모글루와 로빈슨이 강조한 사실로, 착취적 엘리트의 손에 놓여 있던 정치 권력이 생산계층에게 권력을 부여하는 더욱 포용적인 정부로 이동하는 것이다. 이에 제4부의 첫 장은 이주가 출신 국의 정치에 미치는 효과에 주목할 것이며, 두뇌 유출 및 송금과 관련한 더욱 일반적인 우려는 다음 장에서 다루도록 하겠다.

이주와 통치의 관계

피지에서는 소수 인종인 인도계 주민들의 이주가 압도적으로 많다. 이는 전형적인 정치적 효과에 해당한다. 즉 소수 집단이 다수 집단보다 이주할 가능성이 더 높은 것이다. 이는 다시 유출국의 정치·경제에 여러 경로로 영향을 준다. 사람들이 차별과 박해를 피해 달아나는 것이 가능할 경우, 이 악의적이지만 유혹적인 전략은 탄압하는 정부 입장에서 달갑지 않을 것이다. 소수 집단에게 이주라는 대안이 생기면서 이들의 협상력이 커지고 이주의 필요성이 이전보다 줄어들게 된다. 그렇지만 실제로 소수 집단이 떠나길 원하는 정부도 있다. 이 경우 이주는 정부가 차별적 정책을 선택하도록 자극한다. 정부의 소수 집단 정책이 미치는 여파와 별개로, 소수 집단이 해외로 이주하면 사회구성원이 점차 바뀌게 된다. 이 현상이 남겨진 사람들에게 미치는 영향은 그 사회가 다양성에 어떻게 대처하는가에 달려 있다. 이주라는 동일한 과정이 유입국에서는 사회적 다양성을 확대하는 반면, 유출국에서는 다양성을 감소시킨다. 따라서 다양성 확대가 유입국에게 어떤 함의가 있든 유출국에서는 그 반대라 보면 된다.

소수 집단의 과도한 이주는 남겨진 사람들에게 정치적 비용 혹은 정치적 편익을 초래할 수 있으나 이보다 더 중요한 것은 디아스포라의 정치적 행동이 낳는 결과다. 디아스포라는 잠재적 자산이기도 하지만 다수의 유출국 정부에게 이들은 잠재적 위험이기도 하다. 디아스포라는 정치적 저항의 온상지다. 반체제 인사들의 안전한 도피처고, 야당을 위한 지지 자금을 모으는 구심점이며, 특정 이념과 전형적 사례가 그 영향력을 키우는 곳이기도 하다.

많은 유출국 정부들이 디아스포라의 존재에서 실제로 위협을 느낀다. 어찌됐든 어떤 나라가 지극히 빈곤한 상태에서 벗어나지 못하는 이유는 그들이 유권자에 대한 책임, 소수자나 개인의 권리 존중, 법의 지배, 독단적 권력에 대한 균형과 견제 등 민주적 제도를 제대로 운영하지 못하기 때문이다. 경쟁적 선거와 정치 정당이 존재하는 제대로 된 민주주의가 아닌 형식적 요소만 갖춘 다수의 정치 체제들은 사실 허구다. 그런 나라들은 결국 잘못된 통치가 계속 이어진다. 일단 고소득 유입국에 살게 되면 이주자들은 제대로 된 통치가 무엇인지 경험하고 고국의 통치 수준을 자각하면서 자국의 정치 개혁에 압력을 행사하게 된다. 이주에서 핵심 쟁점은 이러한 정치적 압력이 효과가 있느냐는 것이다. 그렇지만 이 질문은 제기하기는 쉬워도 답하기는 어렵다.

경제 발전을 다룬 앨버트 허시먼Albert Hirschman의 유명한 초기 연구는 이처럼 모호한 사안의 핵심을 짚어냈다. 그는 무능한 통치로 고통 받는 사람들이 고를 수 있는 선택지를 '목소리 내기 혹은 탈출하기voice or exit'로 범주화했다.[1] 즉 사람들은 저항의 목소리를 내거나 국외로 탈출할 수 있다. 이주 전략은 궁극적 탈출에 해당하므로 무능한 통치를 겨냥한 국내의 저항의 목소리를 줄어들게 한다. 그러나 동시에 정치적 압력에 동참하는 디아스포라는 작아진 고국의 목소리를 더욱 효과적으로 만들 수 있다.

탈출의 직접적 효과는 보통 재능 있는 젊은이들의 이주로 인해 잘못된 체제에 안전밸브가 장착되는 것이다. 그 결과 남은 사람들은 더욱 숨죽이고 살아가게 된다. 디아스포라가 나서서 이에 저항할 수도 있겠지만 잘못된 체제는 저항의 목소리를 묵살하거나 이들을 희생양으로 삼기도 한다. 현재 안전밸브 효과를 보여주는 사례로 짐바브웨를 들 수 있다. 무가베Mugabe 정권이 악정을 펼치자 백만 명의 짐바브웨인이 남아프리카공화국으로 달아났다. 남아공으로 간 이들은 짐바브웨의 정치 개혁에도, 무가베 대통령에 대한 남아공 정부와 국민들의 태도에도 거의 영향을 주지 못하고 있다. 만약 이들이 짐바브웨에 남아 있었다면 정부에 대한 불만을 드러내고 반대의 목소리를 내면서, 무가베 정권이 함부로 탄압할 수 없는 큰 저항 세력을 구성했을 것이다.

따라서 남겨진 사람들이 번영을 누리려면 통치의 발전이 핵심이다. 이주는 통치에 긍정적 효과와 부정적 효과를 모두 가져다주므로, 그 순효과를 측정한 믿을 만한 추정치가 출신국에 미치는 이주의 전반적 효과를 평가하는 데 있어 결정적이다. 전에 이주를 다룬 전문적인 경제 문헌을 살펴보다가, 현재는 그 양이 방대하지만 당시 이 주제가 사실상 미개척 상태라는 것을 알고 깜짝 놀랐다. 그래서 신뢰성 있는 결과를 얻기 위해 이 연구에 뛰어들었다. 고백하자면 이 특정 질문에 대한 믿을 만한 연구가 그토록 부족했던 이유를 나중에야 알았다. 다룰 수 있는 자료로 보건대 이 질문은 답하기가 거의 불가능했다.

요약하면 문제의 본질은 이렇다. 통치는 다소 다루기 힘든 개념이다. 합리적 범위 내에서라면 올바른 통치와 잘못된 통치를 분간할 수 있지만 통치상의 작은 변화는 측정하기 힘들다. 현재 다양한 차원에서 그 변화를 측정할 수 있는 여러 가지 자료들이 있다고는 하지만 전 세계를 포괄하는 장기간에 걸친 시계열 자료는 거의 찾아볼 수 없다. 게다가 이주는 출신국의 통치에 다양한 경로를 거쳐 서로 상반된 영향을 줄 수 있기 때문에, 그중 한두 가지 경로만 연구하는 것으로는 부족하다. 중요한 것은 총체적 효과이기 때문이다. 그렇지만 가장 난해한 일은 닭과 달걀을 구분하는 것이다. 이주는 통치 수준에 영향을 줄 가능성이 있는 반면, 통치 수준은 이주에 거의 틀림없이 영향을 준다. 통치가 형편없는 나라는 대량 이주를 겪기 쉽다. 투표 행위로 목소리를 낼 수 없는 사람들은 고국을 떠나는 것으로 의사표현을 하기 때문이다. 한 사회의 무수한 특성들이 이주와 통치에 영향을 미칠 수 있다는 점도 혼란을 더욱 가중시킨다. 나라가 가난하면 사람들이 떠나고 통치도 더욱 힘들어진다. 따라서 이주와 통치 사이의 실증적 상관관계를 단순하게 해석할 수는 없다. 이주가 통치를 더욱 악화시키는가 아니면 잘못된 통치가 사람들을 밖으로 내모는가? 혹은 빈곤이 두 가지 모두를 야기하는가? 경제학은 종종 이러한 난제에 빠지는데 이 때 원칙적인 해결책이 있다. 이주에는 분명 영향을 주지만 통치와는 무관한 요소를 찾아내는 것이다. 하지만 애석하게도 통치에 잠정적 영향을 주는 요인이 너무 많아서 이 접근법은 현실적으로 설득력 있는 해결책이 되지 못한다.

최근 두 가지 폭넓은 방향으로 연구가 진행 중인데, 바로 거시적 연구와 미시적 연구다. 거시적 분석은 나라별 자료에 주목해 시간에 따른 나라 간 차이를 연구한다. 미시적 분석은 일반인이 참가하는 기발한 실험을 설계해 이주가 영향을 미치는 특정한 경로를 탐구한다. 결국 질문은 거시적이어도 가장 믿을 만한 접근법은 현재로서는 미시적 연구다.

거시적 분석은 아직 초보 단계로, 앞으로도 계속 제자리걸음일지 모른다. 예전부터 써온 통치 수준의 척도 중 하나는 한 나라의 민주화 정도를 가늠하는 것인데, 매년 다수의 나라를 대상으로 측정한다. 민주화는 통치 수준을 재는 수단으로 그리 정교하지는 않다. 현직 통치자는 보통 선거를 조작할 수 있으므로 권력에 위협받지 않고도 정당성이라는 외피를 뒤집어쓸 수 있다. 혹은 금권정치로 부패가 심한 나라인 경우 유권자들은 서로 경쟁하는 사기꾼들 사이에서 무의미한 선택을 해야 한다. 선거를 기피하는 중국이 콩고민주공화국보다 통치 수준이 더 낫다. 콩고는 선거 경쟁이 있지만 민주공화국이라는 이름이 무색할 만큼 부패에 찌들어 비효율적 통치를 보여주고 있다. 다른 모든 조건이 동일하다면 더 민주화된 나라가 그렇지 못한 나라보다 앞서 나갈 것이다. 그러나 민주주의에 대한 분석 역시 통치에 대한 다른 분석과 동일한 문제를 안고 있다. 현재 이용 가능한 가장 나은 거시적 분석에 따르면, 이주가 낳는 순효과는 모호하며 이주자의 구성과 두뇌 유출의 규모에 따라 그 효과가 다르다고 한다.[2] 비숙련 노동자들이 이주하면서 좀 더 민주적 사회로 바뀌는 것은 확실하다. 하지만 고소득 국가가 실시하는 이주 정책의 흐름을 볼 때 더 적절한 쟁점은 숙련 노동자들의 이주다. 안타깝게도 숙련 노동자들이 해외로 이주할 경우 민주주의를 향한 압력에 서로 상반되는 두 가지 결과를 낳는다. 즉 외부에서 압력을 행사하는 디아스포라가 형성되기도 하고 이주를 통해 교육받은 인력이 빠져나가기도 하는 것이다. 이 결과가 중요한 이유는 교육받은 인구가 많을수록 민주주의에 대한 압박이 더 커진다고 보기 때문이다. 작고 가난한 대다수 나라에서 두뇌 유출이라는 안타까운 현실이 두드러질 경우, 이주자들이 외부에서 정치 개혁을 요구하며 압력을 행사하더라도 이들은 고국에서 교육받은 자들이 제기하는 압박을 약화시키게 된다. 아직은 이러한 모호한 효과가 연구로 해명되지 않았다. 거시적 접근은 아직 답을 내놓지 못하고 있다.

미시적 분석 역시 걸음마 단계지만 점점 나아지고 있다. 내가 알기로 처음으로 진지한 실험 연구를 시도한 이들은 나의 동료 연구자인 페드로 비센트Pedro Vicente와 카티아 바티스타Catia Batista다. 통치를 연구하는 페드로는 과거 포르투갈의 식민지였던 두 개의 작은 섬 카보 베르데Cape Verde와 상투메São Tomé를 대상으로 현장 연구를 했다. 나는 『약탈당하는 지구』에서 페도르의 독창적 연구를 일부 소개한 바 있다. 한편 그의 아내 카티아는 이주가 노동시장에 미치는 효과를 연구했다. 나는 부부인 이들에게 그 관계를 지적 분야로 확대해 이주가 통치에 미치는 효과를 함께 연구해보라고 제안했다. 실제로 카보 베르데는 아프리카에서 이주율이 가장 높은 곳이어서 현장 실험을 하기에 최적이었다. 페드로와 카티아는 나의 제안을 적절히 다듬어 흥미로운 연구로 발전시켰다.[3] 그들은 이주를 통해 민주적 이념을 접하면 정치적 책임감이 커지는지를 연구했다. 연구 결과, 정치 발전을 위해 로비할 수 있는 기회가 주어질 경우 이주자가 있는 가정은 정치 참여율이 더 높았다. 카보 베르데를 대상으로 한 연구를 그저 작은 섬의 예외적 사례로 무시할 수도 있겠으나, 이주자의 역할로 고국의 정치 참여가 높아지는 사례는 최근 멕시코에서도 있었다.[4] 그렇다면 이주자들은 어떤 식으로 고국에 있는 식구들의 정치 참여를 유도하는 걸까? 설명하기가 힘든 주제가 아닌데도 연구자들은 비교적 최근에 와서야 이 주제에 대한 실마리를 얻었다. 2012년에 세네갈이 대선을 치를 동안 연구자들은 미국과 프랑스에 사는 세네갈 이주자들을 조사했다. 대다수의 세네갈 출신 이주자들은 매일 또는 매주 전화를 걸어 친척들에게 선거인 등록을 권유했고 절반 정도는 지지할 인물까지 조언해주었다.[5]

페드로와 카티아가 해외에 머무는 이주자들의 영향력에 초점을 맞췄다면, 이를 보완한 후속 연구들은 고국에 돌아온 이주자들의 영향력을 연구했다. 특히 설득력 있는 최신 연구로 동료 연구자들인 리사 쇼베Lisa Chauvet와 매리언 메르시에Marion Mercier가 진행한 연구가 있다. 이들이 선택한 나라는 말리였다.[6] 말리는 멀리 떨어진 아주 작은 나라 같지만 2012년 점점 파국으로 치달은 일련의 정치적 사건으로 전 세계 언론의 일면을 장식한 나라였다. 리비아의 카다피Gaddafi 정권은 임기 말년에 북말리의 유목민을 용병으로 썼다. 리비아는 넉넉한 자금으로 고가의 정밀무기를 다량 비축하고 있었으므로 체제가 무너지자 용병들은 이 무기들을 약탈할 수 있었다. 말리 사람들은 용병으로서 카다피를 위해 싸우는 일에는 관심이 없었지만, 고향인 말리로 돌아온 순간 정부에 대한 오랜 불만과 분리주의를 향한 열망을 드러냈다. 최신 무기는 이들이 그야말로 갈망하던 대상이었다. 반군과 정권 사이에 가로놓인 장애물은 말리 군부뿐이었다. 말리 군부는 민주적으로 통제되었다. 애초에 말리는 민주주의가 정착한 국가였다. 실제로 현직 대통령이 하야 의사를 밝혔을 만큼 민주적인 나라였다. 대선이 다가오고 대통령의 권력 누수가 시작되자 반군이 침략해왔다. 한편 말리는 군비 지출을 최소화하라는 지원 세력의 통상적인 압력을 받고 있었다. 그래서 반군들은 석유로 돈을 번 기만적 군부독재자들이 입수한 온갖 최신 무기를 보유한 반면, 말리 정부군이 가진 것은 낡은 재래식 무기뿐이었다. 정부군은 대통령에게 군 예산을 늘리라고 로비했지만 대통령은 어물쩍 넘어갔다. 결국 교전에 패한 군부는 반란을 일으키고 정부를 전복했다. 말리는 국제 사회에서 바로 외면 받았으므로 군부의 반란은 군 상황을 개선하는 데 아무런 도움이 되지 못했고, 난민들이 반군을 피해 남쪽으로 몰리면서 정치적 혼란이 가중되었다. 이에 쿠데타 지도부들은 권력의 일부를 다시 내놓았지만 이 권력을 누구에게 양도해야 할지는 아무도 알지 못했다. 안전한 테러 거점을 노리던 알 카에다

al-Qaeda는 반란의 움직임을 눈치 채고 이들에게 접근해 반군 세력을 접수해 버렸다. 이 책을 쓰던 시점에 말리 정부의 요청으로 극적인 군사 개입을 한 프랑스는 말리 시민에게 권력을 양도하라고 말리 정부를 압박했다. 결국 말리에서는 정치가 주요 현안으로 떠올랐다.

리사와 매리언은, 일정 기간 국외에서 정치적 체험을 하고 돌아온 이주자가 고국에서 정치 참여와 선거 경쟁에 어떤 영향을 주는지 연구했다. 구체적으로는 국민들의 투표율이 올라가는지를 살폈다. 연구 결과 현실적 중요도 순으로 세 가지 영향을 발견했다. 가장 중요도가 낮은 것은 고국에 온 이주자가 비이주자들보다 투표할 확률이 현저히 높다는 점이었다. 다음으로 중요한 사실은 이주자들의 이런 행동을 비이주자들이 모방한다는 점이었다. 이주자 주변에 사는 사람들 역시 투표율이 더 높았다. 이는 사람들이 면접관에게 알려준 투표 여부만 놓고 내린 결론이 아니었다. 이러한 자가보고식 정보는 편향될 우려가 있어서 신뢰성이 떨어진다. 투표율 상승은 선거 개표 결과에서 확인되었다. 이제 정말 주목할 만한 사실이 있다. 비이주자 중에서 교육 수준이 낮은 집단은 돌아온 이주자들의 행동을 따라할 확률이 매우 높았다. 이는 실로 고무적인 결과였다. 귀국한 이주자들은 고소득 사회에서 배운 민주적 참여라는 새로운 규범을 갖고 돌아왔을 뿐 아니라 교육받지 못한 집단을 변화시키는 촉매제로 기능했다. 귀국한 이주자가 아니었다면 이들은 가장 변화하기 힘든 집단이었을 것이다. 그렇다면 말리는 예외적 사례일까? 가장 최근에 몰도바Moldova를 대상으로 한 연구에서도 이와 동일한 결과가 나왔다.[7] 이 최신 연구 역시 이주자가 외국의 정치 규범을 접해본 경험이 중요하다는 사실을 밝혀냈다. 그리고 유입국이 민주적이고 통치 수준이 높을수록 민주적 규범의 전파가 두드러진다는 사실도 알아냈다. 즉 프랑스와 미국은 러시아와 아프리카보다 더 훌륭한 민주주의의 온상지다.

이들 최신 연구 결과만으로는 궁극적으로 이주와 관련된 가장 중요한 질문에 답하기 어렵다. 이주자들이 이주를 가서 성공했더라도 이것이 고국에 변화를 일으키는 동력이 되어야만 전 세계의 극심한 빈곤 문제 해결에 도움이 된다. 그리고 그러한 변화는 기본적으로 경제적 과정이라기보다 정치적 과정이자 사회적 과정이다. 따라서 이주자들이 고국에 남겨진 사람들을 위한 정치 과정에 영향을 줄 수 있는지가 사실상 중요하다. 앞서 언급한 연구들은 그 향방을 보여준다. 정치적 가치는 다른 사회 구성원과의 관계와 관련된 더 큰 가치들과 조화를 이루는 것으로, 이 가치들은 2부에서 논의한 것처럼 유입국과 유출국이 현저히 다르다. 대체로 고소득 국가의 사회규범은 번영에 더 기여하며, 따라서 제한적 결론이지만 중요한 맥락에서 이들 국가의 규범이 더 우월하다. 어찌됐든 이주를 고민하게 만드는 것은 소득 증대 가능성이기 때문이다. 그렇다면 순기능적 사회규범은 민주적 정치 참여라는 규범과 같은 경로로 유출국에 퍼지는 걸까? 출산 계획에 관한 새로운 연구 결과가 정확히 이 질문에 답해 준다. 부유국과 빈곤국의 확연한 사회적 차이 중 하나는 바람직한 가족 규모다. 이주자들의 고소득 사회 체험은 가족 규모를 사회에서 선호하는 크기로 줄일 뿐 아니라 고국에 있는 사람들의 태도에도 영향을 준다.[8] 물론 규범의 전파라는 이 바람직한 과정은 이주자 자신이 새로운 규범을 수용할 만큼 유입국에 동화되었는가에 달려 있다.

출신국의 부패한 정부는 반정부적 디아스포라에게 받아 마땅한 압박을 받는 듯 보이지만, 그렇다고 모든 디아스포라의 압박이 정당하지는 않다. 사실 정부들은 대부분 디아스포라를 갈등을 조장하는 극단적인 정치적 저항의 온상지로 여긴다. 정부들이 느끼는 두려움은 단지 상상이 아니다. 디아스포라는 고국에서 탄압을 받으며 불만을 품어온 소수 인종 출신으로 구성되는 경우가 많다. 최악의 경우 고국의 현실을 모른 채, 유입국에서 차별화된 정체성을 드러내려고 이미 과거가 된 현실에 계속 불만을 품고 사는 디아스포라도 있다. 이들은 자신들이 상상해낸 정체성에 대한 연대의 표시로 고국의 가장 극단적 세력에게 자금을 대거나 그들의 활동을 지원한다. 이에 대한 참혹한 사례로 북미와 유럽에 있는 타밀족 디아스포라가 스리랑카의 타밀 호랑이, 스리랑카 싱할라족 정부에 대항하는 무장단체-옮긴이 분리주의 반군을 지원하는 것을 들 수 있다.

스리랑카 타밀족은 디아스포라의 활동으로 더 좋지 않은 상황에 놓였다. 이는 분명 부패한 정부로부터 도망칠 수 있는 안전한 피난처의 존재가 유익하지 못한 경우다. 전형적인 악정 국가였던 러시아의 차르 체제는, 스위스에 안전하게 피신해 있던 레닌이 돌아오면서 민주주의로의 이행 가능성이 좌절되었다. 마찬가지로 프랑스에 안전하게 피신해 있던 아야톨라 호메이니Ayatollah Khomeini가 이란으로 돌아왔지만 평온하고 이성적인 시대의 막이 올라가지는 못했다. 이러한 극단적 사례로 볼 때 정부들이 디아스포라를 두려워하는 것은 당연하며, 더 일반적으로 이주자들을 뿌리치는 정책들의 바탕에는 이들의 성공에 대한 분노 비슷한 심리가 깔려 있는 듯 보인다. 일례로, 엄청난 잠재적 자산인 디아스포라를 갖춘 아이티의 경우, 이주자에게 이중시민권 부여를 거부해왔다. 정부들은 디아스포라라는 자산을 종래의 국부 펀드처럼 신중히 다뤄야 한다는 사실을 아주 서서히 깨닫고 있다. 디아스포라의 잠재성은 국부 펀드보다도 크다. 상당한 금융자본을 쥐꼬리만 한 금리로 해외에 예치해봤자 이는 빈곤국에게 거의 무의미하지만, 디아스포라가 있으면 정부는 상당한 인적자본을 해외에 두게 된다. 따라서 정부는 이 자산을 제대로 활용할 계획을 세워야 한다.

자산으로서의 디아스포라는 특히 내전 이후의 국면에서 중요하다. 내전은 보통 수년 동안 이어지며 그 사이에 고학력 젊은이들이 해외로 빠져나간다. 정치적 불안정과 종교적 분쟁 모두 이주를 부채질한다.[9] 부富 또한 파괴되지 않으려고 달아난다. 따라서 분쟁에서 벗어날 무렵이면, 그 사회의 인적자본과 금융자본 중 상당수가 해외로 도피해 있다. 두 자본을 모두 불러들이는 것은 힘든 일인데, 둘은 서로 연관이 있기 때문이다. 즉 이주자들은 돌아올 때 집을 짓고 사업을 하기 위해 자신의 부도 갖고 들어온다. 분쟁 이후 국면에서 숙련 인력의 부족은 보통 놀랄 만큼 심각하다. 일례로 우간다의 이디 아민Idi Amin은 잔혹한 통치로 약 50만 명의 사람들을 학살하면서 의도적으로 식자층을 표적으로 삼았다. 분쟁 이후 국면에서 우간다의 우선순위 중 하나는 교육 수준을 회복하는 것이었다. 우간다의 디아스포라를 물색해본 결과 47명의 박사학위 소지자가 남태평양에 살고 있었다. 그중 한 명이 우간다 최초의 두뇌 집단을 운영하는 일에 설득되어 고국으로 돌아왔다.

우간다의 사례에서 알 수 있듯이, 유출국 정부는 숙련 인력의 귀국을 설득할 여지를 어느 정도 가지고 있다. 또한 유입국의 이주 정책 역시 분쟁 이후 국면에서 안정을 촉진할 여지가 있다. 고소득 국가들은 분쟁 이후의 성공적인 사태 수습에 명백한 이해관계가 있다. 최근 수십 년 동안 내전을 치른 국가들에 대한 지원 비용이 대폭 늘었기 때문이다. 역사적으로 이들 국가 중 절반 정도가 다시 폭력적으로 돌아섰으므로, 만약 이주 정책이 도움이 된다면 이를 추진하는 것이 합리적이다. 그렇지만 내전을 치른 국가들이 일단 평화를 찾은 후에 이들 나라에서 오는 이주를 고소득 국가들이 엄격히 제한한다면 내전 때 고국에서 빠져나온 사람들은 귀국이라는 모험을 감행하려 들지 않을 것이다. 유사시에 다시 이주가 가능할지 확신할 수 없기 때문이다. 따라서 분쟁 이후 국면에 도움이 될 이주 정책은 분쟁이 일어날 동안 채택하는 것이 시기상 적절하다. 구제 의무라는 관점에서든 그 나라의 인적 자원을 폭력으로부터 보호한다는 입장에서든 분쟁 기간에는 이주 정책이 예외적으로 너그러워야 한다. 숙련도와 가족관계라는 종래의 기준보다는 인간적 요구와 인권을 우선시하는 기준을 앞세워야 한다. 또한 유입국에 머무는 거주권은 분쟁 기간과 연계할 수 있을 것이다. 만약 고국에 평화가 찾아와 거주권이 소멸되면, 이주자들은 심리적으로든 사회적으로든 더욱 준비된 자세로 귀국을 받아들일 것이다. 송금액이 늘어나는 것도 그러한 사례에 속한다. 유입국에서의 거주 기간이 만료되면 이들은 내전을 치른 고국에 상당한 전문성과 자금을 제공하게 될 것이다.

이주와 인재 창출의 관계

이주가 통치 수준에 영향을 주는 경로 중 하나가 정치적 압력이라면, 또 다른 경로는 유능하고 능력 있는 인물을 배출하는 것이다. 작고 빈곤한 사회는 교육된 인력을 이주로 잃는다.[10] 공공정책을 책임질 핵심 인재들이 빠져나가기도 한다. 그렇지만 소수의 핵심 인재들이 해외로 나가 필수적 경험을 쌓고 돌아온다면 인력은 보강될 것이다. 이들이 택하는 경로의 특성상, 고국에서 훌륭한 지도자가 될 수 있었는데도 고국을 떠나는 사람들의 사례는 알 수 없다. 내가 선호하는 적절한 사례는 티잔 티엄Tidjane Thiam이다. 그는 코트디부아르에서 경제개발부 장관을 지낸 사람으로, 쿠데타가 터지자 고국을 떠났다. 영국에서 뛰어난 재능을 보인 그는 경쟁이 극심한 국제 비즈니스계에서 샛별로 떠오르더니 유럽 최대 보험회사의 CEO가 되었다.

이처럼 신빙성 있는 심각한 리더십 손실 사례가 있긴 하지만, 이보다 훨씬 놀라운 사실은 작고 빈곤한 나라의 유능한 대통령과 재무장관, 중앙은행장 중 학생 신분으로든 장기 체류자로든 해외에서 한동안 살았던 사람이 압도적으로 많다는 점이다. 노벨상 수상자인 라이베리아의 대통령 설리프Sirleaf, 기니의 첫 민선 대통령 콩데Condé, 코트디부아르를 복구 중인 전문기술 관료 출신의 대통령 와타라Outtarra, 매우 존경받는 나이지리아의 재무장관 오콘조 이웨알라Ngozi Okonjo-Iweala 이들 모두가 고국에 필요한 귀중한 경험을 외국에서 쌓았다. 1990년 현재 개발도상국 정부 수반들 중 3분의 2 이상이 외국에서 유학했다.[11] 작고 가난한 나라들의 지도자 집단에서 이주자 출신이 이처럼 압도적이라는 사실은 이주의 순효과가 분명 긍정적임을 암시한다. 즉 이주를 통해 이들 나라는 더 많이 배운 지도자를 얻게 된 것이다.

여기서 또 다른 질문이 나온다. 리더십에서 교육이 중요한가라는 질문이다. 무가베 대통령은 독립투쟁 기간 동안 여러 개의 학위를 받았고 그의 각료들 역시 고학력자들이었지만, 그렇다고 악정을 피하지는 못했다. 반면 짐바브웨는 예외적 나라로 보인다. 티모시 베즐리, 조세 몬탈보, 마르타 레이널 퀘롤이 리더십 성과에 미치는 교육의 효과를 연구한 결과, 교육이 중요하고 또 매우 유익한 효과를 준다는 사실을 밝혀냈다.[12]

따라서 우리는 이미 교육받은 자들의 해외 이주는 그 정치적 효과가 모호한 반면 유학을 위한 해외 이주는 유익한 효과를 준다고 예상할 수 있다. 안토니오 스필림베르고Antonio Spilimbergo의 최근 연구는 이에 대한 설득력 있는 근거를 제시한다.[13] 그는 유네스코가 전 세계적으로 수집한 1950년대 이후 해외 유학생에 관한 방대한 자료를 이용해, 유학생들이 유학 시절 겪은 정치체제 경험과 이후 고국의 정치적 발전 사이에 어떤 관계가 있는지 조사했다. 그 결과 해외 유학을 다녀온 사람들은 그 수에 비해 압도적인 영향력을 지속적으로 끼친다는 사실을 알아냈다. 인생 후반에 해외에서 공부하고 온 사람들이 고국에 돌아와 영향력 있는 인사가 된 것은 분명한 사실이다. 그렇지만 중요한 것은 교육 그 자체가 아니다. 비민주적 나라에서 공부하고 온 학생들은 민주적 압력을 행사하지 않았다. 유입국이 민주적 사회일수록 이후 민주화를 향한 영향력이 강해진다. 이 결과가 작동하는 정확한 경로는 연구가 더 필요하겠지만, 스필림베르고가 주장하는 것은 개인의 정체성이라는 경로다. 2장에서 소개한 애커로프와 크랜톤은, 직원들에게 회사 조직과 하나된 정체성을 불어넣는 효율적 회사의 경우처럼 민주 사회에서 받은 교육도 국제적인 민주 공동체와 일치된 정체성을 심어줄 수 있다고 주장한다.[14] 유학 과정에서 이들은 자신들의 규범을 민주 사회의 기준에 맞게 재설정하고 이 규범들을 고국에 갖고 들어온다.

만약 교육이 리더십 수준을 높인다면, 그리고 빈곤국에서 온 학생들에게 고소득 민주국가가 교육을 통해 민주 정의라는 가치를 알게 해준다면, 미래의 지도자가 고소득 민주국가에서 교육받을 경우 이들의 리더십은 두 가지 면에서 유익해 보인다. 하나는 지도자로서 교육받는다는 것이고 다른 하나는 민주정의라는 가치를 흡수한다는 것이다. 이는 어디까지나 가설이지만 이론적으로 검증 가능하다. 다만 수백 명에 달하는 지도자들의 개인사에 대한 힘겨운 자료 수집이 필요하다. 다행히 이러한 사실을 뒷받침해주는 새로운 연구가 있다. 바로 매리언 메르시에의 연구다.[15]

따라서 이 모든 사실을 종합해보면, 최하층 10억이 사는 전형적 국가에서 이주로 교육받은 인구가 빠져나간다 해도, 이주 덕분에 고위 공직자 자리에 해외 유학파와 이주 경험이 있는 인물들을 앉힐 수 있으며 따라서 통치 수준은 현저히 개선된다.

이주는 민주화 압력과 지도자 배출을 통해 통치에 유익한 효과를 주지만 이는 이주가 갖는 다양한 영향력 중 하나일 뿐이므로 그 중요성을 지나치게 과장해서는 안 된다. 이라크 침공 이후 사태 수습 과정에서 정치적 디아스포라를 중요하게 여긴 것은 결정적 오판 중 하나였다.

카보베르데와 에리트레아 이 두 나라는 매우 큰 디아스포라를 갖춘 아프리카 국가들이다. 두 나라의 많은 이주자가 서구에, 그중에서도 미국에 몇십 년에 걸쳐 건너갔다. 그리고 두 나라 모두 디아스포라가 고국의 정치에 깊숙이 개입했다. 카보베르데 정부는 주기적으로 보스턴을 방문했는데, 이곳은 카보베르데인이 전 세계 어느 지역보다 많이 모인 곳이다. 그리고 에리트레아인이 모여 있는 워싱턴 DC 역시 에리트레아 정부가 정기적으로 방문한다. 그렇지만 통치 형태 면에서, 카보베르데와 에리트레아는 전혀 다르다. 아프리카인이 관장하는 포괄적 정치 평가 제도인 모 이브라힘Mo Ibrahim 정치 안정 지수로 보면, 카보베르데는 주기적으로 높은 점수를 받았다. 2011년에 은퇴한 대통령은 모 이브라힘 리더십 상을 수상하면서 500만 달러를 상금으로 받았다. 한편 에리트레아는 주기적으로 낮은 점수를 받았다. 이 나라는 심각한 독재정권으로 권력이 대통령에게 집중돼 있고, 필사적으로 고국을 떠나려는 젊은층은 군대에 집단으로 징집된다.[16] 미국으

로 보내는 이주자가 똑같이 많아도 이렇게 정반대인 통치 스타일
이 공존한다면, 이주가 변화를 낳는 매우 강력한 동인은 아닐 것
이다.

9장
움직이는 사람과 돈

이주는 남겨진 사람들에게 간접적인 정치적 효과뿐 아니라 직접적인 정치적 효과도 준다. 이 현상을 묘사하는 가장 흔한 표현은 '두뇌 유출'이다. 가장 총명하고 야심차며 고학력자인 사람들이 그 사회를 빠져나간다는 것이다. 그렇지만 규범적 힘이 큰 표현을 성급하게 붙이면 안 된다. '두뇌 유출'이라는 표현은 가장 유능한 인력의 해외 이주가 그 사회에 전반적으로 불리한지 유리한지에 대한 논의를 사전에 차단하기 때문이다.

'두뇌 유출'은 타당한 우려인가

언뜻 보기에 두뇌 유출

에는 아무 쟁점도 없어 보인다. 가장 유능한 인력은 각 사회의 자산이기 때문이다. 능력으로 얻는 이득 대부분이 유능한 인력에게 돌아가더라도, 이들의 생산성은 일부 다른 이들에게도 전파된다. 생산 과정에서 고학력 인력은 저학력 인력의 생산성을 끌어올리고 이에 따라 저학력 인력의 임금도 오른다. 게다가 고소득자들은 세금도 더 많이 내는데, 그 돈은 모두에게 유익한 공공재 조달에 쓰인다. 따라서 이주로 인해 한 사회에서 유능한 인력이 줄어들면, 능력이 부족한 사람들은 불리해질 것이다. 이로써 쟁점이 사라지는 것 같지만 그렇지 않다. 핵심 질문은 유능한 인력이 이주하면 실제로 그 사회에 남은 총 인재의 수도 줄어드는지다.

물론 직접적으로는 유능한 인력 한 명이 해외로 이주하면 그 사회의 인재가 한 명 줄어든다. 그렇지만 능력은 주로 타고나지 않는다. 특히 높은 생산성이라는 능력은 유전자로 전달되지 않는다. 이는 교육과 노력으로 만들어진다. 교육은 이주처럼 일종의 투자다. 그리고 노력은 말 그대로 노력을 요한다. 우리는 가급적이면 노력 없이 편히 살려는 습성이 있다. 비록 자존심 때문에 이러한 태도를 포장하겠지만 말이다. 나는 집단 빈곤에 갇혀 방대한 잠재력이 이용되지 못한다는 사실을 깨달으면서 최하층 10억을 연구하게 되었다. 총명했던 나의 아버지는 열두 살 때 학교를 그만뒀고 이후 1930년대 대공황을 온몸으로 겪었다. 즉 아버지는 인생에서 아무런 기회도 얻지 못했다. 나는 이들 최하층 국가에서 우리 아버지가 겪었던 인생의 좌절을 수없이 목격했다. 이때 이주 가능성은 인생의 기회를 극적으로 열어주는데, 이는 이주자뿐 아니라 가족 모두에게 해당한다. 많은 경우 이주가 이주자 혼자가 아닌 온 가족이 내리는 결정이었음을 떠올려보자. 이주는 가족에게서 탈출하는 것이 아니라 가족 차원의 기회를 확대하는 더 큰 전략의 일부라 할 수 있다. 다른 가족들 입장에서 보면 이주는 보통 장기간의 송금이나 또 다른 이주 기회로 충분한 보답이 돌아오는 투자다. 부모들은 온 가족이 누릴 수 있는 좋은 기회를 얻으려면, 자녀들이 학교에 다니면서 학교 생활에 충실해야 한다는 점을 잘 안다. 소득이 낮은 가정에게 학교 교육은 비용 부담이 크다. 저널리스트 로저 서로우Roger Thurow는 케냐의 전형적인 어머니들이, 손수 기른 식량을 식구들의 밥상에 올려야 하는지 아니면 이를 팔아 학비를 마련해서 아이들의 퇴학을 막아야 하는지를 놓고 매일 고민한다는 가슴 뭉클한 사연을 전했다. 학교 교육은 돈이 많이 들 뿐 아니라 노력이 있어야 결실을 맺는다.[1] 대다수 부모는 자녀에게 더 열심히 공부하라고 설득하고 강요하는 일상에 익숙할 것이다. 그렇지만 이주 가능성은 엄연히 위험 부담이 따르는 투자다.

이주 가능성이 높을수록 교육과 노력에 따른 보상도 커진다. 따라서 이주가 한 사회에서 이용 가능한 인재의 수에 미치는 영향은 한 가지가 아닌 두 가지라 할 수 있다. 인재를 줄이는 직접적 효과와 인재를 늘리는 간접적 효과다. 간접적 효과는 부정적인 직접적 효과를 단지 완화하는 정도로 보일 것이다. 어찌됐든 자녀를 이주시키기로 결심하면 자녀들의 잠재력을 활용하려는 부모의 교육열이 더욱 뜨거워지기 때문이다. 자녀들이 실제로 이주를 가면 이를 상쇄하는 인력 충원은 없다. 그렇지만 이주를 가로막는 장벽들이 다양하기 때문에 기를 쓰고 교육의 사다리를 올라가도 이주에 실패하는 우등생들이 많다. 이들은 본의 아니게 고국에 남아 인재의 수를 늘리게 된다. 이는 저축과 복권의 성격을 겸하는 영국의 프리미엄 채권Premium Bonds, 원하는 액수만큼 저축하고 저축액에 비례해 복권 번호를 받으며 이자 대신 추첨으로 당첨금을 지급받는 채권. 따라서 번호를 많이 가지면 당첨 확률도 높다—옮긴이과 비슷하다. 이 채권은 언제든 원금을 돌려받을 수 있는 안전한 자산이다. 이 채권을 갖고 있는 한 매달 복권에 당첨될 가능성, 즉 프리미엄이 있다. 복권 당첨 가능성은 저축의 이자 수익을 높이므로 프리미엄 채권을 구입하는 사람들이 매우 많다. 채권 소유자 중에 단 한 번도 당첨이 되지 않은 사람들이 압도적으로 많지만, 사람들은 그래도 꾸준히 저축한다. 따라서 이주를 기대하며 교육에 투자했지만 아쉽게도 이주하지 못한 인력들이 직접적인 인재 손실을 상쇄하고도 남을 가능성이 높다.

전통적인 경제학에서 이주의 이러한 효과는 확률적으로 존재한다. 즉 교육을 받는 것은 더 나은 삶을 위해 구입하는 복권과 비슷하다. 그렇지만 확률과 무관한 또 다른 메커니즘이 작동할 수 있다. 바로 성공한 이주자를 본보기로 삼는 것이다. 언뜻 이는 앞서의 내용과 별 차이가 없어 보이지만 깊이 분석해보면 케인스의 주장으로 이어진다. 케인스는, 사람들은 다루기 힘든 복잡한 상황에 놓이면 경험 법칙을 제공하는 담론에 기댄다고 주장했다. 현재 근대 심리학에서 행동에 강력한 영향을 준다고 보는 롤모델 모방하기는 바로 이러한 담론이 확장된 경우다. 즉 롤모델을 인생의 지침으로 삼는 것이다. 성공한 이주자들은 유명 축구선수처럼 막대한 영향력을 끼칠 수 있다. 롤모델을 모방하는 사람들은 성공 확률을 계산하지 않으며 계산할 경우 보통은 실망한다. 이들이 끌리는 것은 인생을 대하는 태도다.

두 개의 메커니즘은 대체적이지 않다. 비록 경제학자들은 케인스의 분석을 금융시장에 대한 설명으로 수용하지 않지만, 일반 사람들이 이주 결심을 하는 과정에 대한 설명으로 볼 때 두 종류의 행동은 분명 공존한다.[2] 이주가 직접적으로 인재의 수를 감소시키더라도 간접적으로는 동기 부여를 하고 영향력 있는 롤모델을 배출해 새로운 인재의 유입을 늘린다.

이주 가능성이 인재의 유입을 늘린다는 이 묘한 메커니즘은 직접적인 인재 손실을 뒤집기에 충분할지도 모른다. 그렇지만 인재의 증가는 전적으로 교육에 대한 '수요'가 높아야 가능하다. 인재의 공급에 변화를 주는 또 다른 메커니즘이 있다. 모든 정부는 공립학교와 공립대학을 통해서 교육에 지출을 한다. 공적 지출이 차지하는 비중은 나라마다 다르지만, 극빈국의 경우 보통 공적 지출의 비중이 압도적이다. 해외 이주는 교육 지출에 대한 정부의 동기를 바꾼다. 사람들이 이주하면 교육의 사회적 편익이 거의 확실하게 감소하므로 이는 공적 보조의 근거를 약하게 만든다. 이를 상쇄하기 위해 정부는 이주자들이 보내는 송금에서 이득을 챙긴다. 따라서 잠재적으로 정부는 교육에 쏟는 공적 자금을 미래의 송금에 대한 투자로 생각할 수 있다. 그렇지만 정부의 반응을 측정한 연구들에 따르면 보통 교육 예산이 줄어든다고 한다.

이주가 인재의 공급에 미치는 전반적인 여파는 직접적 손실, 부모들의 교육 열기, 정부의 교육비 지출 감소 등으로 복합적이다. 그렇지만 초반에는 언제나 불리한 효과가 먼저 나타난다. 즉 인재의 수가 나중에 회복되더라도 처음에는 줄어든다. 경제학에서 이러한 효과를 측정할 수 있게 되었고, 이는 더 이상 매력적인 이론으로만 존재하지 않게 되었다.[3] 실제 추정한 효과는 나라마다 다르다. 이득을 보는 나라도 있고 손해를 보는 나라도 있다. 결정적인 사실은 초반에 집단 탈출이 대규모로 일어나면 인력의 회복이 힘들어진다는 점이다. 대규모 이주는 대규모 디아스포라를 만들어 다시 이주의 속도를 높이는데, 이는 2부에서 논의한 내용 그대로다. 매우 가난한 나라들은 대개 크기가 작으며, 나라의 크기는 이주율과 관련해 결정적이다. 즉 작은 나라들이 큰 나라들보다 이주율이 압도적으로 높다. 따라서 초기 효과를 뒤집는 강력한 효과가 생기지 않는 한 큰 나라들은 순이득을 얻고 작은 나라들은 순손실을 입는 경향을 보인다.[4] 게다가 초반에 인재들이 대거 빠져나가면, 이는 다시 남겨진 사람들의 임금에 영향을 줄 뿐 아니라 기술 혁신을 일으키고 신기술을 채택하는 그 나라의 경제적 역량에도 영향을 준다. 극빈국은 다른 나라를 따라잡아야 하는데 이주 때문에 그 적임자들이 빠져나간다.[5]

인구가 1,000만 명 정도인 아이티는 교육받은 인구의 85퍼센트를 잃었다. 이러한 인재의 높은 이주율은 어느 정도 예견된 것이었다. 아이티는 힘겨운 역사와 계속된 악정으로 삶의 기회가 축소되었으며, 고용 기회가 세상에서 가장 많은 아메리카 대륙 본토와 지리적으로 인접해 있기 때문이다. 결국 북미에 거대한 아이티 디아스포라가 존재하면서 이주는 자연스럽게 현실적인 열망이 되었다. 아이티가 85퍼센트의 인력 손실을 상쇄하려면, 이주 가능성으로 재능 있는 인력의 공급이 일곱 배 정도 늘어나야 한다. 그렇지만 실제 인재 공급이 이보다 훨씬 적으므로 아이티의 인력은 이주로 인해 갈수록 줄어들고 있다. 이주가 인력에 미치는 효과를 다룬 실증연구 중 최근 자료에 따르면, 2000년 당시 아이티는 전반적으로 이주로 인해 가장 큰 손실을 본 나라 중 하나로 보인다. 아이티에 이주가 없었다면 교육된 인력이 지금보다 13만 명 정도 더 많았을 것이다. 수년간 아이티를 위해 열정적으로 애써왔고 특히 아이티의 지진 참사 이후 헌신적 모습을 보인 클린턴 전 대통령은 이 상황을 정확히 묘사했다. 그는 아이티의 대량 이주가 미국에는 축복이었지만 이로 인해 아이티가 무수한 인재를 잃었다며 애석해했다. 그는 아이티의 고등교육이 확장되길 바랐는데, 그것이 손실된 인력을 충원하면서 동시에 이주 자격이 없어서 고국에 머무는 젊은이들을 교육하기 위한 방법이라 보았기 때문이다.

결국 거의 모든 작고 빈곤한 나라에게 이주는 손해다. 어느 정교한 최신 연구에 따르면 이기적 동기로 감행한 이주 때문에 전반적으로 손해를 본 나라가 22개국에 달한다고 한다.[6] 이들 나라에서 해외 이주를 제한한다면 유익한 효과를 얻겠지만 그러한 조치는 당연히 현실성이 없고 윤리적이지도 않다. 이런 나라들은 대개 아프리카 대륙에 몰려 있다. 이들 국가 중 아이티처럼 수십 년째 침체 상태인 나라는 당연히 인력을 잃었다. 라이베리아, 시에라리온, 말라위, 짐바브웨, 잠비아, 기니비사우, 모잠비크, 아프가니스탄, 라오스가 바로 그런 나라들로, 최하층 10억이 살고 있는 나라 명단과 일치한다. 더욱 우려스러운 점은 이들보다 성공한 작은 개발도상국들 역시 순손실을 입었다는 점이다. 가나, 우간다, 베트남, 모리셔스, 자메이카가 바로 그런 나라들이다. 이들 나라는 성공만으로는 인재를 붙잡기에 역부족인 것으로 보인다. 자메이카의 경우 숙련 인력의 14퍼센트를 잃은 것으로 추산된다. 반면 중국, 인도, 브라질, 인도네시아, 방글라데시, 이집트 등 덩치가 큰 몇몇 국가는 전반적으로 인재가 늘었다. 이주 가능성은 교육에 대한 투자를 높이는 반면 실제 떠나는 이들은 상대적으로 적다. 큰 나라들이 누리는 유익한 효과는 작은 나라들이 겪는 부정적 효과에 비해 압도적으로 작다. 하지만 큰 나라들이 상황을 주도한다. 큰 나라들은 자신들이 얻는 미미한 이득을 작은 나라들이 입는 심각한 손실보다 훨씬 중시하기 때문이다.

해외 이주로 인재의 공급을 늘릴 수 있는 또 다른 방법은 귀환이다. 일부 이주자들은 고국으로 돌아와 일한다. 돌아온 이주자들 중에는 유입국에서 기대만큼 성과를 내지 못한 이들도 있을 것이다. 이들은 유입국에서 어느 정도 직장 생활을 하다가 실직해 고국으로 돌아온다. 비록 출세하지는 못했어도 이주국에서 일한 경험 덕분에 이들에게는 연륜과 기술이 있다. 이들은 생산성이 높은 경제권에서는 능력이 부족한 인력이었을지 몰라도 고국의 입장에서 보면 생산적 인력이다. 귀국하는 이주자 중 또 다른 부류는 해외 유학파다. 중국의 경우 귀국한 유학생들이 매우 중요하다. 중국이 서구의 기술을 빠른 속도로 흡수할 수 있었던 것도 상당 부분 중국 유학생들이 서구에서 교육받으며 습득한 지식 덕분이었다. 그렇지만 귀국한 유학생의 규모는 유학을 떠난 젊은층의 숫자뿐 아니라 귀국한 유학생의 비율에도 달려 있다. 중국은 유학생 귀국률이 매우 높은 나라여서 이주로부터 상당한 이득을 얻었다. 그러나 고국의 상황이 어려울수록 유학생들은 귀국을 꺼린다. 눈부신 성장을 이룬 중국은 고국에 돌아가도 장래성이 있다는 확신을 유학생들에게 심어주었다. 그래서 유학생들이 돌아와 세상에서 가장 빠른 경제 성장에 동참하고 있다. 아주 최근까지도 아프리카인들은 귀국을 꺼리는 분위기였는데, 선진 경제권에 비해 자국의 미래가 몹시 암울해 보였기 때문이다. 사실 극빈국은 재능 있는 해외 유학생들에게 매력적인 거주지로서 선진국과 경쟁하기는 힘들다. 봉급이 생산성에 비례하더라도, 다시 말해 그 사회 내에 상당한 임금 격차가 있더라도 고소득층이 누릴 만한 공공재와 사적 재화가 턱없이 부족하기 때문이다. 그런데도 많은 유학생들이 고국에 돌아오기도 한다. 예를 들면 아프리카 대학 강단에 서는 사람들 대부분은 서구 대학에서 학위를 받고 온 사람들이다. 이들이 없으면 아프리카 대학들은 무너질 것이다. 마찬가지로 대통령 비서실과 재무부에 있는 핵심 인사들도 외국에서 교육받은 인력이다.

이주 가능성을 교육이라는 측면에서 살핀 것처럼, 귀국 결심도 이해타산과 롤모델 모방이라는 측면에서 살펴볼 수 있다. 물론 중국과 아프리카로 돌아오는 것에는 보상에 차이가 있다. 하지만 이는 담론의 차이로 증폭되는 면도 있다. 눈부신 경제 성장을 이룬 중국에서는, 서구에서 받는 전문교육은 중국에서 기회를 잡기 위한 발판일 뿐이라는 담론이 쉽게 뿌리내렸다. 즉 유학은 국내 성장을 열어주는 서막인 것이다. 반면 아프리카는 이주했다가 귀국하는 사람들을 전부터 서구에서 실패한 사람으로 취급했다. 이러한 담론이 뿌리내리면 여기서 생긴 롤모델이 자체적인 생명력을 지니면서 객관적 합리성에서 벗어난 결정을 유도한다.

작고 가난한 나라들에게는 이 모든 이야기가 다소 절망적으로 들릴지도 모르겠다. 남겨진 자들은, 현실 가능성 없는 이주를 꿈꾸며 받는 교육, 선진국에서 귀국하길 거부하는 이주자들, 소수에 불과한 귀국 유학생이라는 현실을 받아들여야 한다. 상황이 이렇다면 최하층 10억이 처한 현실은 매우 암담하다. 한편 디아스포라는 그 자체로 성장을 유도하지는 않지만 다른 요건들이 갖춰지면 성장을 이끄는 좋은 동력이 될 수 있다. 현재 몇몇 아프리카 국가는 자원의 발견으로 급속한 경제 성장을 시작했다. 자원에 기댄 성장이 『약탈당하는 지구』에서 논한 것처럼 지속되기 힘든 경우가 많긴 해도, 자원은 디아스포라를 다시 끌어들이는 계기가 될 수도 있다. 여기에 인재의 유입이 추가되면 성장의 장애물이 결정적으로 사라지면서 꾸준한 성장이 가능하다. 거대한 디아스포라는 일단 조건이 갖춰지면 고국이 이용할 수 있는 잠재적 자산이다. 현재 이러한 인간판 국부 펀드가 주목받고 있다.

이런 상황에서 '두뇌 유출'을 우려하는 곳은 어디일까? 집단으로 볼 때 개발도상국은 두뇌 유출에서 얻는 이득이 손실을 능가하므로 두뇌 유출을 우려하지 않는다. 그렇지만 '개발도상국'이라는 범주는 이제 진지하게 받아들일 필요가 없다. 중국, 인도를 비롯한 많은 국가들이 고소득 국가로 빠르게 수렴해가고 있기 때문이다. 국제적 관심이 꾸준히 필요할 만큼 빈곤문제가 심각한 곳은 부족한 인재의 순손실을 두드러지게 겪어온 작고 가난한 나라들이다. 이들 나라의 디아스포라가 만들어지면 해외 이주율이 늘어날 가능성이 높다. 이들 사회는 안타깝게도 '두뇌 유출'에 여전히 신경을 써야 한다.

직무 동기를 잃다

지금까지는 교육만을 고려했다. 이는 중요하기는 하지만 인력의 생산성에 대한 좁은 관점이다. 2장에서 직원이 조직의 목표를 내면화했는지에 따라 생산성이 달라진다는 사실을 소개했다.[7] 배관공의 경우 좋은 배관공을 자아 정체성으로 삼았기 때문에 자기 일에 충실한 것일까? 교사의 경우 좋은 선생을 자아 정체성으로 삼았기 때문에 학교에 나오고 교수법을 개선하는 것일까? 더 일반적으로, 노동자들은 몸담은 조직에서 '내부자'를 자아 정체성으로 삼을까 아니면 '외부자'를 정체성으로 삼을까? 다른 행동들처럼 직무 태도 역시 모방이 가능하다. 보통 직무 태도가 긍정적인 사람들이 이주를 택하는 경향이 있다. 이들은 자신의 능력을 발휘할 수 있는 효율적 조직으로 이직하길 원하기 때문이다.[8] 이는 다시 남겨진 사람들에게 영향을 준다. 능력 있는 교사들은 이주했으므로 교실에 남은 교사들은 비효율적인 사람들이다. 젊은 교사들과 교류하고 조직이 원하는 규범을 정하는 사람들은 이들 비효율적 교사들이다. 본보기로 삼을 만한 '내부자'가 줄어들면 남은 노동자들은 자신의 정체성을 '외부자'로 규정할 가능성이 높다. 노벨상 수상자인 조지 애커로프와 레이첼 크랜톤은 모형을 세워 이러한 효과를 예측해보았다. 연구 결과 '내부자'들이 선별적으로 이주할 경우, 남은 자들은 내부자가 되기 위해 더 큰 노력이 필요했다. 그런 노력은 이들을 조직에서 튀는 존재로 만든다. 한편 자신을 내부자로 인식하는 사람이 줄어들면서 남겨진 사람들의 생산성은 하락한다.[9]

이들의 모형이 빈곤국에서 검증되지는 않았지만, 앞서의 결과를 뒷받침하는 몇 가지 연구가 있다. 그중 에티오피아의 실습간호사들을 대상으로 실습 직후의 직무 동기와 3년 후 정부병원에서 근무할 때의 직무 동기를 비교한 연구가 있다.[10] 연구 결과, 간호사로 경력을 쌓기 전에는 대다수의 젊은 인력이 당연히 플로렌스 나이팅게일을 꿈꿨다. 즉 이들에게는 환자를 치료하겠다는 강한 의욕이 있었다. 그로부터 3년 후 이들의 직무 태도는 배정받은 병원의 전반적 분위기에 물들어 있었고 냉소적이며 부패한 모습까지 엿보였다. 이 연구는 이주에 대해 말해주는 바는 없지만, 직장의 내부자와 외부자 비율에 따라 젊은 인력이 둘 중 하나를 선택한다는 애커로프와 크랜톤의 예측을 뒷받침해준다. 한편 가난한 곳에서 부유한 곳으로 이동한 경우를 살핀 연구도 있다. 이는 아프리카계 미국인이 압도적인 도시 빈민가에서 백인들이 많이 거주하는 미국의 다른 지역으로 고학력 아프리카계 미국인이 이동한 사례를 연구했다.[11] 연구 결과, 이들 빈민가가 가난에서 빠져나오지 못하고 역기능적 상황이 계속 되는 이유는 주로 중산층 흑인이 집단으로 빠져나갔기 때문이었다. 물론 이주 가능성이 교육에 대한 투자를 유발하는 것은 분명했다. 그렇지만 빈민가는 두뇌유입이 있더라도 그 효과를 상쇄하고도 남을 만큼 외부자 태도가 완고했다. 생산성은 교육이 직접적으로 결정하는 것이 아니라 교육받은 사람들이 어떤 태도를 보이는가가 결정했다.

내부자 태도를 보여주는 롤모델 상실이 빈곤국에게 중요한 문제일까? 그 답은 알 수 없지만 이 질문을 두 가지로 나눠볼 수 있다. 하나는 외부자적 직무 태도가 이들 사회에 중요한 문제인가라는 것이고, 다른 하나는 이주가 외부자적 태도에 큰 영향을 미치는가다. 상당수 빈곤국의 공공부문에는 외부자 태도가 널리 퍼져있으며, 이러한 공공부문의 규모가 크다. 즉 간호사가 약을 빼돌려 팔고 교사가 수업을 빼먹으며 공무원이 뇌물을 받는 일이 다수의 빈곤국에서 벌어진다. 이러한 조직에도 내부자가 있긴 하지만 이들은 용기 있는 예외자로 비춰지면서 때로 동료들의 눈총을 받기도 한다. 각 나라 상황을 비교해주는 부패지수는 이러한 우려를 뒷받침하는데, 어느 보건부의 일화를 들으면 문제의 심각성이 더 실감날 것이다. 앞서 얘기했듯이 내가 제시하는 일화는 근거가 아닌 이해를 돕기 위한 자료다. 에이즈 치료제인 항레트로바이러스 약제antiretroviral drugs를 원조받게 된 한 나라에서, 보건부의 고위 공무원 하나가 손수 회사를 차려 이 약을 수입했다. 그는 자신의 권위를 이용해 회사를 통해 약을 합법적으로 사들인 다음 보건부에 납품했다. 그렇지만 자신의 지위를 남용한 것도 모자라 극단적인 잘못을 하나 더 저질렀다. 비용 절감을 위해 가짜 약을 들여온 것이었다. 조직의 목표를 내면화하지 못한 그 고위 공무원은 자신의 사리사욕을 채우기 위해 환자들의 집단 사망을 대가로 삼아도 상관없다고 생각한 것이었다. 고위직에 이처럼 극단적인 외부자 태도가 존재하는 상황에서 많은 공공조직에 외부자들이 흔한 것은 당연하다 하겠다. 이들은 일하는 조직에서 외부자일지라도 본인들의 행동을 비도덕적이라고 보지 않는다. 또한 이들은 자기 가족에게는 내부자이므로 부당하게 취득한 돈으로 다른 친척들까지 돕는다. 마찬가지로 아이티 사회에 대한 흔한 비판 중 하나는 사람들이 외부자 태도에 빠져 있다는 점이다. 즉 외부 원조에 수동적으로 의존하고, 자신들이 착취당한다는 과장된 두려움 때문에 제로섬 게임식 담론에 젖어 있다. 따라서 대다수 빈곤한 사회에서는 외부자 태도가 큰 문제라고 볼 수 있다.

미국의 도심 빈민가 사례처럼 이주가 이러한 문제를 크게 부각시킨다고 단정하기는 힘들다. 내부자들이 선별적으로 이직하더라도 대다수 직장은 이직의 규모가 너무 작아서 직무 태도의 균형을 흔들기에 미흡하다. 이러한 메커니즘이 문제되는 집단은 역기능적 조직의 숙련된 상급직일 것이다. 얼마 안 되는 내부자가 계속 떠난 다면, 내부자 태도가 자체적으로 재생산되는 임계점까지 도달하기 가 힘들어질 것이다. 이에 대한 내용은 아직 연구되지 않았다.

이동하는 돈, 송금

작고 가난한 나라의 경 우 이주 때문에 능력 있고 의욕적인 사람들의 순손실을 겪더라도 남겨진 사람들은 이주로 이득을 볼 수 있다. 6장에서 논의한 것처 럼 이주는 보통 이주자와 가족이 함께 결단을 내린다. 그래서 이 주자들은 가족들과 매우 긴밀한 관계를 유지하는데, 이러한 관계 는 구체적으로 송금이라는 중요한 형태로 드러난다. 이주자 중에 는 빈곤국의 시골 출신이 많다. 고국에 남은 가족들 입장에서 중 요한 것은, 이주자가 가는 곳이 고국에서 몇백 킬로미터 떨어진 나이로비의 친척집인지 수천 킬로미터 떨어진 런던의 친척집인지 가 아니라 가족에게 보내는 송금액일 것이다.

그렇다면 이주자들의 인심은 어느 정도일까? 나이로비에 있는 이주자들이 고향인 케냐 시골에 보낸 송금액을 추적한 초기 연구 는 큰 주목을 받았는데, 그 이유는 송금액이 상당했기 때문이다. 이 연구에 따르면 이주자의 소득 중 21퍼센트가 케냐의 시골로 갔다.[12] 이 액수를 기준으로 삼을 경우 국제 이주자들의 인심은 어느 정도일까? 인심 수준은 편차가 크다.[13] 영국으로 간 멕시코 이주자들은 놀랍게도 소득 중 31퍼센트를 고국에 보낸다. 이보다 더 인심이 후한 이주자들도 있다. 워싱턴에 사는 엘살바도르 출신 이주자들은 38퍼센트를 보낸다. 스페인의 세네갈인들은 세계에서 가장 높은 수준인 소득의 50퍼센트를 보낸다. 이탈리아의 가나인들은 25퍼센트를 송금한다. 프랑스의 모로코인들은 소득의 10퍼센트를 고국으로 보내는 한편, 알제리인들은 이보다 조금 낮은 8퍼센트 수준이다. 인심이 낮은 집단은 호주의 중국인과 미국의 필리핀인으로 6퍼센트 정도 보낸다. 한편 세간의 주목을 받는 두 이주집단은 인심이 거의 바닥 수준이다. 독일의 터키인과 미국의 쿠바인의 송금액은 2퍼센트로, 쥐꼬리만큼 보낸다.

이 모든 송금 인심을 합해보면 상당한 금액이 나온다. 2012년 한 해 동안 고소득 국가에서 개발도상국으로 간 송금액은 총 4,000억 달러 정도였다. 이는 전 세계 원조액global aid flows의 약 네 배이고 외국인 직접투자액과 맞먹는 수치다. 그렇지만 이러한 송금 액수에 현혹되어서는 안 된다. 자료의 왜도歪度, 분포가 좌우로 치우친 정도─옮긴이가 심하기 때문이다. 따라서 이는 빈곤국으로 보내는 송금의 중요성을 과장하는 면이 있다. 송금액이 이주자의 소득에서 차지하는 비중을 뜻하는 후한 인심도 그리고 한 나라가 받는 송금 총액도 송금의 영향력을 재는 적절한 기준이 아니다. 송금의 절대 액수로 보자면 매년 500억 달러 이상을 보내는 인도와 중국이 선두 국가들이다. 500억 달러가 중국 입장에서 푼돈은 아니지만 그렇다고 매우 의미 있는 액수도 아니다. 남겨진 사람들 입장에서 송금의 중요성을 파악할 수 있는 가장 좋은 측정법은 송금액을 고국의 소득과 비교하는 것이다. 이처럼 좀 더 현실적인 개념으로 측정하면, 고국 일반 가정의 소득 대비 송금액 규모를 알 수 있다. 전 세계적으로, 고소득 국가에 사는 저소득 국가 출신 이주자들은 고국에서 버는 평균 소득의 5퍼센트 정도를 보낸다. 이는 이주자 한 명당 매년 평균 1,000달러를 보내는 것이다. 그렇지만 두뇌 유출의 경우처럼 평균 개념을 제한적으로 써야 하는데, '개발도상국'이라는 기본 개념이 무의미해졌기 때문이다. 즉 이제 주목해야 할 것은 과거 '개발도상국'으로 불리던 나라들 사이의 편차다.

이주율이 높고 빈곤한 나라의 예로 이번에도 아이티를 들어보자. 아이티는 두뇌 유출이 매우 높은 나라다. 교육받은 인구가 너무 많이 빠져나가면서 아이티는 교육열이 뜨거운데도 인재의 순손실을 겪는다. 그렇지만 이 방대한 숙련 이주자들이 보내는 송금은 소득의 15퍼센트 정도로 액수가 상당하다. 물론 이 금액이 아이티 국민을 빈곤에서 구제할 만큼 넉넉하지는 않아도 삶이 빠듯한 사람들에게 조금이나마 여유를 준다.

아이티는 주요 송금 수혜국 중 하나지만 아주 예외적인 국가는 아니다. 인심이 후한 엘살바도르인들도 고국에 남겨진 사람들에게 큰 영향을 준다. 이들의 송금액은 고국 일반 가정 소득의 16퍼센트다. 가난하고 땅덩이가 큰 몇몇 나라에게도 송금은 매우 중요하다. 방글라데시와 필리핀 두 나라 모두 송금 비중이 소득의 12퍼센트에 달한다. 아프리카 전체로 보면 송금의 중요도가 다소 떨어진다. 아프리카에서 송금 유입이 가장 높은 곳은 세네갈이다. 세계에서 인심이 가장 후한 세네갈 이주자가 보낸 송금은 소득의 9퍼센트를 차지한다.

따라서 일반적으로 고국에 보내는 송금은 남겨진 사람들의 소득에 어느 정도 보탬이 된다. 물론 이 이주자들은 고국에 있었어도 경제 활동으로 가계에 보탬이 되었을 것이다. 보통 송금액은 1,000달러 정도밖에 되지 않으므로 이주자들의 생산성이 특별히 높지 않아도 송금액에 상응하는 소득은 충분히 벌 수 있었을 것이다. 따라서 식구를 이주 보낸 후 얻는 소득이 이주를 보내지 않았을 때의 소득과 크게 차이 난다고 보기는 힘들다. 송금이 상쇄하는 것은 대개 인력 상실로 인한 생산량의 손실이다. 이전과 차이가 있다면 이제는 먹여 살릴 입이 줄어서 1인당 지출이 조금 늘어날 수 있다는 점이다.[14]

원조에 대한 회의적 시각은 개인끼리 주고받는 돈으로까지 확대되지는 않는다. 즉 정부가 제대로 행동하지 않을지라도, 이기적 개인은 잘못된 행동을 할 리가 없다고 보는 것이다. 그렇지만 개발원조기관의 원조든 이주자의 송금이든 기부자들이 겪는 문제는 사실상 같다. 이들은 돈이 제대로 쓰이길 바라지만 지출 용도를 통제하지는 못한다. 두 종류의 기부자들 모두가 다음부터 돈을 보내지 않겠다며 발끈해도 협박은 통하지 않는다. 수혜자들은 그럴 가능성이 낮다는 사실을 잘 알고 있기 때문이다. 원조 기관과 이주자 모두 수혜자가 내리는 선택의 범주를 제한할 수 있다. 원조기관은 지원하는 활동 범주를 구체적으로 지정할 수 있다. 이주자도 마찬가지다. 그렇지만 수혜자는 대개 지정된 용도를 피해갈 수 있다. 최후의 순간에 수혜자는 정해진 항목을 무시하고 지출 내역을 갑자기 변경한 사정을 해명하려 들 것이다. 그렇지만 수혜자들의 가장 간단한 전략은 어떻게든 몰래 추진하려던 일에 기부자들이 돈을 대도록 설득하는 것이다. 예를 들면 새로 지은 학교는 미국인들의 선물이라고 홍보하면서 학교 명판을 보여주는 것이다. 사실 그 학교는 어떤 식으로든 세워졌을 것이다. 대신 기부금은 그 돈이 아니었으면 사지 못했을 관료들의 사륜구동차 구입에 쓰인다. 마찬가지로, 새 교복을 기증했다며 런던에 사는 아메르에게 사진과 함께 감사의 인사를 전할 수 있다. 사실 교복은 이미 예산에 있었다. 송금된 돈은 아버지가 퍼마신 술값으로 들어간다. 실증연구에 따르면 기부단체와 마찬가지로 이주자들도 수혜자가 받은 돈을 저축에 더 쓰길 원한다고 한다. 이주자들은 여건이 된다면 송금액에 대한 통제력을 높이길 바라는데, 은행 계좌에서 나가는 각각의 지출 항목을 기부자가 함께 관리하는 이중 단속 시스템이 이에 해당할 것이다. 전에 개발원조기관이 라이베리아에서 이러한 시스템을 추진한 사례가 있다. 따라서 송금의 적절한 사용이라는 쟁점은 원조금의 적절한 활용이라는 쟁점과 크게 다르지 않다.

이 쟁점들은 성격도 유사할 뿐 아니라 그 효과를 측정하기 어렵다는 점도 비슷하다. 원조의 경우처럼 송금에도 거시적 접근과 미시적 접근이 있다. 이론적으로는 거시적 접근이 더 결정적이겠지만 문제도 더 많은 편이다. 원조의 경우, 가장 최근에 나온 심층 연구에서 원조가 성장에 다소 유익하다는 매우 설득력 있는 결론이 제시되었다.[15] 송금의 경우는 아직 뚜렷한 결론이 없다. 세 편의 연구는 성장에 긍정적 효과가 있다고 한 반면, 다른 세 편의 연구는 효과가 없거나 부정적 효과가 있다고 결론 내렸다. 다행히 송금에 대한 미시적 접근은 원조에 대한 미시적 접근보다 훨씬 설득력 있다. 원조와 달리 송금은 수혜 가구에 직접 초점을 맞출 수 있기 때문이다.

사람들이 송금을 어떻게 활용하는지 알아내는 가장 기발한 방법은 수혜자의 상황과 상관없이 송금에 변화가 생긴 경우를 찾는 것이다. 이러한 자연실험 상황이 1998년 동아시아 위기 때 있었다. 당시 동아시아 지역의 달러 대비 화폐 가치는 나라마다 하락 정도가 달랐다. 이주자가 일하는 지역에 따라 자국 화폐로 환산한 송금액의 가치가 급변했다. 딘 양Dean Yang은 이러한 변동을 이용해 송금이 필리핀 사람들에게 어떤 영향을 주는지 연구했다.[16] 미국에 이민자를 보낸 가정의 경우, 페소peso로 환산한 송금액의 가치가 50퍼센트 이상 올라갔다. 말레이시아와 한국에 이민자를 보낸 가정은 페소로 환산했을 때 그 가치가 하락했다. 이렇게 서로 다른 지역에 이민자를 보낸 가정의 반응을 비교하면 송금액의 용도에 관한 설득력 있는 결과를 얻을 수 있다. 수혜자들은 송금이라는 우발적 소득을 일회성 소비로 허비했을까 아니면 투자에 썼을까? 연구 결과는 놀랍게도 명확했다. 수혜자들은 그 모든 여윳돈을 자녀 교육과 신규 사업 등 다양한 곳에 투자했다. 믿기 힘들만큼 건전한 결과 같지만 사실 그럴 가능성이 높았다. 이 자연실험은 통화 위기로 생긴, 일시적 충격에 그칠 가능성이 높은 송금액의 변동을 다룬 것이었다. 경제학자들은 소득에 생긴 일시적 충격은 주로 소비보다는 자산상의 변동으로 흡수된다는 사실을 전부터 알고 있었다. 따라서 독창적 연구이긴 하지만 이는 송금이 수년간 지속된다고 예상할 때 그 돈을 어디에 쓸 것인지에 대한 좋은 지침은 되지 못한다.

그렇다면 송금은 얼마나 오래 지속될까? 한 연구에 따르면 송금은 유산 상속 때문에 이루어진다고 한다. 이게 사실이라면 젊은 이주자들은 장기간 송금을 해야 한다.[17] 송금을 꼭 투자에만 쓰라는 법은 없지만 아무리 완고한 사람이라도 송금 수혜자가 그 돈을 소비에 써주길 바랄 때가 있다. 빈곤은 거친 파도를 헤치며 사는 것과 같아서 때로 파도의 수위가 높아질 때 송금액도 그만큼 늘어나면 삶에 위로가 된다. 이주자들은 휴대전화로 정기적인 연락을 하면서 불리한 충격에 대비할 수 있게 돕는다. 그렇다면 이주자들은 그러한 구명 밧줄을 던져주는 역할을 훌륭히 수행하는가? 이번에도 자연실험을 통해 설득력 있는 답을 구할 수 있다. 연구 목적에 가장 이상적인 충격은 날씨다. 출신국의 강우량에 변화가 생기면 고국 가정의 소득에 일시적 충격을 주므로역시나 공교롭게도 필리핀에서 이런 일이 있었다 연구자들은 송금액이 어떻게 변하는지 관찰하기만 하면 된다. 아니나 다를까 고국 가족들의 소득이 떨어지면 송금액이 오르고, 소득이 오르면 송금액이 떨어졌다. 송금의 보험 효과는 커서 불리한 충격의 60퍼센트가 추가 송금으로 상쇄되었다.[18] 이주자가 있는 가정은 모든 식구가 고국에 있는 가정보다 훨씬 수월하게 소비 수준을 유지했다. 디아스포라 규모가 큰 카리브 해 지역에 허리케인이라는 큰 충격이 닥쳤을 때도 이와 유사한 효과가 나타났다. 즉 재해 충격의 4분의 1이 추가 송금으로 상쇄되었다. 송금이라는 보험은 두 가지 이유로 중요하다. 하나는 수면 위로 고개를 내밀게 해주는 직접적인 유익함 때문이고 다른 하나는 불투명한 미래 때문이다. 험난한 파도를 헤치며 사는 것은 분명 두려운 일이므로 사람들은 익사 방지를 위해 매우 위험하면서도 비용이 많이 드는 전략에 기대게 된다. 이들은 평균 기대소득 중 일부를 희생함으로써 나머지 소득의 불안정성을 줄일 수 있다면 기꺼이 소득의 일부를 희생하려 든다. 당장 더 가난해져도 미래의 더 안전한 삶을 택하는 것이다. 따라서 송금의 효과적인 보험 역할 때문에 사람들은 장기적인 소득 증대를 기대하며 이주라는 모험을 감수하는 것이다.

송금이 남겨진 사람들에게 도움이 된다고 할 때 유입국의 어떤 이주 정책이 송금 규모를 늘릴까? 이는 언뜻 간단한 질문처럼 보인다. 이주를 늘리는 것이다. 그렇지만 이주 제한 조치를 완화하면 송금에 직관과 다른 영향을 미칠 수 있다. 최근 한 독창적인 연구에 따르면 이주 제한 조치를 완화할수록 이주자들은 고향집에 돈을 '덜' 보낸다고 한다.[19] 이주 제한 조치가 완화되면 친척들을 더 데려올 수 있어서 송금을 보낼 이유가 사라지기 때문이다. 모친에게 돈을 보내는 대신 모친을 유입국에 모셔오는 것이다. 따라서 역설적이게도, 개방적 이주 정책보다는 제한적 이주 정책을 실시했을 때 고국에 보내는 송금 규모가 더 클 수 있다. 또한 이주자별로 송금 규모를 볼 때, 교육 수준이 높을수록 더 많이 송금할 것이므로 학력을 중시하는 선별 정책을 실시하면 송금 규모가 늘어나리라 예상할 수 있다. 이는 어느 정도 맞는 사실이다. 학력이 높으면 소득도 올라가므로 이주자들은 송금에 여유가 생긴다. 그렇지만 교육이 일정 수준을 넘어서면 학력이 높을수록 송금이 사실상 줄어든다. 이들 고학력 이주자들은 딱히 고국에 돌아갈 마음이 없고 고향에 있는 친척들도 나름 성공한 인생인 경우가 많아서 송금이 절실하지 않다. 그리고 이 이주자들은 친척들에게 돈을 보내기보다는 그들을 유입국으로 데려올 수도 있다.

이러한 영향력을 파악하는 과정에서 다소 놀라운 사실은, 유입국들의 이주 정책에 관한 자료에 저마다 결정적 차이가 있다는 점이다. 즉 나라별 규정과 관행의 복합적 변화를 반영한 포괄적인 양적 자료는 아직 없다. 결국 이주 정책이 송금에 미치는 영향을 검증하려면 이주 정책에 대한 대리변수를 써야 한다. 예를 들면 이주 정책이 얼마나 제한적인지 보여주는 대리변수로, 그 나라에 공식적인 초청 노동자 프로그램이 있는지를 살펴본다. 초청 노동자들은 친척들을 데려올 권한이 없기 때문이다. 이주자의 남녀 성비도 아내와 어머니를 데려올 수 있는지를 보여주는 대리변수다. 이런 자료의 한계를 감안했을 때, 유입국에서 이주자의 친척을 데려오지 못한다는 의미의 다소 제한적인 이주 정책을 실시할 경우 대다수 나라의 송금액이 늘어난다는 탄탄한 증거가 나왔다. 이것이 갖는 효과는 실로 강력하다. 모친을 데려올 수 없기 때문에 교육받은 이주자들의 송금 인심이 매우 후해진다. 학력에 따른 이주자 선별 정책의 대리변수는 다소 찾기 쉬운 편으로, 한 나라에서 운영하는 점수제의 여부를 살피면 된다. 이러한 점수제는 송금을 확실히 줄이는데, 이는 대다수 나라가 송금과 교육의 관계를 보여주는 역 U자 곡선에서 최고점을 넘어섰다는 뜻이다. 이 결과들이 중요한 이유는 이를 통해 유출국의 빈곤층과 유입국의 빈곤층 원주민 간의 명백한 이해 충돌을 감지할 수 있기 때문이다.

한계적 효과로 볼 때 특정 형태의 이주는 송금을 줄일 수 있지만, 이주로 생기는 송금은 전반적으로 일부 극빈국의 남겨진 사람들에게 매우 유익하다. 다른 원조 방식과 마찬가지로 송금 역시 현재의 판도를 바꾸는 요인은 아닐지라도 빈곤 완화에 꾸준히 기여해온 것은 사실이다.

인구 과잉의 해결책

『빈곤의 경제학』을 읽은 독자들이 이메일로 가장 많이 지적한 사항은 내가 빈곤의 원인으로 인구 증가를 소홀히 다뤘다는 점이었다. 인구 증가가 극빈국에게 해롭다면 이주는 유익할 것이다. 케이크를 나눠 먹어야 할 입이 줄어들기 때문이다. 그렇다면 인구 감소는 빈곤한 사회에 좋은 일일까? 유익한 효과는 노동시장에서 가장 뚜렷하게 나타날 것이다. 일자리 경쟁자들이 줄어들어 고국에 남은 사람들의 소득이 올라갈 것이기 때문이다. 이주가 남겨진 사람들의 소득에 미치는 효과는 최근에야 제대로 연구되었다. 그중 하나가 제자인 댄 브라운Dan Brown이 자메이카를 대상으로 한 연구다. 이 연구는 이주로 생긴 임금의 변화를 추적했다. 예를 들면, 특정 연령대의 숙련 노동자 10퍼센트가 이주하면 남은 인력의 임금이 얼마나 오르는지 살폈다. 연구 결과, 일반적인 연구 결과들처럼 소득이 4퍼센트 전후로 올랐다.

이는 이주가 남겨진 사람들의 임금에 미치는 효과가 긍정적이긴 해도 다소 미미하다는 사실을 보여준다. 게다가 이 효과는 오직 숙련 인력에만 해당한다. 교육받은 인력이 부족할 경우, 숙련 인력의 이주는 교육받지 못한 인력의 임금에도 영향을 준다. 숙련 인력은 비숙련 인력의 생산성을 높이므로 숙련 인력의 상실은 비숙련 인력의 임금을 낮추는 효과가 있다. 실제로 숙련 인력의 이주가 유입국 인구에게 미치는 효과는 이와 반대임을 보게 된다. 즉 숙련 이주자는 유입국에서 비숙련 노동자들의 소득을 끌어올린다. 따라서 빈곤국에서는 숙련 인력의 이주로 숙련자가 부족해지면 숙련에 따른 임금 우대가 커지는 반면, 비숙련 노동자들은 같이 일할 숙련자들이 줄어들면서 생산성이 떨어진다. 요정 할머니fairy godmother, 신데렐라에 나오는 요정 할머니처럼 도움이 절실할 때 나타나 도와주는 사람—옮긴이를 빈곤한 사회에서 부유한 사회로 보내면 요정 할머니와 할머니가 돕는 부유한 사회의 사람들에게는 좋은 일이 생길수 있다. 하지만 그렇다고 이 현상을 사회 정의의 승리로 표현하면 곤란하다.

숙련 인력의 심각한 부족으로 생기는 빈곤국의 불평등 심화는, 국제적 임금을 좌우하는 고숙련 엘리트 이주자들이 잇달아 귀환하면서 배가된다. 최하 계층의 임금이 워낙 낮아서 생산성 격차로 생기는 사회 불평등이 그야말로 충격적인데, 미국 재계 corporate America보다도 불평등 구조가 심각하다.

더 일반적으로 말해, 인구 증가를 최하층 10억이 겪는 문제 중 하나로 논의하지 않은 이유는 인구 증가가 불가피하고 심각한 문제라고 보지 않기 때문이다. 방글라데시 같은 몇몇 경우를 제외하면 이들 나라는 본질적으로 인구 과잉이 아니다. 오히려 인구 밀도가 다소 낮아서 공공재 공급이 원활하지 못한 편이다. 이주와 인구 과잉의 관계를 보여주는 자연실험으로 19세기의 아일랜드가 있다. 아일랜드는 감자 재배를 시작하면서 인구가 치솟기 시작했는데, 인구 증가는 1845년 감자 기근이라는 비극이 닥치기 전까지 계속되었다. 그 다음 세기 동안 아일랜드는 이주로 인해 인구의 절반을 잃었으며, 유럽을 기준으로 볼 때 만성적으로 가난한 국가였다. 이러한 대량 이주는 오늘날 상상할 수 있는 유출국의 이주자 수를 훨씬 능가하는 것이었지만 이것이 노동시장에 미치는 우호적 효과는 무엇이든 아주 미미했다. 결국 150년 동안의 대량 이주는 거대한 디아스포라를 낳았고, 이는 아일랜드에게 상당한 자산이 되었다. 예를 들면 아일랜드계 미국인들이 미국 의회에서 로비한 덕분에 아일랜드에 투자하는 미국 기업들은 조세제도에서 특별 혜택을 받는다. 그렇지만 150년이라는 세월은 기다리기에 너무 길다.

따라서 과잉 인구 해소책으로서의 해외 이주는 남겨진 사람들이 그 혜택을 보기 힘들다는 점에서 중요한 방법이 아니다. 해외 이주로 생기는 인구 손실은 미미하고, 이주로 가장 재능 있는 인력이 빠져나가며, 이주가 남은 노동력의 생산성에 미치는 효과 역시 모호하다.

맬서스 식 인구 압박을 해소하는 가장 중요한 해결책은, 토지가 점점 부족해지는 시골 지역에서 선진국의 도시가 아닌 '자국'의 도시로 이동하는 것이다. 이러한 이주의 유익함을 다룬 매우 설득력 있는 연구가 있다. 1991년부터 2004년까지 탄자니아의 시골 지역을 빠져나간 이농민離農民을 추적한 이 논문은, 이농민과 남겨진 사람들 양쪽 모두의 소득을 조사했다.[20] 연구 결과, 탄자니아의 소도시나 대도시로 이주하면서 생긴 이득이 극적으로 증가하면서 소비가 평균 36퍼센트 늘었다. 전반적으로 이농은 시골 지역의 빈곤 감소에 절반 정도 기여했다. 도시는 규모의 경제가 작동하는 곳으로, 사람들이 흩어져 있을 때보다 뭉쳤을 때 생산성이 더 높다.[21] 농업 지역의 높은 인구 밀도는 빈곤을 낳는 반면 도시 지역의 높은 인구 밀도는 번영에 기여한다. 역설적이게도, 빈곤한 나라에서 부유한 나라로 가는 이주를 누구보다도 적극 지지하는 사람들이 가난한 시골에서 자국의 도시로 이주하는 것에는 가장 적대적으로 나올 때가 있다. 이는 마치 소작농들이 목가적인 시골에 평생 박혀 있어야 한다는 소리로 들린다. 이농으로 남은 시골 인구가 번영을 누린다면 빈곤한 시골의 집단 이농은 반드시 필요하다. 이농으로 1인당 토지량이 눈에 띄게 증가하기 때문이다. 따라서 도시들도 이농자들의 생산성을 높이는 본연의 역할을 반드시 해야 한다.

이러한 도시 역할의 성패를 좌우하는 결정적 조건 중 일부는 국가 차원에서 결정되지만 나머지 조건은 도시 자체가 결정한다. 어떤 도시들은 다른 도시들보다 이주자들에게 훨씬 더 효율적인 사다리를 제공한다. 예를 들면 구획화와 지역 교통은 중대한 변화를 낳을 수 있다.[22] 파리는 고도로 생산적인 도시지만 빈곤국 시골에서 온 이주자들을 모여 살게 한 교외 지역은 그동안 도시로서의 제 기능을 하지 못했다. 이 지역들은 철저히 주거용으로 구획되어 직장까지 가는 교통시설이 형편없다. 반면 이스탄불 같은 도시는 거주지와 기업단지가 뒤섞인 밀집 지역에 이주자를 끌어들였다. 이렇게 혼재된 모습은 아프리카의 일반 도시에서도 볼 수 있다. 그렇지만 아프리카의 경우 임시 거주지가 많아서 그동안 사람들이 고층주택에 투자하지 않았다. 그 결과 아프리카의 판자촌 도시는 집들이 숨이 막힐 만큼 몰려 있지만 사실상 고밀집 상태가 아니다. 이러한 인구 분산은 기업 활동의 폭을 좁힌다. 인구 밀집은 번영의 씨앗으로, 집중된 수요는 전문 기업에게 시장을 제공하기 때문이다. 따라서 이주가 최하층 10억의 과잉 인구 해소에 결정적이긴 하지만 고소득 국가로 향하는 이주는 이에 해당하지 않는다.

10장
남아 있는 이들에게 남은 것

지금까지 이주가 빈곤국에 남은 사람들에게 영향을 줄 수 있는 다양한 경로를 모두 살펴보았다. 이 모두를 종합하면 어떤 결과가 나올까? 이주의 정치적 효과는, 그 근거가 이제야 흘러나오기 시작했지만 미약하나마 우호적인 결과를 보여준다. 경제적 효과는 두뇌 유출과 송금에서 압도적으로 나타난다. 전 세계적으로 볼 때 두뇌 유출이라는 표현은 오해를 낳을 수 있다. 이주 가능성은 고정된 수의 인재들을 빼내기보다 인재의 공급을 자극하기 때문이다. 그렇지만 세계경제에서 최하층에 놓인 나라들은 실제로 두뇌 유출을 겪는다. 그렇지만 이들 나라에게 해외에서 일해 얻은 소득은 구명 밧줄이다. 송금은 절망적일 만큼 힘겨운 현실에 숨통을 틔워주기 때문이다. 대다수 나라에서 송금이 주는 유익함은 인재의 손실을 능가할 수 있으므로 이주의 경제적 순효과 역시 다소 우호적이다.

따라서 이주가 남겨진 사람들에게 유익하다고 결론을 내려도 무방할 것이다. 그렇지만 사실 이러한 결론은 잘못된 질문에 답한 것이다. 이주가 출신국에 유익한가 해로운가가 아니라, 이주율이 '높아질 경우' 출신국에 유익한가 해로운가가 제대로 된 질문이다. 실질적인 정책적 쟁점은, 빈곤국의 지속적인 이주 가속화가 유입국 정부에서 효과적인 이주 통제를 하는 상황보다 빈곤국에 더 유익한가 하는 점이다. 이것은 이주의 전반적 효과로 평가할 것이 아니라 남겨진 사람들의 입장에서 평가해야 한다. 만약 이러한 구별이 현학적 논쟁으로 느껴진다면 4장을 다시 살펴본 후 재고해보길 바란다. 이 구별은 대다수 경제 분석의 바탕을 이루는 것으로, 이주의 총효과total effect와 한계효과marginal effect를 구분한 것이다. 이런 구분이 필요한 이유는 총효과가 긍정적으로 나와도 한계효과에 대해서 정확히 말해주는 바가 '없기' 때문이다.

그렇지만 총효과의 '경로'를 통해 우리는 한계효과를 추정해볼 수 있다. 〈그림 10-1〉의 실선은 이주율에 따라 두뇌 유입과 두뇌 유출이 어느 정도 발생하는지 보여준다. 예를 들면 이주율이 낮은 중국과 인도의 경우 두뇌 유입이 큰 반면 이주율이 훨씬 높은 아이티는 두뇌 유출을 겪는다는 것을 그림에서 알 수 있다. 점선은 이주의 한계적 효과를 추정한 것이다. 간단한 논리에 따르

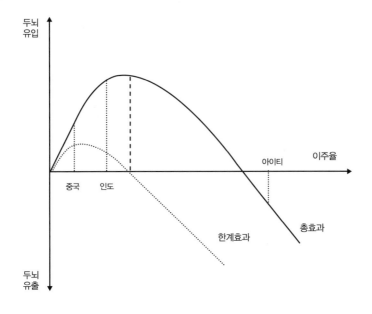

〈그림 10-1〉 이주와 두뇌 유입·두뇌 유출

면, 두뇌 유입의 정점에서는 이주에 작은 변화가 생겨도 아무 차이가 없다. 어려운 말로, 한계효과가 제로다. 두뇌 유입이 줄어들기 시작하면 추가 이주는 상황을 악화시키므로 한계효과가 마이너스가 된다. 분명한 사실은, 남겨진 사람들 입장에서 볼 때 이상적인 이주율은 두뇌 유입이 정점에 이르렀을 때라는 것이다. 아이티는 분명 그 정점을 넘어섰다. 따라서 우리는 두뇌 유입이나 두뇌 유출을 기준으로 볼 때 아이티의 실제 이주율이 이상적 이주율을 훌쩍 넘은 상태라고 추측할 수 있다. 아이티의 이주율이 이

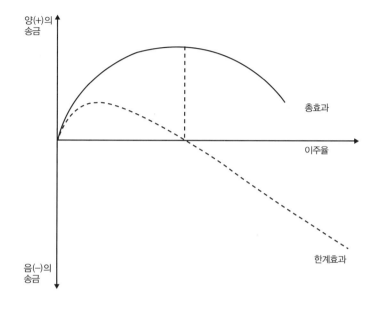

〈그림 10-2〉이주와 송금

보다 훨씬 낮았다면 중국이나 인도처럼 두뇌 유출에서 두뇌 유입
으로 바뀌었을 것이다.

이주가 송금에 미치는 총효과와 한계효과 역시 마찬가지 방법
으로 분석할 수 있으며, 〈그림 10-2〉가 이를 보여준다. 두뇌 유출
이나 두뇌 유입과 달리 아주 드문 경우를 제외하면 송금이 플러
스의 총효과를 갖는다는 점은 분명하다. 내가 접한 사례 중 고국
에 돈을 주는 송금이 아닌 고국에서 돈을 빼오는 송금이 이뤄지
는 유일무이한 경우는 바로 남수단이었다. 남수단에 내전이 터지

자 숙련 인력들은 가족과 함께 고국을 떠났다. 분쟁이 종식된 후에도 이들은 귀국을 극도로 꺼리며, 정부가 숙련 인력에게 높은 임금을 지급하는 경우에만 귀국을 고민한다. 설령 일 때문에 귀국하더라도 가족은 해외에 남겨두므로 이들은 번 돈을 다시 가족에게 보낸다. 따라서 역설적이게도 세계에서 가장 빈곤한 나라 중 하나가 몇몇 부유국에 송금하는 상황이 발생하는 것이다.

일반적으로 송금 규모가 거액이라 해도 상한선이란 것이 있어서 이주가 정점을 넘어서면 역효과가 발생한다. 이주의 문이 활짝 열릴 경우 이주자들은 친척에게 송금하기보다는 이 문을 통해 친척들을 데려오기 때문이다. 이러한 정점 효과는 이주자의 숙련에도 적용된다. 게다가 가장 가난한 유출국들의 송금이 상한선을 분명히 넘어섰다는 확고한 실증적 증거도 있다. 이주가 없었다면 당연히 송금도 없었겠지만 한계효과로 볼 때 이주에 대한 제약이 더 커지면, 특히 고학력 이주자들의 가족 초청 이민을 제한하면 이들 나라가 받는 송금이 더 많아질 것이다.

따라서 우리는 이주가 남은 사람들에게 도움을 주고 있기는 하지만 이주가 줄었을 때 더 큰 도움을 줄 수 있다는 함의를 얻는다. 그러나 유출국은 이주를 직접 통제하지 못한다. 이주율을 결정하는 것은 유입국의 정책이다. 이주가 좋은가 나쁜가라는 구도로 벌어지는 격한 논쟁은 이상적인 정책 마련을 더욱 어렵게 한다. 문을 여느냐 닫느냐가 아니라 문을 약간 여는 것이 이상적인 정책이다.

구명 밧줄은 사람들을 살아가게 해주지만 이것으로 인생이 바뀌지는 않는다. 인구 과잉인 시골 지역에서 이뤄지는 이농은 궁극적으로 성장의 큰 원동력이다. 고소득 국가의 도시로 가는 이주가 아닌 저소득 국가인 자국의 도시로 가는 이주가 결정적 역할을 하는 것이다. 지난 반세기에 걸쳐 빈곤에서 벗어난 터키의 경우, 그 성과는 200만 명의 터키인을 독일에 보내서 얻은 게 아니었다. 터키에 남아 있는 9,000만 명에 비하면 200만 명은 보잘 것 없는 인원이며, 독일계 터키인이 세계적으로 송금 인심이 야박한 집단 중 하나라는 사실을 기억하자. 터키에서 기적적인 경제 성장을 이끈 동력은 이스탄불로 이동한 시골 빈곤층이었으며 이러한 이주의 원인은 경제 성장 가능성이었다.

국제 이주는 이념을 전파하는 가장 큰 촉매제다. 디아스포라가 순기능적 사회 모델이 자리 잡은 사회에 노출될수록 변화를 낳는 이념의 흡수가 더 빨라질 수 있다. 그렇지만 잠시 머무는 유학생과 달리 외국에 거주하는 디아스포라가 이념 전파에 중요함을 증명하는 연구 결과는 거의 없다. 2장에서 논의한 것처럼 동유럽, 남유럽, 아랍의 봄 등 주요한 사회 변동에서 이념이 중요한 역할을 하는 반면, 디아스포라는 이념의 전파에 부수적 존재였다. 실제로 디아스포라가 정치적 개입을 하는 경우가 있더라도, 이주를 결심하게 한 사회적 특성의 매개 역할을 하기보다는 분리주의 세력의 해묵은 불만을 가져와 유입국에서 자신들의 차별화된 정체성으로 삼는 과거 지향적 태도를 보이곤 한다. 게다가 제도들은 모든 요소가 온전히 이전될 수 없다. 사회는 저마다 개성이 있어서 제도가 온전히 기능하려면 그 사회와 잘 맞아떨어져야 한다. 미국과 영국, 호주, 뉴질랜드 등 언뜻 비슷해 보이는 '앵글로 색슨' 국가들도 정치제도와 경제제도에 상당한 차이가 있다. 제도는, 국제적 모델과 유사성을 보인다 해도 그 사회와 조화를 이룰 때 성공한다. 즉 단순한 제도 이식은 거부 반응을 일으킨다. 따라서 한 사회의 거주민들은 디아스포라보다 이념을 흡수하고 이를 적용하기에 더 이상적인 집단이다. 이념은 인터넷으로 다운로드하거나 일정 기간 유학 가서 배울 수 있지만 거주민들이야말로 자신들의 사회가 발전하는 모습을 가까이서 지켜보면서 국내에 맞는 현실적 제도를 고안해낼 수 있다. 반면 디아스포라는 유입국과 너무 가까워서 큰 그림을 보기 힘들고 동시에 고국과 거리가 너무 멀어서 아득한 향수만 느낄 뿐이다.

디아스포라가 과거에 얽매이지 않고 진취적 자세를 보인다 해도 이들은 이념을 전파하는 수단으로서는 점점 불필요해진다. 기술 발달로 물리적 이동의 필요성이 사라지면서 공간적 거리가 줄어들었기 때문이다. 현재 이집트의 젊은이들은 유튜브와 구글에서 자료를 내려 받고, 휴대전화와 페이스북으로 서로 소통한다. 니얼 퍼거슨Niall Ferguson의 명쾌한 주장처럼, 서구 사회는 서구 사회를 재편성한 경쟁처럼 일련의 '킬러 앱killer apps'을 발명한 덕분에 다른 사회보다 앞서 갔다. 그렇지만 이제는 이러한 앱들을 쉽게 내려 받을 수 있으며 또 전 세계적으로 공유된다.[1]

최하층 10억 국가에서 인재가 해외로 이주하면 '인생은 다른 곳에 있다life is elsewhere'라는 인식을 낳을 수 있다. 사실 이러한 인식은 두뇌 유출을 상쇄하는 인재들에게 동기 부여를 하고 롤모델 효과를 불어넣는 데 있어 핵심이다. 차악의 경우, 안톤 체호프가 '모스크바 모스크바희곡 〈세자매〉에 나오는 대사. 러시아의 소도시를 배경으로 고향인 모스크바를 그리워하는 세 자매의 꿈과 좌절을 그린 작품으로, 세 자매는 동경하던 모스크바를 외치지만 끝내 가지 못하고 현실에 순응한다-옮긴이'라는 애절한 외침에 담은 것처럼, 다른 나라에 대한 동경을 차츰 접게 된다. 그렇지만 오랜 세월 침체와 빈곤을 겪은 작은 나라 입장에서 볼 때, 인생의 기회는 실제로 다른 곳에 있고 젊은층 역시 그 사실을 충분히 인지하고 있다. 굳이 이주해보지 않아도 젊은층은 발전된 기술과 세계적으로 확산된 청년 문화 덕분에 다가갈 수 없지만 유혹적인 세상에 노출되어 있다. 기술이 발달한 세상에서는 읽고 쓰는 능력만 있어도 새로운 세상과 접촉이 가능하다. 이런 이유로 이슬람 급진주의에서 터져 나온 문화적 반동 세력은 무엇보다도 교육을 두려워한다. 나이지리아에서 테러 활동을 하는 '보코 하람 Boko Haram, 이슬람 근본주의 단체-옮긴이'은 나이지리아 말로 '서구 교육은 죄악'이라는 뜻이다. 그렇지만 다른 테러 단체들처럼 보코 하람의 전략 역시 실패할 운명이다. 이주가 줄더라도 세상에 대한 노출은 줄지 않기 때문이다. 다른 곳에 가면 성공하고 인생을 꽃피울 수 있다는 사실은 지울 수도 숨길 수도 없다. 이주 가능성과 해외에 나간 친척들과의 접촉은 바깥 세상에 대한 열망을 키우기도 하고 기회를 얻지 못해 생기는 좌절감을 누그러뜨리기도 한다.

'인생은 다른 곳에 있다'라는 인식은 점차 약해질 가능성이 있지만 이를 상쇄시키는 힘 또한 있다. 바로 세계적으로 뻗어나간 포스트모던 문화다. 즉 확산 중인 삶에 대한 열정과 이제 고유한 서열은 없다는 인식이다. 최하층 10억 사회가 뛰어난 리더십에 도전하는 것은 선진국 추격이라는 흥미롭고 신뢰 있는 비전을 고취시키는 행동으로, 이를 통해 현재 인생을 누리며 사는 다양한 사회에 동참하겠다는 것이다. 근대 중국과 다소 차이는 있지만 아프리카 사회를 뒤덮은 것 역시 바로 이러한 열망이었다. 이는 국제 이주와는 관계가 거의 없다.

따라서 최하층 10억의 이주는 남겨진 사람들에게 위협적이거나 자극적이지 않다. 이주는 구명 밧줄, 즉 분산적인 원조 정책이다. 다른 원조 정책과 마찬가지로 이주 역시 결정적 변화를 가져오지는 않지만 세계적인 번영의 세기에 너무나 이질적 삶을 사는 수백만 사람들에게 더 나은 삶을 안겨주는 것만은 분명하다. 그렇지만 원조 논쟁과 마찬가지로 이주에서 핵심 쟁점은 좋고 나쁘고를 따지는 것이 아니라, 한계적 효과 측면에서 현 상황을 개선할 수 있는 최선의 방법을 고민하는 것이어야 한다. 전반적으로 보면 이주가 최하층 10억에게 유익했다고 할 만한 합리적 근거가 있다. 그렇지만 한계적 효과로 보면 이주는 인재를 빼가고 송금을 줄이므로 해로운 영향을 준다.

원조로서의 이주

사실상 모든 유입국은 저마다 최하층 10억을 위한 원조 정책을 펼치고 있다. 이들이 빈곤 문제를 다루는 이유는 원조가 지구적 공공재라는 인식 때문이다. 원조 정책은 한 사회의 성향, 즉 곤경에 처한 나라에게 베푸는 태도를 보여준다. 원조 정책의 효과와 상관없이 이들은 인류애를 실현하고 또 인류애를 확대한다. 개인적인 자선행위가 누적되면 남에게 보이는 모습뿐 아니라 자신의 정체성을 규정하듯이, 집단적으로 베푸는 행위 역시 한 사회의 특성을 반영할 뿐 아니라 그 사회의 정체성을 규정한다.

현재는 원조와 관련해 윤리적 근거가 두드러진다. 장기간 심각한 경기 침체를 겪은 선진국들은 대폭적인 재정 긴축을 하고 있다. 그렇다면 원조는 예산 지출 우선순위의 어디쯤 놓여야 할까? 모든 원조 예산은 정부의 전체 지출에 비해 매우 적은 편이어서 원조 예산이 대폭 깎이든 온전히 유지되든 위태로운 재정에는 별 차이가 없다. 그렇지만 예산 삭감 시기에는 이 적은 예산에도 온 이목이 집중된다. 따라서 공개적 논쟁을 통해 힘겨운 선택을 해야 한다. 즉 우리 사회의 요구와 비교해 극빈국에 어느 정도 비중을 둬야 할지 고민해야 한다. 역으로 재정 완화 시기에는 한 사회의 진정한 우선순위가 잘 드러나지 않는다. 자금이 풍족할 때에는 온갖, 있으면 좋은nice-to-have 항목들이 생겨나기 때문이다. 내가 이 책을 쓰는 시점에 부유한 사회들은 저마다 자국의 진정한 우선순위를 보여주었고 그 순위는 나라마다 현저하게 달랐다. 정치 성향이라는 대강의 특성으로는 그 우선순위를 제대로 예측할 수 없다. 영국은 우파정부가 원조 예산을 온전히 유지시킨 반면 미국의 좌파정부는 원조 예산을 대폭 삭감했다. 이는 단지 민주주의의 압력에 밀린 공공정책의 탈선이 아니다. 영국 대중은 정책의 우선순위가 밝혀져도 꽤 차분한 반응을 보인다. 최근, 원조에 매우 적대적인 보수 성향의 영국 시사주간지 《스펙테이터Spectator》는 영국이 원조 예산을 삭감해야 하는가를 주제로 공개 토론을 열었다. 나도 이 토론에 참가해달라는 요청을 받았고 약간 떨리는 마음으로 토론에 응했다. 관중 중에 원조 예산 삭감에 찬성하는 영국인이 있다면 토론 분위기도 틀림없이 그쪽 방향으로 흘러갈 것이라고 생각했다. 그렇지만 논쟁은 삭감에 반대하는 우리 쪽이 큰 차이로 이겼다. 나는 원조의 효과가 어마어마하다고 주장하지 않았다. 이는 나도 의심하는 바다. 대신 원조와 관련된 결단은 우리가 염원하는 사회의 모습을 불가피하게 드러낸다고 주장했다. 지난 총선에서 두 연립 여당은 원조 예산을 지키겠다고 공약했고 실제로 원조 예산을 늘렸다. 따라서 우리는 전 세계의 빈곤층에게 한 약속을 지키는 게 옳다. 힘든 시기에도 변함없이 베푸는 영국 국민이라는 사실이 다소 자랑스럽다. 미국 국민도 자선의 실천에서 조금도 뒤지지 않는다고 본다. 어찌됐든 아이티에서 지진이 터졌을 때 놀랍게도 전체 미국인 가구 중 절반이 지진 피해 돕기에 개인적으로 기부했기 때문이다. 미국인들이 원조를 꺼리는 것은 아마도 현재 미국 공개 토론의 특징이 된 정부에 대한 짙은 불신을 보여주는 것으로 생각된다. 공공원조는 정부를 두 번 거치기 때문이다. 처음에는 미국 정부를, 그 다음에는 수혜국 정부를 거쳐 원조 자금이 전달된다.

서로 다른 정책들이 동일한 목표에 영향을 주는 정책 일관성이라는 측면에서 볼 때, 정부는 정책들을 조율하여 목표 달성률을 높이도록 힘써야 한다. 정부는 한 정책으로 특정 목표를 달성하겠다고 하면서 또 다른 정책으로 이를 뒤집는 모습은 보이지 말아야 한다. 유입국이 택한 이주 정책은 유출국에 영향을 줄 것이고, 유출국의 해외 이주에 미치는 영향에 따라 유입국의 원조 정책은 보완되거나 완화된다. 해외 이주가 유출국의 남겨진 사람들에게 유익한 순효과를 주고, 또 부유국이 극빈국에 대한 원조를 윤리적으로 옳게 여기면서 이주 정책은 일정 부분 원조 정책의 일부로 보이게 된다. 물론 유입국 정부는 이주 정책에서 마땅히 다른 효과들도 고려해야 하겠지만 남겨진 사람들에게 미치는 효과 역시 고려해야 한다.

이주로 생기는 부유국과 극빈국 사이의 두 가지 큰 경제적 이전은 송금과 두뇌 유출이다. 송금이 부유국에서 빈곤국으로 가는 숨은 원조라면, 두뇌 유출은 빈곤국에서 부유국으로 가는 숨은 원조다. 이제 이 숨은 원조들을 드러내보도록 하자.

송금은 직접적으로 이주자의 세후소득에서 나오므로 이주자들 각각이 모두 기부자다. 그렇지만 본질적으로 송금할 수 있는 소득을 벌게 해준 높은 생산성이 이주자 본인에게서 주로 나왔다고 보기는 힘들다. 어쨌든 고국에 가면 이들의 생산성은 뚝 떨어질 것이기 때문이다. 고소득 사회로 이동해오면서 이들은 부유한 사회를 가능하게 해준 다양한 형태의 공공자본에서 혜택을 본다. 이 공공자본을 쌓아올린 것은 유입국의 원주민들이다. 2장에서 논의한 것처럼, 원주민들은 이러한 생산성 프리미엄을 요구할 만한 윤리적 근거가 있지만, 이 경우 현실에서 이주자들이 2등 시민으로 밀려나므로 이를 주장하는 것은 경솔한 행동이다. 그렇지만 유출국의 남겨진 사람들에게 유익한 송금에 관한 한 원주민들이 이주자와 공동 기여를 했다는 주장은 전적으로 합당하다. 원주민들은 송금을 통해 빈곤국에게 상당한 재정적 기여를 하게 된다. 이는 이주자들이 관리하는 원조 정책인 셈이다. 물론 이 특별한 원조 정책의 매력은 원주민들이 아무런 대가도 치르지 않는다는 사실에 있다. 원조 자금은 이주로 생긴 뜻밖의 생산성 이득에서 나오기 때문이다.

두뇌 유출을 위한 자금은 유출국 정부의 교육비에서 나간다. 이들 정부가 훗날 고소득 국가로 이주할 아이들의 교육비를 대는 것은 의도치 않게 유입국에 퍼주는 원조다. 유입국은 이주자들에게 소득세를 받는데 이는 유입국이 투자하지도 않은 교육에서 수익을 거두는 격이다. 따라서 이러한 이전을 정당화하기 힘든 만큼 이에 대한 보상을 요구하는 주장이 나온다. 즉 유입국 정부가 유출국 정부에게 돈을 지불해야 한다는 것으로, 이는 이주자에게 거두는 조세 수입이 교육 투자에서 얻는 수익임을 암시한다. 이러한 보상은 유입국 정부의 예산에서 교육이 차지하는 비중을 대략적인 기준으로 잡는다. 예를 들어 공공지출에서 교육비가 10퍼센트를 차지하면 이주자들이 낸 세금 중 10분의 1을 적절한 보상액으로 보는 것으로, 이는 유입국이 수용한 인력의 교육비를 다른 사회가 제공했다는 사실에 근거한다. 가령 유입국의 국민소득 중 40퍼센트가 조세고, 이주자가 전체 인구 중 10퍼센트를 차지하며, 이주자들이 인구 비중에 비례해 세금을 낸다고 해보자. 이 경우 교육된 인력 덕분에 생기는 조세 수입에 대한 적정 보상액은 국민소득의 0.4퍼센트가 될 것이다. 물론 여기서의 수치는 순전히 설명을 위한 가정이다. 그렇지만 이 수치가 수십 배에 달한다면 흥미로운 상황이 생긴다. 국제연합은 원조 예산을 국민총소득의 0.7퍼센트로 잡고 있다. 따라서 이 목표액 중 상당 부분은 유출국이 유입국에게 제공하는 암묵적 원조를 상쇄하는 수준에 그칠지도 모른다. 사실 대다수 고소득 국가들은 0.7퍼센트에 훨씬 못 미치는 액수를 원조하는데 보통은 목표액의 절반 수준이다. 따라서 왼손으로는 원조를 하면서 오른손으로는 원조를 받는다고 볼 수 있다. 유입국에서 원조는 기부가 아니라 다시 돌려받는 돈인 것이다.

5부
행복한 중간지대를 찾아서

국제적인 대량 이주는 극단적인 세계 불평등에 대한 반응이다.
이 유례없는 현상에서, 극빈국의 젊은이들은
다른 곳에 삶의 기회가 있음을 깨닫는다.
지난 두 세기 동안 세계적 불평등의 문이 열렸다면
다가올 세기에는 그 문이 닫힐 것이다.
대다수 개발도상국들이 현재 고소득 국가로 빠르게 수렴해가고 있다.
이는 우리 시대의 혁신적 사건이다.

11장
국가와 국가주의

영국인을 위한 영국?

잉글랜드 어느 마을에서 한 노인이 불만 많은 10대로 돌아가기라도 한 듯 벽에다 낙서를 했다. 그는 '영국은 영국인을 위한 곳'이라고 썼다. 노인은 경찰에 붙잡혔고 절차에 따라 기소당해 유죄 판결을 받았다. 그의 행동은 분명 인종차별 의식에서 나온 것이었다. 일반적으로, 대다수 고소득 사회에서 국민국가nation-state라는 개념은 고학력 엘리트와 젊은이들 사이에서 인기를 잃었다. 근대라는 정체성은 개인주의라는 하나의 축과 세계화라는 또 다른 축에 걸쳐 있기 때문이다. 따라서 다수의 젊은층은 스스로를 자신의 속한 사회의 철저한 이방인으로 보기도 하고 세계 시민으로 보기도 한다.

근대의 개인주의는 뿌리가 깊다. 개인이라는 근대적 개념이 생길 무렵, 데카르트는 의심할 수 없는 경험으로부터 세상의 존재에 대한 지식을 얻었다. 이것이 바로 '나는 생각한다. 그러므로 나는 존재한다.cogito, ergo sum'였다. 근대의 많은 철학자들은 현재 데카르트의 사고가 뒤집혔다고 생각한다. 내가 속한 사회의 맥락을 모르면 자신에 대해서도 잘 알 수 없기 때문이다.

바로 이러한 철학적 토대 위에서 개인으로서의 정체성과 사회 구성원으로서의 정체성이 갈등을 일으킨다. 이렇게 서로 다른 관점은 정치와 사회과학 분야에도 스며들었다. 정치적으로는 사회주의부터 개인주의적 자유주의에 이르기까지 다양한 스펙트럼이 존재한다. 마가렛 대처처럼 사회 따위는 없다는 인상적 발언으로 주목받은 정치인이 있는가 하면, 아인 랜드처럼 사회 조직을 예외적 소수에 대항하는 나태한 다수의 음모라고 보는 사상가들도 있다. 사회과학에서는 개인의 이익 극대화라는 경제학의 관점이 사회학과 인류학의 집단적 분석과 오랫동안 대치해왔다. 사람들은 개인이면서 동시에 사회의 구성원이다. 인간행위를 다루는 타당한 이론이라면 이 두 가지 본성 모두를 포괄해야 한다. 마치 아원자亞元子, subatomic 차원의 물질이 입자와 파동이라는 두 가지 형태로 존재한다는 인식이 물리학의 발전을 결정지은 것처럼 말이다.

미립자와 파동 사이에 사람들을 위치시키는 균형 감각이 있어야 국가에 대한 시각을 형성할 수 있다. 이 스펙트럼의 미립자 축은 언제나 입자들이 존재하는 임의의 지리적 법인으로서의 국가다. 스펙트럼의 파동축은 정체성을 공유한 상호 배려로 결속된 사람들로서의 국가다. 한편 사람들로서의 국가라는 스펙트럼은 서로 다른 두 개념과 관련이 있다. 하나는 단순한 개인보다는 공동체가 더 중요하다는 개념이다. 다른 하나는 국가가 공동체를 조직하는 핵심 단위라는 개념이다. 여기서 전자는 보통 정치적 좌파와, 후자는 보통 정치적 우파와 연관된다고 혼동할 수 있다.

공동체인가, 개인인가

우선 단순한 개인보다 공동체가 더 중요하다는 개념을 살펴보자. 최근 철학, 심리학, 경제학은 전체로서의 개인이라는 개념 때문에 퇴보했다. 철학 분야에서는 마이클 샌델이 지난 세대에 경제 분석에 뿌리내린 개인주의적 가정 때문에 집단적으로 제공되던 핵심 상품을 이제 시장을 통해 소비하게 되었다고 밝혔다.[1] 시장의 약진은 분배에도 큰 영향을 끼쳐서 사회적 불평등이 유례없이 커졌다. 일부 철학자들은 현재 개인주의의 토대인 자유의지에 의문을 제기한다. 그 비판의 근거는 사회심리학이 새로 발견한 모방의 힘이다.[2] 사람들은 한정된 범위 안에서 롤모델을 택하므로, 어떤 상황에 대한 반응 역시 롤모델이 정한다. 따라서 개인의 책임은 사라지지 않지만, 이러한 관점으로 보면 그 책임의 강도가 약해진다.

심리학에서는 조너선 헤이트와 스티븐 핑커가, 타인에 대한 행동에 영향을 미치는 태도와 신념이 시간에 따라 어떻게 변하고 복지에 어떤 중대한 영향을 주는지 보여주었다. 헤이트는 공동체 의식이 사실상 보편적인, 여섯 가지 근본적인 도덕적 취향 중 하나라고 주장했다.[3] 핑커는 서구 사회에서 18세기 이후 폭력이 극적으로 감소한 것은 공감대가 커졌기 때문이라고 주장했다. 특히 읽고 쓰는 능력이 향상되고 대중소설이 보급되면서 사람들은 다른 사람의 입장을 고려할 수 있게 되었고 또 폭력 피해자의 심정을 더 잘 헤아리게 되었다. 심지어 자아 관계적self-regarding 분석 모형의 최고봉인 정신분석학도 이제는 개인적 문제의 원인을 수치심처럼 타인과 관계된 태도에서 찾는다.

예전부터 이기주의의 보루였던 경제학은 개인주의를 극대화했다. 애덤 스미스는 『국부론』에서 그 초석을 놓았는데, 이 책에서 그는 이기적 행동이 사회적 이득을 낳는다는 유명한 주장을 했다. 그렇지만 스미스는 상호 배려의 토대를 다룬 『도덕감정론』을 쓰기도 했다. 뒤늦게나마 이 저작은 정당한 대우를 받고 있다.[4] 이는 신경경제학neuroeconomics이라고 하는, 타인을 배려하는 근거를 신경학에서 찾는 하위분과를 통해 그 영역이 확장되었다.[5] 신경경제학은 남을 신뢰하는 태도가 중요하면서도 사회마다 다르다는 사실을 발견했다. 행복에 관한 연구는, 진짜 중요한 것은 사회적 관계이지 물질이 아님을 밝혀냈다. 즉 우리가 남들과 맺는 관계 그리고 남들에게 받는 평가가 중요하다는 것이다. 그렇지만 소득이라고 하는 편협한 잣대로 보더라도, 배려심이 있고 타인을 신뢰하는 집단이 이기적 개인주의가 넘치는 사회보다 더 풍족하게 산다. 현재 사회생물학에서는 신뢰 성향을 유전적으로 설명할 수 있는지를 놓고 논쟁이 뜨겁다. 개인끼리 벌이는 경쟁은 신뢰를 설명할 수 없어도 유전자 간의 경쟁과 집단 간의 경쟁은 신뢰를 설명할 수 있을지도 모른다. 집단 내부적으로는 상호 배려가 내장돼 있을 가능성이 있기 때문이다.[6]

이처럼 각종 학술 연구가 진행되고 있지만, 사람들의 행위는 부분적으로 공동체 의식과 공동체가 공유하는 태도에서 나온다. 사람들은 집단 내에서는 서로 배려하는 경향이 있다. 그렇지만 지난 세대 동안 시장이라는 영역이 확대되면서 상호 배려가 훼손되었듯이 배려심도 개인의 이기심으로 훼손될 수 있다.

국가는 하나의 공동체인가

공동체는 중요하다. 공동체는 대다수 사람들에게 일차적 가치로, 행복을 결정하는 핵심 요인이자 물질적 이득을 얻는 수단으로서 중요하다. 그렇다면 공동체에게 가장 중요한 조직체는 무엇일까? 가족, 부족, 지역사회,

인종, 종교, 직업, 지방, 국가, 세계 중 어느 조직일까? 사람들은 충분히 다양한 정체성을 지닐 수 있으며 이들 다수의 정체성은 서로 경쟁하지 않는다. 그렇다면 국가는 이러한 여러 조직 중에서 얼마나 중요할까?

아인슈타인으로부터 '홍역'이라고 비난받았던 국가주의가 이제 그 지위를 빼앗겼다는 주장이 유럽에서 유행하고 있다. 국가는 아래로는 지역 정체성에 도전받고 있다. 현재 스페인은 카탈로니아의 분리주의에, 영국은 스코틀랜드의 분리주의에 위협받고 있다. 또한 국가는 공식적으로는 유럽연합 같은 더 큰 상부단위에 권력을 넘기면서 그리고 문화적으로는 국가 정체성을 조롱하는 세계화된 고학력 엘리트가 출현하면서 위로부터도 도전받고 있다. 그렇다 해도 국가 정체성은 평등을 위한 동력으로 매우 중요하다.

또한 국가는 세금을 걷는 기관으로서 가장 중요하다. 사람들은 국가 단위에 강한 공동체성을 느껴야만 과세가 빈부 격차를 일부 해소하는 소득 재분배 수단이 될 수 있다는 사실을 받아들인다. 그 예로 스페인에서 독립하길 원하는 카탈로니아 사람들을 살펴보자. 스페인에서 가장 잘사는 지역인 카탈로니아는 카탈로니아 소득의 9퍼센트를 다른 지역에 계속 이전해야 한다는 사실에 대한 반감을 토대로 독립을 추진하고 있다. 스페인이 국가주의를 강화한다고 해서 포르투갈을 향한 적대감이 분출할 일은 거의 없는 반면, 이를 바탕으로 카탈로니아인들이 가난한 이웃 지역을 돕도록 설득할 수는 있을 것이다. 다시 말해 근대 국가주의는 집단으로 앓는 홍역이 아니라 집단으로 투여하는 옥시토신 호르몬_{다양한 사회적 행동을 조절하는 신경호르몬-옮긴이}이다.[7]

물론 정체성 공유가 국가보다 더 높은 차원에서 생길 수 있다면 더욱 좋겠지만 그렇다고 국가주의와 국제주의가 양자택일일 필요는 없다. '베풂은 가정에서 시작된다'라는 말에서 핵심어는 '시작된다'다. 연민은 근육과 같다. 동료 시민에게 연민을 느끼면 다른 집단에 대한 배려심도 키울 수 있다. 더 나아가 우리는 국가를 초월한 정체성 공유가 극도로 어려운 일임을 안다. 지난 반세기 동안 가장 성공한 초국가적 실험은 단연코 유럽연합이었다. 그렇지만 반세기가 지났어도 국가주의가 홍역보다도 탄저병에 가깝던 시절에 대한 기억 때문인지, 유럽연합이 개입하는 국가 간 재분배는 유럽 소득의 1퍼센트에도 미치지 못한다. 유로라는 고충과 그리스에게 돈을 거저 주기 위해 만들었다는 비판을 받는 '이체연합_{transfer union, 재정이 양호한 북유럽국가들이 위기에 처한 남유럽 국가들을 구제하는 정책들-옮긴이}'에 대한 독일인의 격렬한 저항은 정체성 개조에 한계가 있음을 보여준다. 지난 50년 동안 유럽공동체는 설령 유럽인이라 해도 어떤 중대한 재분배 정책의 지지를 끌어낼 만큼 공동의 정체성을 다지기 힘들다는 것을 보여주었다. 유럽 대륙 내에서 중앙정부들의 재분배 규모는 유럽연합 집행위원회의 재분배보다 40배 많다. 세계적 차원에서 살펴보면 소득재분배 조세정책인 원조는 한층 취약하다. 국제 시스템이 지난 40년간 부단히 애썼어도 소득세율이 0.7퍼센트에도 미치지 못했다. 서로 협력한다는 맥락에서 볼 때 국가는 세계적 시민의식을 방해하는 이기적 단위가 아니라 사실상 공공재를 제공할 수 있는 유일한 시스템인 것이다.

국가를 통한 재분배는 그 어떤 상위 협력체를 통한 재분배보다 훨씬 앞설 뿐 아니라 하위 시스템을 통한 재분배도 능가한다. 지방정부들이 다루는 재정 규모는 거의 예외 없이 중앙정부보다 훨씬 작다. 서로 다른 언어를 쓰는 등 대개 강한 지역 정체성을 보이는 국가들을 예외로 볼 수 있는데 벨기에와 캐나다를 꼽는다. 예를 들면 캐나다는 천연자원에 대한 소유권을 국가가 아닌 지역 단위가 갖는 예외적인 나라다. 국가의식이 약하다면 이러한 권한 양도가 불가피하겠지만 그게 아니라면 이는 바람직하지 않다. 운 좋게 자원이 풍부한 지역에 살게 된 사람들만 그 혜택을 누리는 것보다는 국가 차원에서 귀중한 천연자원을 관리해 혜택의 범위를 넓히는 편이 더 공평할 것이다. 앨버타주 사람들이 석유를 앨버타에 매장해놓았다면 모를까 이들은 석유와 가까운 곳에 우연히 살고 있을 뿐이기 때문이다. 심지어 궁극의 분산적 재분배 시스템인 가정조차 국가의 그림자가 옅게 드리워져 있다. 사실 베푸는 일이 말 그대로 '가정'에서 시작되지는 않는다. 이는 재무부에서 시작되며 가족의 지원이 이를 다소 보완한다. 국가는 부모에서 어린 자녀로 자원이 이전되는 것에도 깊숙이 개입한다. 국가가 비용을 들여 의무교육을 지원하지 않는다면 상당수의 아이들이 교육받지 못하고 방치될 것이다. 마치 나의 아버지처럼 말이다.

국가가 재분배적 조세를 실현하는 시스템으로 기능하는 이유는, 정서적으로 볼 때 국가와의 자기 동일시가 사람들을 결속시키는 가장 강력한 방식이기 때문이다. 국가의식의 공유라는 말에서 호전성을 떠올릴 필요는 없다. 오히려 국가의식은 박애를 실현하는 현실적 수단이다. 근대성의 기원이 된 프랑스 혁명에서 혁명가들이 자유, 평등과 더불어 박애를 한데 묶은 데에는 그만한 이유가 있었다. '박애라는 감정이 자유와 평등을 조화시키기 때문이다.' 우리는 타인을 같은 공동체의 구성원으로 받아들일 때에만 평등의 실현을 위한 재분배적 조세가 자신의 자유를 침해하지 않는다고 느낀다.

여러 가지 면에서 사회화가 가장 어려운 집단은 바로 젊은 세대다. 십대들은 폭력과 반항의 유전자가 내장된 반사회적 집단이다. 그렇지만 국가 정체성은 거친 젊은이들을 포용할 수 있을 뿐 아니라 실상 그 포용력이 너무 뛰어나서 문제이기도 하다. 1914년 8월, 전쟁으로 엄청난 인명 피해가 생길 줄도 모르고 각국 수도에서 전쟁을 외치던 젊은이들을 떠올려보라. 국민이라는 정체성을 몹시 경계해야 하는 이유는 국가의 효력을 의심해서가 아니라 역사상 보여주었던 호전성 때문이다.

국가는 세금을 거둬 재분배하는 일에 능할 뿐 아니라 기술적인 면에서 다양한 집단적 조치를 가장 잘 수행할 수 있는 단위이기도 하다. 재화를 집단적으로 공급하면 규모의 경제는 얻지만 다양성은 희생된다.[8] 규모의 경제와 다양성 사이에 이러한 상충관계가 있다고 할 때 세계적 차원에서 조직할 만한 행동은 찾아보기 힘들다. 반면 국가 차원의 재화 공급은 하나의 규범으로 자리 잡았다. 공공재 공급이 그 범위를 가늠하기 힘들 만큼 국가 차원에 집중된 이유는, 협력이 이득을 낳는다는 논리로 정체성을 강화했기 때문이라기보다 집단적 정체성을 지닌 강력한 단위가 바로 국가였기 때문이다. 정체성을 집단적 행동과 연계시킨 일은 매우 의미가 있었다.

국가 정체성은 공공 부문 노동자에게 동기 부여를 할 때에도 유익하다. 내부자와 외부자의 결정적 차이를 떠올려보자. 그것은 노동자들이 조직의 목표를 내면화했는지의 여부였다. 어떤 활동을 민간 부문이 아닌 공공 부문에 배정하는 기준 중 하나는, 금전적 보상이 행동의 동기로 작용하면 문제가 될 때였다. 예를 들어 생산물에 형체가 없어서 양적 측정이 어렵거나 일의 성과가 협업에 크게 좌우될 경우 이런 분야의 실적을 보수와 연결하기란 쉽지 않다. 반대로 가르치는 일이나 환자 돌보기처럼 보통 공공 부문에 할당하는 다수의 활동들은 내면화가 쉽게 이뤄진다. 향수를 파는 일보다는 아이들에게 읽기를 가르치는 일이 본질적 만족감을 느끼기 쉽다. 그렇지만 공공조직에서 직원들의 헌신성을 높여야 할 때 국가라는 상징은 확실히 유용하다. 영국에서는 공공보건 조직을 국민보건 서비스라고 부르고 또 내부자들로 구성된 간호 활동 조직을 왕립간호사협회Royal College of Nurses라고 부른다. 금전적 보상보다 헌신성에 기대는 궁극의 공공조직은 다름 아닌 군대로, 이 역시 국가라는 상징성으로 치장된다. 미국의 신병 모집은 애커로프와 크랜턴이 쓴 『정체성 경제학Identity Economics』에 나오는 한 가지 사례이기도 하다.

마이클 샌델은 공공 부문에서 제공되던 다수의 재화가 민간 시장을 통해 공급된 것을 애석해했는데, 이것만큼이나 안타까운 현실은 헌신이 아닌 금전적 보상으로 운영하게 된 부문이 공공 부문 내에 생긴 것이다. 이러한 변화는 대개 돈의 효력을 맹신하면서 이뤄졌다. 그렇지만 보통 공공 부문 인력 중 이주자가 상당히 많으므로 국가 정체성으로 동기 부여하기가 힘들어지면서 그 효력이 떨어진 것도 이러한 변화에 한 몫 했을 것이다.

아프리카는 개인의 정체성과 집단적 조직이 조화롭지 못할 때 어떤 일이 발생하는지를 보여주는 강력한 사례다. 아프리카 국가들은 외부 세력에 의해 지도상 조각조각 나뉜 반면, 그 정체성은 수천 년 동안 이어진 정착 관행에서 생겨났다. 이에 극소수 나라에서만 지도자들이 공동의 시민의식 형성에 착수할 수 있었다. 대다수 나라는 하위국가적subnational 정체성이 압도적이며 정체성이 서로 다른 사람들끼리는 신뢰가 부족해 협력을 끌어내기가 힘들다. 그렇지만 대다수 아프리카 지역의 공공재 공급은 국가 차원에 고도로 집중되어 있다. 재정 수입이 쌓이는 단위가 바로 국가이기 때문이다. 그 결과 공공재 공급이 매우 형편없이 이뤄진다. 아프리카 정치·경제의 일반적 특징은, 각 부족이 국고國庫를 부족의 이익을 위해 털어도 되는 공동자금으로 본다는 점이다. 이들은 공공재 공급을 위해 국가 차원에서 협력하기보다 약탈을 위해 부족 차원에서 협력하는 것이 더 윤리적이라고 본다. 탄자니아의 초대 대통령 줄리어스 니에레레는, 공동의 국가의식 형성에 실패한 아프리카 지도자들과는 다른 예외적 사례로 유명하다. 케냐 마을에서 우물 관리를 할 때 협력을 깨는 주범이 서로 다른 50개의 부족이라고 3장에서 설명한 바 있다. 그렇지만 동일한 연구는 다양한 특성을 지닌 케냐 마을들끼리의 비교는 물론 국경 바로 건너 탄자니아 마을과도 비교했다. 케냐의 국경은 19세기에 자의적으로 만든 것이어서, 국경을 사이에 둔 두 나라의 인종적 구성은 근본적으로 동일했다. 결국 두 나라의 핵심적 차이는 국가 건설에서 보여준 리더십이었다. 탄자니아의 대통령 니에레레는 인종 정체성을 넘어선 국가를 강조한 반면 케냐의 대통령 케냐타는 인종을 이용해 헌신적 추종자를 만들려고 애썼고 그의 후계자들 역시 이러한 전략을 이어갔다. 이처럼 국가 정체성에 대한 차별적 접근은 서로 다른 결과를 낳았다. 케냐 마을은 서로 다른 인종 집단끼리 협력하는 것을 힘들어했지만 탄자니아 마을에서는 이를 아무렇지 않게 받아들였다. 사실 탄자니아에서 다양성은 협력의 변수가 아니었다. 국가 정체성이 그 힘을 발휘했기 때문이다.

사회적 협력의 필요성을 대수롭지 않게 보는 개인주의자들과 국가주의를 두려워하는 보편주의자들 사이에서 국가는 집단적 조치의 해결책으로서는 인기를 잃었다. 그렇지만 협력의 필요성은 현실이며, 국가주의에 대한 두려움은 낡은 사고다. 스티븐 핑커가 주장했듯이 선진국 간의 전쟁은 이제 상상할 수 없는 일이다. 독일은 현재 그리스 지원을 둘러싸고 난감한 선택에 직면했다. 금융 지원을 하지 않으면 그리스의 유로 탈퇴로 유로의 존속이 위태로워질 것이고, 금융 지원을 해주면 그리스의 개혁 의지가 한풀 꺾일 것이기 때문이다. 메르켈 총리는 유로가 무너지면 유럽 강대국 사이에 전쟁의 망령이 되살아난다고 주장하면서 무슨 수를 써서라도 독일이 유로를 지탱하도록 힘써왔다. 이러한 두려움은 과거에 대한 독일의 진심 어린 반성이기는 하지만 유럽의 미래에 대한 전망으로서는 매우 터무니없다. 유럽의 평화는 유로 위에 세워진 것도, 심지어 유럽공동체 위에 세워진 것도 아니다. 장차 독일이 폴란드 및 노르웨이와 맺을 관계를 비교해보면 메르켈 총리의 두려움이 정당한지가 확인된다. 제2차 세계대전 당시 독일은 두 곳 모두를 침공하고 점령했다. 그렇지만 현재 폴란드는 유로를 선택했고 또 유럽공동체의 구성원인 반면, 노르웨이는 그 어느 쪽도 아니다. 그렇다고 독일이 폴란드보다 노르웨이를 침략할 가능성이 조금이라도 더 높을까? 누가 봐도 독일이 앞으로 두 나라를 침략할 일은 절대 없다. 유럽의 평화를 떠받드는 것은 통화나 브뤼셀의 관료들이 아니라 본질적으로 변한 유럽인의 감성이다. 1914년부터 한 세기가 지난 지금, 그 어떤 유럽 군중도 폭력을 외치지 않는다.

사실 국가주의에 대한 더욱 합리적인 우려는 전쟁 가능성이 아닌 포용적 태도의 상실이다. 인종주의의 최전선에 국가주의가 놓여 있기 때문이다. 국가는 그 땅에 거주하는 사람들이 아닌 다수를 이루는 인종집단으로 규정되기도 한다. 영국 국민당은 사실상 영국 원주민을 위한 당이라는 뜻이다. 진정한 핀란드인 당True Finns도 다수 인종인 핀란드인을 위한 당을 뜻한다. 그렇지만 인종주의 단체들이 강력한 상징과 국가라는 효율적 조직을 이용하도록 방치하는 것은 그 자체로 위험하다. 정치인들이 국가 정체성을 소홀히 하면 강력한 정치적 도구가 자동으로 사악한 무리의 손에 넘어가기 때문이다. 그렇다고 국가주의와 반인종주의가 갈등을 일으킬 필요는 없다. 이를 단적으로 보여주는 예가 2012년 런던 올림픽 때 형성된 특이한 집단적 공감대였다. 당시 영국은 놀랍게도 연거푸 금메달을 땄다. 이 메달들은 국가적 자부심인 다양한 인종이 딴 것이었다. 정체성은 상징을 통해 만들어진다. 당시 올림픽에서 영국인들이 보인 반응은 영국 사회에 뭔가가 구축되었고 또 계속 구축되고 있음을 보여주었다. 그것은 바로 다인종 국가였다. 같은 맥락에서, '영국인을 위한 영국'이라는 말에는 '나이지리아인을 위한 나이지리아'라는 표현처럼 불쾌한 의도가 없어야 한다. 스코틀랜드 국민당이 '스코틀랜드인'을 '스코틀랜드에 사는 사람'으로 정의한 것처럼, 영국의 주류 정치인들도 영국의 정체성을 그와 같이 규정해야 한다. 국가 정체성에 인종차별적 성향이 드러나도록 해서는 안 된다. 국가는 한물 간 개념이 아니다. 국가 정체성을 단지 법치주의, 즉 일련의 권리와 의무로 축소하는 것은 집단적 자폐와 다르지 않다. 그럴 경우 규율은 있되 정서적 공감은 없는 사회가 될 것이다.

위협받는 국가 정체성

국가 정체성은 중요하고 또 받아들일 수 있는 개념이다. 그렇다면 이 개념은 이주 현상으로 위협받을까? 여기에는 그 어떤 확실한 답도 없다. 공유된 정체성이 이주 때문에 반드시 동요하는 것은 아니지만 동요될 가능성도 없지 않다.

이주를 동화와 융합이라는 관점으로 접근하면 강력한 국가 정체성의 유지와 분명히 양립 가능하다. 동화 담론은 원주민들에게 자국 문화에 대한 선교 활동을 하게 한다. 이주자들을 환영하면서 이들에게 자국 문화를 주입하는 것이다. 이러한 역할은 자아 정체성에 대한 자부심을 반영할 뿐 아니라 그러한 심리를 강화한다. 대부분의 미국 역사에서 이주 모델은 바로 이런 식이었다. 즉 미국인들은 국가적 자부심이 대단했고, 이주 물결을 보며 미국 예외주의American exceptionalism라는 자아상을 강화했다. 마찬가지로, 한 세기 넘게 자국 문화에 대한 선교 활동을 해온 프랑스 역시 높은 이주율과 문화에 대한 자부심이 공존해왔다.

동화와 융합에 딸린 문제는 현실적이다. 3장에서 설명한 것처럼, 동화율이 낮을수록 이주율이 높아진다. 또한 이주자와 원주민 사이에 문화적 차이가 클수록 동화율이 낮아진다. 게다가 국제적 의사소통 수단의 발달로 이주자들이 고국과 매일 연락하기가 쉬워지면서 시간이 갈수록 동화율은 낮아질 것이다. 이것이 뜻하는 바는 동화와 융합을 이루려면 이주자의 구성을 고려해서 이주율을 통제해야 한다는 것이다. 원주민이든 이주자든 억지로 통합할 수는 없지만, 원주민은 자국의 모든 조직이 이주자를 포용해야 한다는 의무를 지켜야 하고 이주자들은 지역 언어의 습득과 거주지 분산이라는 의무에 따라야 한다.

이주를 영구적 문화 분리라는 시각으로 접근하면 다른 문제들과 마주친다. 이러한 접근 방식은 동화와 융합이라는 접근 방식보다 공통된 국가 정체성 유지를 어렵게 한다. 문화 분리는 이주자들을 힘들게 하지는 않는다. 기존의 국가 정체성을 버리고, 다른 정체성을 선택할 필요 없이 새로운 국가의 시민권을 자신의 또 다른 특성으로 추가하면 그만이기 때문이다. 그렇지만 원주민들이 여러 문화적 '공동체' 중 하나로 지위가 하락한다면 이들의 정체성은 어떻게 될까? 영국에 사는 방글라데시아인들이 '방글라데시계 공동체'를, 소말리아인들이 '소말리아계 공동체'를 만든다면 원주민들 역시 '영국계 공동체'로 뭉치게 된다. 이렇게 되면 국가의식의 공유는 자취를 감춘다. 이는 '영국인을 위한 영국'으로 가는 지름길이다. 원주민들이 국가를 정체성 표현 수단identifier으로 삼는다면, 전체 인구는 무엇으로 자신들의 정체성을 표현해야 할까? 이보다 더 큰 문제는 문화적 분리 담론이 원주민 공동체에서 하는 역할이다. 현재 지배적인 공식 담론이 원주민에게 전하는 보편적 메시지는 '인종차별을 하지 마라', '양보하라', '다른 문화를 포용하는 법을 배워라' 등이다. 이 메시지들은 말 그대로 사람을 위축시킨다. 그래서 원주민들이 '수세적' 자세를 갖게 할 수 있다. 그러다 보니 영국 노동계급 사이에서 '좋은 시절은 다 갔다'라는 울적한 목소리가 흘러나오기도 한다.

원주민들에게 이처럼 내키지 않는 역할을 요구하는 것은 문화적 분리라는 접근 방식만이 아니다. 원주민들에게 더 긍정적 역할을 맡기는 담론 역시 이러한 역할을 요구할 수 있다. 예를 들면, 서로 별개였던 수많은 국가공동체들이 이제 같은 지역에 살게 되면서 미래의 '지구촌global village' 만들기 작업에 적극 나서는 경우 자국의 영토를 위한 전략적 선택으로서 원주민들은 선봉장 역할을 맡게 된다. 이러한 담론에서 국가는, 공동체들 사이의 평등에 관한 윤리적 원칙들을 구체화해 모두에게 똑같이 적용되는 법적 권리와 의무로 명시한다. 이때 원주민 공동체는 남들과 자국 문화를 공유하기보다 전 세계적으로 보편타당한 가치들을 공유한다. 영국 정치계에서 이러한 담론 확산에 가장 근접했던 인물로, 재임 시절 영국다움Britishness에 대한 답을 찾으려했던 고든 브라운 총리를 들 수 있다. 브라운 총리는 스코틀랜드인이라는 정체성이 강했지만 영국인 유권자 전체의 표가 필요했기에 이처럼 다소 우스꽝스런 질문을 던졌다. 영국인은 결국 스코틀랜드인, 잉글랜드인, 웨일스인, 북아일랜드인이 될 수밖에 없다는 것은 이 질문의 명백하지만 비공식 답이었다. 영국인의 결정적 특성에 대한 공식적 답은 민주주의와 평등, 그리고 스칸디나비아라고 했을 때 흔히 떠오르는 여러 매력적인 가치들에 헌신한다는 것이었다. 이러한 비전은 무척 매력적이었을지 몰라도 이후 총선에서 브라운이 이끄는 노동당이 역대 최저 득표율을 기록하는 데 일조했다.

요약하자면, 이주 현상이 국가라는 개념을 무용지물로 만들지는 않지만 다문화주의 정책과 함께 이주의 가속화가 계속되면 국가의 생존viability을 위협할 수 있다. 동화는 예상보다 훨씬 힘든 일이다. 그 대안으로 문화적 분리를 계속 추진하면 집단 간 사회적 평화 유지라는 최소한의 기준은 그런대로 달성할 수 있지만, 집단 간 협력과 소득 재분배라는 좀 더 적절한 기준은 충족하지 못할 수 있다. 우리가 얻은 근거들은, 다양성이 계속 확대될 경우 어느 순간 근대 사회가 이룬 중요한 성취들이 흔들릴 수 있음을 보여주고 있다.

12장
모두를 위한 **최선**의 **이주** 정책

외국인 혐오주의의 편견과 달리 이주 현상이 유입국 원주민에게 매우 부정적 영향을 끼쳤다는 증거는 아직까지 없다. 한편 자칭 '진보 진영'의 생각과 달리 효과적 통제가 없을 경우 이주가 늘수록 유입국 원주민과 극빈국의 남겨진 사람들 양쪽 모두에게 부정적 영향을 줄 만큼 이주가 급증한다는 증거는 있다. 이주를 하게 되면 생산성 향상이라는 공짜 점심으로 직접적 혜택을 얻기도 하지만 상당한 심리적 대가 역시 치러야 한다. 이렇듯 이주가 서로 다른 무수한 집단에게 영향을 주는 데 비해 이주에 대한 실질적 통제권이 있는 집단은 단 하나, 바로 유입국의 원주민들이다. 그렇다면 이 집단은 자신들의 이익에 따라 행동해도 될까? 아니면 모든 집단의 이해관계를 조율해야 하는 걸까?

이주를 제한할 권리

이주 통제가 윤리적으로 부당하다는 주장은 자유주의와 공리주의 같은 극단적 관점으로 볼 때나 가능한 주장이다. 극단적 자유주의자들은 개인의 자유를 제한하는 정부의 권한을 부인하며 이주 문제에서 이동의 자유를 제한하는 것에 반대한다. 보편주의적 공리주의자들은 어떤 수단을 이용하든 전 세계의 효용을 극대화하려고 한다. 이때 가능한 최상의 결과는 전 세계 인구가 노동생산성이 가장 높은 곳으로 이동하면서 나머지 지역은 인구가 텅 비는 상황일 것이다. 이러한 집단 이주를 보완하려면 로빈 후드가 모든 부유층을 털어 모든 빈곤층에게 돈을 이전해야 할 것이다. 이러한 논리들은 하나같이 민주국가에서 이주 정책을 다룰 만한 윤리적 틀을 제공하지 못한다. 사실 이 이론들은, 이주에 관한 표준경제 모형에 윤리적 근거를 제공하지 않는 한 십대들의 한낱 허황된 꿈처럼 치부될 수 있다.

그렇다면 이주 통제 권한은 왜 존재해야 하는가? 그 이유를 알아보기 위해 제한 없는 이주라는 논리를 극단까지 밀고 가보자. 우리가 살펴본 대로, 이주자들의 자유로운 이동으로 몇몇 빈곤국은 텅 비고 몇몇 부유국은 이주자의 비중이 압도적인 상황이 전개될 것이다. 공리주의자와 자유주의자들은 이러한 가능성을 개의치 않는다. 말리가 텅 비면 그게 왜 문제냐고 반문한다. 자신의 정체성을 말리인으로 여겼던 사람들이 이제 다른 지역에서 새 인생을 시작하면서 전보다 더 잘살 수 있다는 것이다. 이들은, 만약 앙골라에 중국인들이 또는 영국에 방글라데시인이 압도적으로 많아져 전반적인 정체성에 변화가 생기더라도 이는 중요한 결과가 아니라고 본다. 그렇지만 대다수 사람들은 그러한 결과를 불편해할 것이다. 환경경제학은 '존재 가치existence value'라는 개념을 연구에 도입했다. 판다를 본 적이 없는 사람이라도 지상 어딘가에 판다가 있다는 사실을 알면 생각이 달라진다. 우리는 종種들의 멸종을 원치 않기 때문이다. 각 나라들 역시 존재 가치가 있으므로, 사람들은 자국민뿐 아니라 타국민이 사라지는 것을 생물의 멸종보다 훨씬 더 안타까워할 것이다. 미국계 유대인들은 이스라엘의 존속을 중시한다. 정작 그 땅을 밟지 못하더라도 말이다. 마찬가지로 전 세계 수백만 명의 사람들도 말리를, 고대 도시 팀북투Timbuktu가 있는 이 나라를 소중히 여긴다. 이스라엘도 말리도 오래도록 보존되어야 한다. 이곳들은 살아 숨 쉬는 사회이기 때문이다. 그렇지만 말리는 공동화空洞化가 아닌 발전을 이루어야 한다. 말리인들 모두가 다른 지역에서 잘살게 되었다고 해도 이는 말리의 빈곤문제에 대한 만족스러운 해결책이 아니다. 마찬가지로 앙골라에 중국인들이, 영국에 방글라데시인들이 넘쳐난다면 이는 세계 문화의 끔찍한 손실일 것이다.

대접받고 싶은 대로 남에게 베풀라는 황금률은 이주 정책에 대한 불합리한 윤리적 억제 장치가 아니다. 따라서 아프리카에서 미국으로 가는 이주를 제한하지 않는 것을 도덕적 원칙으로 삼는다면 중국에서 아프리카로 가는 이주에도 마찬가지 원칙이 적용되어야 한다. 그렇지만 대다수 아프리카 국가들은 당연하게도 제한 없는 이주를 몹시 두려워한다. 아프리카인들은 자신의 나라가 다른 나라에게 점령당한 역사가 있기 때문에 그런 일이 반복되는 것을 원치 않을 것이다. 이번에는 총의 힘이 아닌 집단 이민의 힘이라 할지라도 말이다. 사실, 나라 간 노동력의 자유로운 이동으로 생기는 수십억 달러의 이득을 칭송하는 경제학자들도 말 그대로 제약 없는 이주를 옹호하지는 않는다. 이들은 그 수십억을 근거로 지금보다 다소 온건한 이주 제한 조치를 주장한다. 그렇지만 제한 조치를 했을 때 언제나 한계적 이익이 논란이 될 것이다. 이러한 경제적 이득을 취하지 않는 것이 왜 합리적인지 우리는 그 이유를 명백히 알아야 한다.

국가의 본질은 단순히 물리적 영토가 아니다. 부유국과 빈곤국의 소득 격차는 근본적으로 사회 모델의 차이에서 나온다. 만약 말리에 프랑스와 유사한 사회 모델이 있고 이 모델이 수십 년 동안 유지되었다면 말리의 소득 수준은 프랑스와 비슷했을 것이다. 소득 격차가 계속되는 이유는 지리적 차이 때문이 아니다. 물론 내륙국가에 건조기후인 말리의 특성은 말리의 번영을 힘들게 한다. 두 요인은 필요 이상으로 불리하게 작용했다. 내륙국가라는 약점은 역기능적 사회 모델을 갖고 있는 말리의 주변국들 때문에 더욱 증폭되었다. 현재 말리가 치르는 격한 내전은 이웃 나라 리비아의 정권 붕괴가 직접적인 영향을 주었다. 또한 농업 의존도가 높아서 건조한 기후 때문에 번영이 더욱 힘들다. 그러나 두바이는 기후가 훨씬 더 건조하지만, 번창한 서비스 경제로 다각화한 덕분에 강우량이 부족해도 문제되지 않는다.

순기능적 사회 모델은 결정적 역할을 하지만 이는 저절로 생겨나지 않는다. 수십 년, 때로는 수세기에 걸친 사회적 진보로 만들어진다. 사실 순기능적 사회 모델은 고소득 국가에 태어난 사람들이 전승해온 공동의 자산이라고 할 수 있다. 한 사회 구성원들이 이러한 자산을 공유한다고 해서 다른 이들에게도 이에 대한 접근 기회가 당연히 보장되어야 하는 것은 아니다. 세상에는 이러한 클럽재club goods, 경합성이 없고 배제성을 지닌 재화─옮긴이가 매우 많다.

한편 한 나라의 시민들에게 입국 제한 권한이 어느 정도 있다는 것을 대부분 수긍하더라도 이 권한의 행사는 제한적이며, 어떤 나라들은 다른 나라들보다 이주 배제권이 약하다. 인구 밀도가 몹시 낮은 나라의 경우 이주 배제권은 이기적 권리로 보인다. 유입국의 인구 자체가 최근 이주자들의 후손이라면, 엄격한 제한 조치는 사실상 사다리를 걷어 올리는 것과 다르지 않다. 그렇지만 역설적이게도 그러한 나라들의 가장 큰 특징은 인구 밀도가 낮다는 것과 보통 최신 직종에 대해 가장 엄격한 이주 제한 조치를 한다는 점이다. 대표적인 나라로 캐나다, 호주, 러시아, 이스라엘을 들 수 있다. 캐나다와 호주는 가장 최근에 이주자 사회가 된 나라들로, 두 곳 모두 인구 밀도가 여전히 낮다.[1] 그렇지만 이들은 고학력자 중심의 이주 정책을 개척했고, 여타 특성을 살피는 인터뷰로 학력 중심 점수제를 보완했다. 러시아가 거대하고 텅 빈 시베리아 영토에 확고한 영향력을 행사하기 시작한 것은 19세기부터였다. 시베리아 국경 중 상당 부분은 세계적으로 인구 밀도가 높은 나라 중 하나인 중국과 접해 있다. 그러다보니 러시아 이주 정책의 핵심은 중국인이 시베리아에 발붙이지 못하게 하는 것이었다. 이스라엘은 더욱 최근에 이주자 사회가 되었다. 그렇지만 원주민 망명자에게 귀국 권한을 주지 않을 만큼 이스라엘의 이주는 매우 제한적이다.

심지어 다수의 원주민이 예전부터 정착해온 인구 고밀도 국가들도 입국 규정에 용납하기 힘든 명백한 인종차별적 내용이 있다. 반인륜적 규정이 있는 나라들도 있다. 모든 양식 있는 사회들은 구제 의무를, 무엇보다도 망명 신청자를 구제하는 의무를 자각한다. 때로 구제 의무는 말 그대로 구제하는 것을 뜻한다. 현재 호주는 이민자들에게 궁극적인 약속의 땅이다. 세계적인 광물산업 호황으로 경기도 순탄하고, 행복지수가 가장 높은 나라로 조사 결과 나타났다. 호주는 북적거리는 나라와 거리가 멀다. 전 국토에 겨우 3,000만 명이 살고 있으며 거의 모든 거주민이 최근 건너온 이주자들의 후손이다. 심지어 총리도 이주자다. 당연히 인구가 많고 가난한 나라에 사는 사람들은 호주에 가고 싶어 하지만 호주 정부는 합법적 입국을 엄격히 제한해왔다. 이주 열망과 법적 현실 사이의 괴리는 조직적인 불법 입국 시장을 만들었다. 불법 사업주들이 돈을 받고 호주행 소형선박에 자리를 만들어주었다. 이로부터 생기는 비극적 상황은 충분히 예상 가능하다. 불법 입국권을 산 사람들은 사기를 당하거나 일 처리에 문제가 생겨도 호소할 데가 없다. 선박이 가라앉으면 그대로 익사하는 것이다. 현재 호주에서는 구제 의무의 범위를 놓고 열띤 논쟁이 벌어지고 있다. 이때 명백한 딜레마는 경제학자들이 '도덕적 해이'라는 모호한 용어로 지칭한 상황이다. 호주 당국이 구멍 난 보트에 오른 사람을 구제해주고 이들에게 거주권도 주면 구멍 난 보트에 오르는 사람들이 더 많아진다. 구제 의무가 악용될 가능성이 있는 것이다. 그렇다고 호주는 구제 의무에서 발뺌할 수도 없는데, 본질적으로 구제 의무에는 면책조항이 없기 때문이다. 그렇지만 호주인들에게 입국을 제한할 권리가 있으면, 이들에게는 인명 구출과 거주권 부여와의 연결고리를 끊어낼 권한이 생긴다. 호주가 새로택한 정책은 구출한 선상 난민들을 호주 영토 밖에 머물게 하고 합법적 입국 지원과 관련해 이들에게 그 어떤 유리한 혜택도 주지 않는 것이다. 체포한 선박을 출항지로 견인하겠다는 방침은 전보다 더 엄격하고 더 비인도적인 처사다. 그렇지만 희망을 안고 온 이주자와 호주 당국 사이의 신경전은 여기서 끝나지 않는다. 이주자는 호주 당국이 자신의 출항국이나 출신지를 알아낼 수 없도록 말 그대로 벙어리 행세를 하거나 서류를 없앨 수 있다. 자신을 구출하면 거주권을 주지 않을 수 없게 사실상 모험을 감행하는 것이다. 이렇게 고의로 구제 의무를 악용할 경우에는 이주자가 원하는 것을 주지 않는 것이 정당한 대응일 것이다.

이주는 보통 이주자들이 가족의 지원을 받아 결정하는 사적 행동이다. 그렇지만 이러한 사적 결정은 이주자들이 고려하지 않는 대상인 유입국과 유출국 양쪽에 영향을 준다. 경제학자들이 외부 효과라고 부르는 이 행위는 다른 사람들의 권리를 침해할 가능성이 있다. 따라서 이주자들이 무시하는 이러한 효과를 공공 정책에 반영하는 것은 합리적이다.

따라서 유입국 정부가 이주를 제한하는 것은 합당하며, 이러한 통제 조치는 서로 다른 세 집단에 영향을 미친다. 그 세 집단이란 이주자 본인, 유출국에 남겨진 사람들, 유입국의 원주민들이다. 이주 정책은 이 세 집단을 모두 고려해야 한다. 공리주의 경제학이 이 세 집단이 얻는 효과를 그럴듯하게 합산한 다음, 이주를 하면 수천억 달러의 순이득이 생긴다고 주장하는 것은 합리적이지 않다. 외국인 혐오 세력이 원주민들만 배타적으로 신경 쓰는 태도 역시 비합리적이다. 타인에 대한 배려는 국경을 넘어서면 분명 약해지겠지만 결코 사라져서는 안 된다.

인종차별 집단과 진보 세력이 격렬하게 논쟁하는, 이주가 좋은가 나쁜가라는 주제는 잘못된 질문이다. 이주 정책에 대해 타당한 질문은 이주가 전반적으로 좋은지 나쁜지가 아니다. 그보다는 이주의 가속화가 계속될 경우 생길 수 있는 '한계적' 효과를 다뤄야 한다. 이 질문의 답을 찾는 과정에서 이 책 각 장에서 선보인 세 가지 쌓기 블록이 중요한 역할을 한다. 이제 이 세 가지 쌓기 블록을 합쳐보도록 하자.

이주의 가속화

첫 번째 쌓기 블록은 이주자와 그들의 결정에 대한 것이다. 핵심 메시지는, 이주를 잠재적 이주자들의 분산적 결정에 맡길 경우 저소득 사회의 인구가 크게 감소할 때까지 이주의 가속화가 계속된다는 것이다. 이 가속도 원리는 이주에 대한 두 가지 반박할 수 없는 특징에서 나온다. 하나는 소득 격차가 있을 때, 디아스포라가 클수록 이주가 쉽고 따라서 이주에 속도가 붙는다는 점이다. 현재 이주 과정에 대한 가장 선도적 연구자인 프레데릭 도퀴에는 디아스포라가 이주에 영향을 미치는 단일 요소 중 가장 강력하다고 설명한다.[2] 반박하기 힘든 또 다른 특징은 이주가 소득 격차에 미치는 효과가 매우 작고 사실상 모호하다는 점이다. 국내로 들어오는 이주는, 그 규모가 방대해지기 전에는 소득을 눈에 띄게 하락시키지 않는다. 또 해외로 나가는 이주는, 그 규모가 방대하더라도 소득을 눈에 띄게 올리지 않는다. 애초에 소득 격차가 워낙 커서 이주가 균형을 이끄는 유일한 힘이라면, 해외로 나가는 이주가 수십 년간 계속되면서 사람들의 거주지가 대폭 바뀔 것이다.

가속도 원리 자체는 이러한 이주 과정의 고유한 특징에서 나온다. 그렇지만 사실 가속화는 저소득 국가의 다른 두 가지 변화로 증폭된다. 바로 소득 증가와 교육 수준 향상이다. 적절한 범위 내에서의 소득 증가는 소득 격차를 줄이긴 하겠지만 이주를 늘리는 경향이 있다. 소득이 늘면 이주에 대한 초기 투자비 마련이 한결 쉬워지기 때문이다. 정작 몹시 가난한 사람들은 이주할 엄두를 못 낸다. 교육 수준 향상은 이주 정책의 자격 요건 중 하나인 교육이라는 장벽을 점점 많은 사람들이 넘을 수 있게 되었음을 뜻한다.

이로부터, 주기적으로 자격 요건이 까다로워지면 이주의 가속화가 상쇄된다는 점, 그리고 이주율과 디아스포라의 규모는 유출국의 인구를 감소시킬 때까지 늘어날 수 있다는 함의를 얻는다.

남겨진 사람들, 행복한 중간지대

두 번째 쌓기 블록은 남겨진 사람들과 교육 및 송금에 관한 것이다. 해외 이주는 남겨진 사람들에게 여러 가지 영향을 주지만 그중에서 가장 명확하고 중요한 것이 교육된 거주민들과 송금에 관한 것이다. 이 두 가지 효과 모두 최근에 와서야 제대로 밝혀졌는데, 그 결과는 놀라웠다.

교육받은 사람들이 해외로 이주한다고 해서 교육받은 인구 수가 반드시 감소하는 것은 아니다. 오히려 해외 이주가 적정 수준이면, 그 사회의 다른 특성도 좌우하겠지만 두뇌 유입이라는 순이득을 낳기도 한다. 중국과 인도의 경우 두뇌 유입이 일어나는 방향으로 이주를 자연스럽게 제약시킨 사회적 특성이 있다. 반면 이미 인력 부족에 시달리는 다수의 작고 가난한 나라들은 인적자본이 유출될 만큼 해외 이주가 발생한다. 더 심각한 것은 혁신적인 인재의 이주로, 그 사회의 근대화에 가장 절실한 매우 숙달된 인력이 빠져나간다는 점이다. 마찬가지 맥락으로, 이주가 없으면 송금도 없으므로 이주가 적당히 발생하면 송금이 늘어나서 고국에 남은 사람들이 혜택을 본다. 그렇지만 이주가 적정 수준을 넘어서면 이주가 송금의 원천이 아닌 송금을 대신하는 수단이 된다. 따라서 어느 지점을 넘어서면, 이주율이 교육 및 송금에 미치는 영향은 긍정적 효과에서 부정적 효과로 돌아선다. 이주율은 정점을 넘어서면 다시 떨어지는 패턴을 보인다. 대다수의 작고 가난한 나라들의 경우 현행 이주율이 이미 정점을 넘어섰다고 보는 연구 결과가 있다.

이는 남겨진 사람들의 입장에서 볼 때 '행복한 중간지대happy

medium', 즉 교육 열기와 송금 수혜라는 두 가지 결합된 효과가 최고점에 달하는 적정 수준의 이주율이 있다는 것을 뜻한다. 가장 유익한 이주는 영구적인 집단 이동이 아니라 고학력 집단의 일시적인 이주다. 이 경우 유출국에 절대적으로 부족한 숙련 인력이 늘어날 뿐 아니라 해외 유학생들이 유입국의 순기능적 정치규범과 사회규범을 흡수해온다. 게다가 귀국한 이주자들은 이러한 규범을 교육의 혜택을 못 받은 다수에게 전파하는 역할도 한다. 그렇지만 유출국 정부들은 이주율이나 귀국율을 통제하지 못한다. 이는 유입국 정부의 통제에 달려 있다.

유입국의 원주민들에게 이주가 주는 효과

세 번째 쌓기 블록은 유입국에 사는 원주민에 대한 것이다. 이 중 일부는 경제적 효과에 대한 것이고 일부는 사회적 효과, 즉 다양성과 신뢰도, 소득 재분배에 대한 것이다. 이주는 다양한 효과를 낳긴 하지만, 남겨진 사람들에게 미치는 효과처럼 원주민에게 미치는 효과 역시 가장 중요하면서도 가장 오래 지속될 것으로 보인다.

임금에 미치는 직접적인 경제적 효과는 이주의 규모에 따라 다르다. 이주가 적정 수준일 때는 단기에 다소 긍정적인 효과를 주지만 장기에는 그 효과가 사라진다. 이주가 계속 증가하면 기본적인 경제 원리가 작동하면서 임금이 상당히 낮아진다. 공공주택처럼 부족한 공공서비스를 공유하면서 생기는 경제적 효과는 이주가 적정 수준이어도 가난한 원주민에게 부정적 효과를 줄 수 있고, 이주에 속도가 붙으면 그 부정적 효과가 더욱 커진다. 인구 과잉과 경기 순환의 증폭 같은 다른 경제적 효과도 특정 맥락에서 중요할 수 있다.

한편 이주자들은 사회적 다양성을 확대한다. 즉 다양성은 문제 해결에 새로운 시각을 제공해 경제적 부를 키우며, 다양성으로 인한 다채로움은 인생을 더욱 풍요롭게 한다. 그렇지만 다양성은 상호 배려를, 그리고 상호 배려에서 얻는 소중한 가치인 협력과 관용을 약하게 만든다. 다양성의 부식 효과腐蝕效果는 역기능적 사회 모델을 갖춘 나라에서 온 이주자들이 고국의 모델을 고수할 때 더욱 심해진다. 따라서 다양성의 비용과 편익은 상충관계를 보인다. 이러한 상충관계를 조율할 때의 핵심은 다양성이 더욱 확대될 때 그 비용과 편익이 정확히 얼마나 늘어나는지를 파악하는 것이다. 다양성이 주는 편익은 어떤 형태의 다양성이든 마찬가지지만 체감하는 경향이 있다. 즉 다양성이 증가할수록 편익이 계속 늘기는 해도 갈수록 늘어나는 정도가 줄어든다. 반면 다양성이 적당할 때는 그 비용을 무시해도 되나 일정 수준을 넘어가면 다양성 확대가 협력게임을 위협하고 소득 재분배 의지를 약화시킬 수 있다. 따라서 다양성의 비용은 갈수록 증가 속도가 커진다. 그러다 어느 시점을 넘어서면 다양성이 증가했을 때 비용의 증가분이 편익의 증가분보다 커질 수 있다. 따라서 다양성에 관한 올바른 질문은 다양성이 좋냐 나쁘냐가 아니라, 이렇게 물으면 인종차별 집단 대 진보 세력 구도로 나뉠 우려가 있으므로 다양성이 어느 정도일 때 최적인지를 묻는 것이다. 애석하게도, 현재의 연구 수준은 다양성이 심각한 비용을 초래하는 시점을 추산하기에는 정교함이 한참 떨어진다. 다양성이 주는 이러한 함의에 대해 괜한 걱정이라며 무시하는 사람도 있을 것이고 유념해야겠다고 받아들이는 사람도 있을 것이다. 그러나 유감스럽게도 이러한 판단은 위험에 대한 우리의 태도보다는, 조너선 헤이트가 예견했듯 우리의 선험적 도덕의식이 결정할 것이다. 이주 정책의 선택과 관련해서는 제한적 증거와 감정적 대응이 충돌할 것이다. 그렇지만 일단은 이러한 감정적 판단을 유보하도록 하자.

포괄적 정책들

이제 이 쌓기 블록을 한데 모아보자. 쌓기 블록들은 유입국 정부가 짊어져야 할 책임이 무엇인지 보여준다. 이주율은 잠재적 이주자들의 개별적 선택과 유입국 정부가 정하는 정책에 달려 있다. 이주를 전적으로 이주자들의 선택에 맡기면, 이주는 남겨진 사람들에게 최대의 이득을 안겨주는 행복한 중간지대 이상으로 증가할 수 있다. 또한 이주는 유입국이 추가 이주로 이득을 얻는 지점 이상으로 증가할 수 있다. 따라서 이주를 개별 이주자들의 선택으로 방치해서는 안 되며 정부가 관리해야 한다. 그렇지만 이주 정책은 불가피하게도 복잡한 성격을 갖는다. 합목적적 이주 정책을 마련하려면 이러한 복잡성을 잘 이해해야 한다. 이주의 다양한 쟁점을 다룬 연구들은 아직 신뢰성 있는 답을 내놓지 못하고 있다. 한편 계속 자족적 확신만 일삼는 정부의 공식 발표는 일반 시민들의 신뢰를 잃었다. 영국 내무부가 예측한 동유럽에서의 이주 전망이 그야말로 빗나갔음을 떠올려보라. 다양한 쟁점을 다루는 연구가 가능해지려면, 이주 논쟁에 대한 금기를 깨고 향후 정책의 매개 변수를 폭넓게 파악해야 한다. 5부에서 전형적인 고소득 국가가 이주 정책에서 실책을 범하는 과정을 도식적으로 보여주었다. 여기에 패닉 단계의 정치·경제라는 이름을 붙였다. 이제 나는 그렇게 심란한 정책들을 양산한 초기 상태로 돌아가 다른 정책을 제안하고자 한다.

패닉 단계의 정치·경제와 마찬가지로, 이주함수와 디아스포라 스케줄의 초기 형태에는 균형이 없다. 이때 정책적 통제가 없으면 이주와 디아스포라는 무한히 팽창할 것이다. 그렇지만 이제 유입국 정부가 이주의 가속화를 방치했다가 정책적 공황에 빠지는 일이 없도록 이주 상한선, 이주자 선별, 디아스포라 통합, 불법 이주의 합법화 등 포괄적 정책을 선택했다고 해보자.

이주는 여기까지?

　　　　　　　이주 정책의 과제는 최소한 가난한 유출국에 남겨진 사람들과 유입국의 원주민에게 손해를 줄 만큼 이주율이 솟구치지 않도록 차단하는 것이다. 이주가 아직 그런 피해를 낳고 있지는 않으므로 패닉 단계의 정책이 필요하지는 않다. 그렇지만 우리는 이주의 근본 동력이 이주의 가속화를 낳는다는 점, 그리고 예방 정책이 대응 정책보다 훨씬 낫다는 점을 알아야 한다. 사실 나는 효과적인 예방 정책을 실시하면, 극단적 성향의 정당들이 현재 일반 시민들에게 호소하는 주장을 무력화하고 또 그러한 호소가 먹힐 조건을 차단할 수 있다고 본다. 그렇다면 이주 상한선을 주장하는 근거는 무엇일까? 일단 이주 상한선은 현명한 이기심을 강조하는 쪽과 연민적 입장을 내세우는 쪽에서 공동으로 주장하고 있다.

　현명한 이기심 쪽은 예방적 정책을 주장한다. 그렇다고 이주가 이미 고소득 사회에 피해를 주었다는 뜻은 아니다. 그 경제적 근거는 이주가 계속 가속화되면 원주민 노동자들의 임금이 하락하고 공공재의 지분이 심각하게 낮아진다는 점에 있다. 고소득 사회가 고생산성 일자리를 만들어낼 수 있는 속도에는 사실 한계가 있으며, 이미 그 한계와 씨름하고 있다. 지난 반세기 동안 체험한 적정 이주율에서는, 때마침 장기 호황과 시기가 맞물리면서 우호적 상쇄 효과가 나타나 미약하나마 임금이 올랐다. 그렇지만 이주 통제가 없을 때 이러한 효과가 어떻게 변할지는 예측하기 힘들다. 현명한 이기심 쪽이 내세우는 사회적 근거는 이주가 지속되면 상호 배려를 약화시킬 정도로 다양성이 확대된다는 사실에 있다.

연민을 주장하는 쪽은, 세계에서 가장 절실한 사람들은 빈곤국에서 오는 이주자들이 아니라고 주장한다. 보통 이주자들은 출신국에서 그나마 형편이 나은 사람들이다. 극심하게 가난한 사람들은 이주 비용도 감당하지 못한다. 따라서 유출국에 남겨진 사람들이 가장 절실하다. 이러한 빈곤은 우리 시대의 큰 도덕적 시험대로, 이주에 대한 기계적 접근으로는 이 문제를 해결하지 못한다. 이주 가속화로 중국은 계속 이득을 보겠지만 아이티는 그렇지 않으므로, 우리가 신경 써야 하는 나라는 중국이 아니라 아이티다. 한편 적당한 이주는 남겨진 사람들에게 유익하겠지만, 현행 이주율이 이들에게 가장 유익한, 행복한 중간지대를 넘은 것이 거의 확실해 보인다. 한계적 효과로 볼 때 빈곤에서 벗어나려는 이들의 노력에 이주가 이미 걸림돌로 작용하고 있다. 따라서 연민적 입장은 현명한 이기심 쪽보다 더 시급하고 더 제한적인 정책을 주장한다.

이렇듯 현명한 이기심이든 빈곤층에 대한 연민이든 양쪽 모두 이주 상한선을 주장하는 탄탄한 근거가 있다. 이주 상한선 정책은 과거의 잔재가 아니다. 빈곤국에서 부유국으로 향하는 대량 이주의 가속화는 지구온난화만큼이나 유례없고 가능성이 높은 현상이다. 그렇지만 지구온난화 문제처럼, 세부적 이주 모형을 세울 만큼 연구 기반이 탄탄하지 못하지만 이후 몇십 년 안으로 차츰 이주 통제를 해야 한다는 사실만큼은 분명하다. 지구온난화 문제와 관련해 고소득 사회는 차츰 기후 변화를 자각하면서 장기적인 사고를 하게 되었고 탄소 배출의 잠재적 위험도 고려하게 되었다. 이주 정책도 이와 비슷하다. 실제로 두 현상 모두 임계치를 넘어서면 유량이 저량으로 축적된다는 기본적 특징이 있다. 기후 변화 문제에서 연구자들은 대기 중의 안전한 이산화탄소 저량에서 안전한 탄소배출율이 나온다는 사실을 깨달았다. 이주 문제에서 이와 상응하는 개념은 흡수되지 않은 디아스포라의 안전한 규모다. 디아스포라는 '동화되지 않은' 이주자들의 누적된 저량이므로, 이주가 다양성에 미치는 여파를 재는 척도가 된다. 이주 정책의 궁극적 목표는 다양성의 수위 조절이지 이주율 그 자체가 아니다. 기후 변화와 마찬가지로, 우리는 동화되지 않은 디아스포라의 규모가 어느 정도일 때 고소득 사회의 바탕인 상호 배려를 심각하게 훼손하는지 알지 못한다. 물론 이주 가속화가 특정 단계에 이르면 임금도 낮아질 것이다. 그렇지만 우리가 더 주목해야할 위험 요인은 상호 배려의 약화로, 이는 선명하게 드러나지 않으면서 뒤늦게 나타날 가능성이 높다. 그렇기 때문에 심각한 정책적 실수에 더 민감해질 수밖에 없다. 한 사회의 실책은 바로잡기가 어렵기 때문이다. 사람들은 다양성 확대의 위험성에 동의하지 않을 것이다. 마치 지구온난화로 기온이 3도, 4도, 혹은 5도 상승해도 이것이 안전한지를 놓고 의견이 분분한 것처럼 말이다. 그렇지만 적어도 기후 변화와 관련해서는 현재 사람들이 논쟁을 한다. 디아스포라와 관련해서도 이러한 논의가 있어야 한다. 방치한 디아스포라가 특정 도시에 밀집한다고 할 때, 인구 대비 디아스포라의 상한선이 10퍼센트인지 30퍼센트인지 아니면 50퍼센트인지 논의해야 한다. 기후 변화의 경우 우리는 적절한 개념을 알고 있을 뿐만 아니라 차츰 측정도 가능해지고 있다. 이주 정책과 관련해서는 아직 적절한 개념도, 올바른 측정법도 없다.

안전한 디아스포라 규모의 상한선이 있다고 할 때, 그 다음으로 정책에서 고려해야 할 핵심 수치는 이주율이 아니라 디아스포라의 동화율이다. 우리가 믿음직한 도구에서 얻은 핵심적 통찰은, 디아스포라의 상한선에 대응하는 지속가능한 이주율이 디아스포라의 흡수 속도에 따라 다르다는 점이었다. 이 동화율은 이주 집단과 유입국에 따라 두드러진 차이를 보인다. 예를 들어 뉴질랜드의 통가인들은 독일의 터키인들보다 동화율이 훨씬 높다. 대다수 사회는 이 핵심 수치를 제대로 측정조차 하지 않고 있으므로 우선 대략적 수치를 산출한 후 차차 다듬는 작업이 필요하다.

안전한 디아스포라 상한선과 디아스포라 동화율 사이에서 우리는 지속가능한 이주율의 상한선을 얻게 된다. 높은 이주율은 높은 동화율이라는 조건이 있어야만 안정된 디아스포라와 공존할 수 있다. 역으로, 낮은 동화율은 낮은 이주율이라는 조건이 있어야만 안정된 디아스포라를 유지할 수 있다. 이주율 상한선은 분명 이주의 총유입과 관련이 있다. 따라서 이주 상한을 총계치로 명시하는 것은 불합리하지 않다. 일례로, 몇몇 고소득 국가가 이주 통제를 위해 채택한 다양한 추첨 제도는 자동으로 총유입 인원을 이주 상한으로 명시하게 만든다. 그렇지만 현재 영국 정치인들이 논쟁하는 상한선은 유입 인구에서 유출 인구를 뺀 순유입의 상한선이다. 이는 사실상 중요한 개념인 디아스포라의 규모와 거의 관련이 없다. 이는 과잉 인구에 대한 우려와 관련해 타당성을 지닌다. 나는 현재 '이주가 과하다'는 대다수 영국인의 견해가 과잉 인구에 대한 우려라고 보지 않는다. 그보다는 흡수되지 않은 디아스포라가 점점 불어나면서 느끼는 막연한 불안일 가능성이 더 높다. 국외로의 이주 가속화 현상은 그 자체로 합당한 정책 목표다. 사람들이 해외로 이주하면 숙련 인구의 상실로 고소득 사회의 남은 인구가 손해를 보기 때문이다.

일단 우리가 이주자를 총유입과 총유출로 구분할 수 있다고 할 때, 또 하나 구분해야 할 개념이 있다. 정착을 목적으로 한 이주가 가속화되면 디아스포라가 커지면서 극빈국의 인재들이 빠져나간다. 반면 유학을 목적으로 한 일시적 이주가 가속화되면 디아스포라를 키우지 않고 빈곤국의 핵심적 숙련 인력이 늘어나며 핵심 가치들을 이전시키고 미래의 지도자들을 육성하게 된다. 구소련의 중앙집권식 계획경제를 풍자한 이야기 중에, 구체적 목표를 소의 머릿수로 잡고 머리 둘 달린 소를 키워 이를 달성한다는 우스갯소리가 있다. 외국 유학생 수를 줄여서 이주 목표치를 달성하려는 정책 역시 이와 동일한 발상이다.[3]

이주자를 뽑다

전반적인 총 이주의 상한선을 정했다면, 합목적적 공공정책을 위한 다음 절차는 이주자의 자격 요건을 정하는 것이다. 가장 두드러진 항목들은 가정 형편, 교육 수준, 고용 가능성, 문화적 특색, 사회적 취약성 등이다.

기존 이주자에게 초청 이민권을 부여할 때 이주자와의 현재 및 미래의 관계만 본다면 다른 기준들은 모두 의미가 없어진다. 디아스포라가 주도하는 이주가 가속화되면 디아스포라에 의존하는 친척들이 차츰 다른 이주 후보들을 밀어낼 것이고 더 이상 할 이야기가 없어진다. 게다가 친척들을 데려올 수 있는 너그러운 권리 덕분에 빈곤국에 던져주는 구명 밧줄인 송금이 줄어든다. 따라서 초청 이민권을 어떻게 규정할 것인지는 민감하고도 핵심적인 사안이다. 나는 이러한 권리가 존재하는 이유는 원주민들이 이 권리를 사용하는 경우가 드물기 때문이라고 주장했다. 권리로서 초청 이민권은, 칸트의 정언명령定言命令, 행위의 결과와 상관없이 그 자체가 선이어서 무조건 수행해야 하는 도덕적 명령—옮긴이에서 윤리성을 따지는 보편성 테스트를 통과하지 못한다. 초청 이민권이 존재 가능한 이유는 이 권리가 원주민 입장에서는 '다행히도 보편성 테스트를 통과하지 못'했기 때문이다. 따라서 원주민들이 거의 사용하지 않는 이 권리를 이주자에게 합리적으로 확대하려면 이를 거의 사용하지 않아야 한다는 단서가 붙는다. 사실상 이는 집단으로서 이주자들이 추첨제를 통해 원주민과 같은 비율로 초청 이민권을 할당받는다는 것을 뜻한다. 이런 식으로 부양자들의 이주 기회를 제한하면 노동 인력의 이주 기회가 확대된다. 그렇다면 이주 인력은 어떻게 선별해야 할까?

이주 인력에게 기대하는 가장 바람직한 특성은 이들이 숙련 인력 혹은 교육 받은 인력이어야 한다는 점이다. 이주자들이 원주민들보다 교육 수준이 높으면 원주민들의 임금이 올라가는 경향이 있다. 반대로 이주자들의 교육 수준이 낮다면 원주민들의 임금이 낮아지는 경향이 있다. 적어도 하위 집단의 임금은 그렇다. 따라서 유입국은 이러한 이해관계에 따라 어느 정도 학력을 갖춘 이주자를 선별한다. 이는 현재 나라마다 큰 편차가 있지만 고소득 사회에서 점차 보편화되고 있는 정책이다. 그리고 현재 교육 수준이 계속 높아지면서 최저학력 기준도 올라갈 것이다. 4부에서 논했듯이, 빈곤국에 남겨진 사람들 입장에서 이러한 상황은 이상적이지 않다. 빈곤국은 이미 두뇌 유출을 겪고 있고, 이로 인해 세계적 기술을 채택하고 체화해 근대사회를 따라잡을 역량이 부족하다. 게다가 어떤 연구 결과에 따르면 학력이 일정 수준을 넘어서면 고학력 이주자들이 학력이 낮은 사람들보다 고국에 송금을 적게 한다고 한다.

교육 다음은 고용 가능성이다. 학력은 이주 신청자들을 검토하는 규정으로 유용하지만 업무 태도와 관련된 다른 정보들은 상당부분 놓치게 한다. 대학 사회를 잘 아는 사람이라면 누구나 자기 학생들이나 교직원들 중에 학력은 높아도 직장 생활은 다소 힘들 것 같은 사람들을 보게 된다. 비자관리국은 이러한 정보를 알아내기에 부적합하며, 이 재량권을 이주관리 직원들에게 넘기면 이 업무를 맡는 과정에서 부패해질 가능성이 있다. 따라서 고용 적합성을 알아보려면 회사가 이주자 선별 과정에 개입하는 것이 합리적일 것이다. 즉 정부가 정한 기준을 만족시킨 이주 희망자들이 자신이 일할 회사의 조건 역시 만족시켜야 하는 것이다. 뉴질랜드와 독일 모두 이러한 제도를 운영한다. 고용주들에게는 지원자들의 여러 특성들을 골고루 살펴 면밀히 심사할 동기가 있다. 기계적인 점수제로만 이주자를 선별하는 나라들은 이러한 자체 심사를 병행하는 나라들보다 손해일 수 있는데, 자격 요건은 되지만 다른 기준은 부적합한 사람들이 그 나라에 몰릴 수 있기 때문이다.[4]

이러한 업무 관련 속성 외에 문화적 속성이 있다. 이 책의 메시지는 문화적 속성이 중요하다는 것이었다. 문화는 디아스포라를 원주민과 구별해주는 요소이며, 문화 중에는 다른 문화에 비해 원주민 문화와 더욱 이질적인 문화가 있다. 문화적 거리감이 클수록 디아스포라의 동화율은 느릴 것이며 지속가능한 이주율도 느려질 것이다. 그렇지만 이주의 역설 중 하나는, 문화적 차이에 따른 차등통제가 없을 경우 문화적 거리가 큰 사람들이 오히려 이주 결정에서 혜택을 본다는 사실이다. 이들의 디아스포라는 문화적으로 유사한 집단보다 동화가 더디기 때문에 그만큼 큰 규모의 디아스포라를 형성해 이주를 더욱 촉진하게 된다. 따라서 합목적적 이주 정책을 위해서는 인종차별을 범하지 않는 범위 내에서 특정 국가 출신 이주자를 받아들여 문화적 거리가 낳는 엉뚱한 효과perverse effects를 상쇄해야 한다. 문화적 속성을 반영한 동시에 정치적으로 용인되는 차등통제의 예로, 현재 스웨덴과 영국에서 폴란드 출신 이주자들에게는 아무런 제한을 두지 않지만 터키 출신 이주자들에게는 터키가 유럽연합 가입이 허용되지 않았다는 이유로 이주를 제한하는 조치를 들 수 있다.[5]

마지막으로 중요한 기준은 취약성을 지닌 이들이다. 망명자 신분은 남용되는 경우가 있더라도 매우 중요한 범주다. 취약자들을 돕는다고 원주민에게 경제적 이득이 생기지는 않는다. 경제적 이득은 그들을 돕는 합당한 근거가 아니다. 고소득 사회는 가장 억

압받는 사회를 도움으로써 자존감을 지킨다. 그렇지만 망명 절차에는 개선의 여지가 있다. 합목적적 이주 정책이라면 내전이나 가혹한 독재, 소수자 박해, 혹은 이에 상응하는 심각한 사회적 분란이 있는 몇몇 나라의 망명자들만 받아들여야 한다. 이러한 나라들의 망명 신청자들을 신속하게 그리고 관대하게 받아들여야 한다. 그렇지만 이러한 아량은 거주 기간을 제한하는 조치와 맞물려야 한다. 즉 고국에 평화가 찾아오면 망명자들은 필히 돌아가야 한다. 이러한 부칙은 내전을 치른 나라가 극심한 조정 문제를 겪는다는 사실 때문에 필요하다. 이들 나라에 숙련 인력 부족한데도 디아스포라 구성원들은 귀국을 꺼린다. 다수가 함께 귀국하지 않는 한 이들 나라의 장래는 밝지 않다. 이를 분석해보면 3장의 토론으로 돌아가게 된다. 즉 협력을 끌어내는 일의 어려움이다. 그렇지만 고소득 사회에서는 기존의 협력이 깨지는 상황을 우려했다면 몇몇 극빈국의 경우는 협력을 끌어낼 방도를 고민하고 있다. 내전을 치른 나라의 정부들은 보통 디아스포라의 귀국에 발 벗고 나서지만 다 함께 귀국시킬 수단이 이들에게는 없다. 이러한 힘은 이주자들이 망명을 신청한 나라의 정부에게만 있다. 이 정부들은 최하층 국가의 이해관계를 고려해 이러한 권한을 사용해야 한다. 내전 기간에 망명을 받아들이는 목적은, 운 좋게 나라를 탈출한 소수에게 영구적으로 삶을 바꿀 기회를 주려는 게 아니라 국정 수습에 동참할 수 있는 안정기가 올 때까지 그 나라들의 핵심 인력과 정치적 인물들을 보호하려는 것이다. 따라서 고소득 국가가 구제 의무에 충실하다고 해서 자국의 정책적 함의를 고려해야 할 책임이 면제되지는 않는다.

피할 수 없으면 포용한다

이주 규모를 제한하고 이주자 구성을 통제하는 방식이, 다양성을 억제하고 디아스포라 규모를 안정화하는 유일한 수단은 아니다. 또 다른 수단은 동화율을 높이는 것이다. 동화 과정에서 디아스포라에 빈자리가 생기면 이 자리를 이주자들이 메우게 된다. 디아스포라의 동화 속도는 다문화주의와 동화주의 중 어떤 정책을 선택하는가가 부분적으로 좌우한다.

동화 과정은 사회과학자와 정책 입안자들이 처음 생각했던 것보다 훨씬 힘겨웠다. 다문화주의로 정책을 변경한 것은 실패한 동화 정책에 대해 "피할 수 없다면 포용해야 한다"는 심리적 반응이었는지도 모른다. 그렇지만 다양성의 상한이 있을 때, 동화율이 낮을수록 이주율도 낮아져야 하므로 다문화주의는 뚜렷한 대가를 치러야 한다. 통합을 포기하는 것은 성급한 판단이다. 따라서 합목적적 이주 정책은 디아스포라의 동화율을 높이는 일련의 정책을 택한다. 즉 정부가 원주민들의 인종주의와 차별 행위를 엄격히 단속한다. 동화율을 높이기 위해서는 이주자의 거주지를 분산시키는 캐나다식 정책도 선택한다. 또 1970년대 미국의 정책처럼, 학교를 통합해 디아스포라 출신 학생들의 비중에 상한선을 긋는다. 이주자가 원주민의 언어를 필히 배울 수 있도록 하고 언어 습득을 돕기 위한 지원도 한다. 상징과 의식을 통해 공동의 시민의식도 불어넣는다.

스스로 진보적이라 생각하는 사람들은 대개 빠른 이주율과 후한 사회복지 정책이 결합된 다문화주의를 선호한다. 그렇지만 어떤 정책 조합은 유지가 불가능하다. 그래서 유권자들은, 기만적인 정치인들이 낮은 세금과 높은 정부 지출, 안정적 부채라는 정책 조합으로 유권자들을 현혹하는 행태에 회의를 느끼게 되었다. 세련된 경제학 용어로 한 차원 높게 표현하자면, 근대 국제경제학의 중요한 통찰인 '불가능한 삼위일체the impossible trinity'인 것이다. 즉 자유로운 자본 이동을 허용하고 통화 정책의 자율성을 누리는 정부는 동시에 환율까지 결정할 수 없다는 이론이다. 결국 국제통화기금은 자유로운 자본 이동이 부적합한 국가들도 있다는 사실을 뒤늦게 깨달았다. 이와 마찬가지로 자유로운 인력 이동에서도 불가능한 삼위일체가 있을 것이다. 급속한 이주는, 동화율은 낮고 복지제도는 후한 다문화주의 정책과 지속적으로 결합되기 힘들 수 있다. 아직은 이 불가능한 삼위일체를 보여주는 증거가 개략적이지만 이를 감정적으로 묵살하지 않도록 유의해야 한다. 사회과학자들이라고 해서 체계적으로 편향된 추론에 휘둘리지 않으리란 법은 없다.

이주 통제를 빠져나간 사람들

어떤 통제든 이를 피해 가는 사람들이 있다. 성공적으로 이주 통제를 빠져나간 사람들은 불법 이주자가 되고 이러한 불법 이주는 범죄와 지하경제 같은 심각한 문제를 낳는다. 불법 이주의 해결책 논쟁은 이보다 더 큰 범주인 이주 논쟁만큼 심각하게 양분되어 있다. 사회적 자유주의자들은 모든 합법적 지위를 단번에 주길 원한다. 반면 사회적 보수주의자들은 법망 회피자에게 보상을 해주면 불법을 더욱 부추긴다는 이유로 이에 반대한다. 결국 논쟁이 교착 상태에 빠지면서 아무런 조치도 하지 못한 사이 불법 이주자들은 계속해서 증가해왔다. 미국의 불법 이주자는 1,200만 명이고, 영국은 그 인원조차 모른다. 내가 이 책을 쓰는 시점에 오바마 행정부는 이 문제 해결에 착수할 것으로 보인다.

포괄적 정책은 양 진영의 합리적 우려에 걸맞은 효율적이고 간결한 접근 방식을 제공하지만, 그럼에도 양 진영의 극단주의자들은 만족하지 못할 것이다. 포괄적 정책은 사회적 자유주의자들의 합리적 우려를 없애기 위해 법망 회피는 어쩔 수 없다는 점을 인정하고, 이미 들어온 이주자들은 물론 향후 유입될 불법 이주자 문제를 다룬다. 어떤 식으로든 단번에 권리를 부여하라는 것은 일종의 정치적 기만이다. 또한 포괄적 정책은 과거 국경 통제가 뚫리면서 불법 입국자가 있었다는 사실도 인정하면서, 그 이주자들이 공식적인 경제 활동을 할 수 있도록 법적 지위를 충분히 보장한다. 그렇지 않으면 불법 이주는 또 다른 불법 행위의 온상이 된다. 포괄적 정책은 사회적 보수주의자들의 합리적 우려를 없애기 위해, 합법적 입국 절차를 밟지 않은 사람들을 처벌해 전반적인 이주자 수를 늘리지 않으며 불법적 신분을 고수하는 이주자들을 단호히 처리한다.

포괄적 접근은 국경 통제를 유지하는 것으로 사실상 그 수위를 높이는 것이지만, 이러한 통제에도 불구하고 들어온 모든 이들에게 초청 노동자 신분을 인정해준다. 초청 노동자 신분 덕분에 이들은 일할 수 있으며 자동으로 영구적이고 완전한 합법 이주자가 된다. 초청 노동자 신분일 때 이들은 납세 의무는 있어도 복지를 누릴 자격은 없다. 공공서비스를 이용할 때 이들의 권리는 관광객과 동일하다. 이들이 완전한 합법 이주자로 전환되면 합법 이주의 전체 상한에 포함되므로, 불법 이주자가 합법 이주자에 추가되기보다 그만큼 합법 이주자 수를 줄이게 된다. 이는 이주에 찬성하는 로비 세력들로 하여금 효과적인 국경 통제를 지지하게 하는 강력한 유인이 된다. 마지막으로 포괄적 접근은 불법 이주자

자진신고를 유도하기 위해 신고하지 않은 불법 체류자들이 발각되면 선처 없이 강제 추방한다.[6]

　이러한 접근 방식이 불법 이주를 위험할 만큼 늘리는 것은 아닐까? 그렇지 않다고 본다. 현재 많은 나라에 불법 이주자들이 상당수 포진해 있지만 기존의 통제 정책이 매우 효과적이었음을 간단히 추론할 수 있다. 현재 빈곤국에서 이주하려는 경제적 동기가 상당하고 디아스포라는 이미 충분히 자리 잡은 상태이므로, 이주 통제가 무력했다면 이주 흐름은 지금보다 훨씬 컸을 것이다. 결국 불법 이주 흐름은 내가 제안한 것과 같은 유인책의 작은 변화에 그리 영향을 받지 않을 것으로 보인다. 완전한 합법 이주자 신분을 얻는 일은 여전히 힘들고 시간도 오래 걸리며 보통은 아무 혜택 없이 수년간 납세해야 할 수도 있기 때문이다. 만약 정부가 초청 노동자 신분의 매력을 떨어뜨린다면, 범법자들은 선처 없이 강제 출국 당할 수 있다. 그렇다면 앞서 제안한 포괄적 접근들은 인권을 침해하는 것일까? 이주 통제 자체가 인권 침해라고 본다면 그러하다. 만약 이주 통제가 타당하다면, 법망을 회피한 이주자들을 용서해주는 그 어떤 정책도 이들에게 아무런 합법적 지위도 주지 않고 내쫓는 정책보다 더 인간적일 것이다.

포괄적 정책은 어떻게 움직이는가

이주 상한선, 이주자 선별, 이주자 통합, 불법 이주의 합법화로 구성된 포괄적 정책은 믿음직한 모형을 이용해 평가해볼 수 있다. 189쪽 〈그림 5-1〉을 참고하면 도움이 될 것이다. 이 그림은 초기에 균형이 없는 상태에서 패닉 단계의 정치·경제가 매우 해롭게 반응하는 과정을 보여준다. 〈그림 12-1〉도 정확히 같은 선상에서 출발한다. 즉 〈그림 5-1〉처럼 초반에 균형이 없는 상태에서 시작한다.

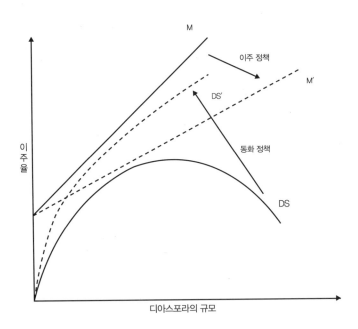

〈그림 12-1〉 이주자 선별과 통합정책의 정치·경제

그렇지만 이제 이주자 선별과 이주 상한선 정책이 결합되면 이주함수가 완만해지면서 시계방향으로 기운다. 한편 통합정책의 가속화로 디아스포라 스케줄의 기울기가 가팔라지고 시계반대방향으로 이동한다. 그 결과 교차점이 생긴다. 균형이 회복되는 것이다. 포괄적 정책이 도입되면, 처음에는 이주에 속도가 붙다가 차츰 안정된다. 마찬가지로 디아스포라도 처음에는 증가하다가 곧 안정된다. 포괄적 정책이 갖는 이러한 결과는 네 가지 주요 국면에서 패닉 단계의 정치·경제가 보여주는 것보다 월등하다. 장기적으로 이주율과 디아스포라 조합이 더 낫다. 〈그림 12-1〉과 〈그림 5-1〉을 비교해보면, 균형점에서 같은 크기의 디아스포라에 대해 이주율은 더 높고, 반대로 같은 이주율에 대해 흡수되지 않은 디아스포라 규모는 더 작다. 따라서 유입국은, 이주율은 높으면서도 디아스포라 규모는 더 작은 정책을 선택할 수 있다. 이는 노동력의 이주로 경제적 이익을 얻기 때문에 더 좋긴 하지만, 한편으로 흡수되지 않은 디아스포라 때문에 사회적 비용이 생긴다. 또한 이 조합은 균형에 빨리 도달한다. 반면 패닉 단계의 정치·경제는 균형까지 한 세기가 걸릴 수도 있다. 게다가 이 조합은 균형에 도달할 때, 이주율과 디아스포라 규모 모두 급변하는 장기간의 우회 경로를 거치지 않는다. 마지막으로 패닉 단계의 정치·경제에서 생기는 불법 이주자들그리고 그에 따른 흡수되지 않은 이주자들의 누적도 완전히 피해간다.

이렇게 간단한 모형의 응용에서 두 가지 교훈을 끌어낼 수 있다. 하나는 성공적 이주를 위한 정책의 범주가 넓다는 점이다. 정책 목표를 다양성에 적절한 상한선을 두는 것으로 삼을 경우, 이주율 뿐만 아니라 동화율도 중시해야 한다. 또 다른 교훈은, 이주 초기 단계에서 장기적 안목으로 적절한 정책을 정해야 한다는 점이다. 장기적 사고가 필요한 것은 기후 변화 정책만이 아니다. 영국 예산책임국은 최근 영국이 순이주율을 높일 경우 향후 3년 동안 1인당 GDP 성장률이 약 0.3퍼센트 오를 수 있다고 분석했다. 이러한 전망을 내놓은 분석 팀의 노고는 인정하지만 이러한 단기적 사고는 이주 정책에 적합하지 않다.

이러한 포괄적 정책은 이주와 관련된 중요 집단들에게 어떤 영향을 미칠까?

포괄적 정책으로 생길 이주율이 빈곤국의 남겨진 사람들에게 이상적일 것이라고 볼 만한 근거는 없다. 사실 현재로서는 그 이주율이 어느 정도일지 추산할 근거도 없다. 그렇지만 다수의 빈곤국에게는 현행 이주율도 과도한 수준이라는 것을 우리는 알고 있다. 따라서 이주율이 다소 낮아진다면 이들에게 유익할 것이다. 또한 패닉 단계의 정치·경제 때문에 이주율이 급감하면 이주자가 부족해질 수 있다. 이때 선별 정책과 통합 정책을 쓰면 이주율이 높아지므로 빈곤국 입장에서 볼 때 상황이 개선될 수 있다.

유입국 원주민의 관점에서 볼 때 포괄적 정책은 매우 우월한 정책이다. 지속 가능한 이주율이 더 높아지고 여기서 생기는 적당한 경제적 이득을 꾸준히 취할 수 있으며 동화되지 않은 방대한 디아스포라가 낳는 사회적 비용은 피해갈 수 있기 때문이다.

기존 이주자들의 관점에서 볼 때, 패닉 단계의 정치·경제는 경제적으로나 사회적으로나 매력이 없다. 경제적으로 볼 때 기존 이주자들은 이주가 더 늘어나면 손해가 크다. 따라서 이주에 속도가 붙는 불안 단계에서 이들은 새로 온 이주자들과 경쟁해야 하는 압박에 놓인다. 사회적 관계를 살펴보면, 제한 조치가 엄격해지고 사회적 비용이 증가하는 혼돈 단계에서 이주자들은 외국인 혐오라는 위험에 노출될 수 있다. 그렇지만 선별과 통합을 골자로 하는 포괄적 정책은 이주자들에게 부담스럽다. 문화적 분리라는 안락한 지대에서 이주자들을 밀어내기 때문이다. 이에 이주자들은 원주민의 언어를 배워야 하고 자녀들을 통합학교에 보내야 하며 친척 초청 권한도 제약받는다.

모두에게 이로운 이주 정책은 없다. 내가 제안한 포괄적 정책에서 손해 보는 이들은, 이러한 정책이 없을 때 당장 이주가 가능한 사람들이다. 선별과 통합 정책은 사실 지속가능한 이주율을 높이므로 결국 장차 이주해올 사람들에게 유익하지만, 포괄적 정책은 이주가 일시적으로 지속가능한 이주율을 넘어서는 단계를 피해간다. 그렇다면 이러한 정책이 왜 정당화되는 걸까? 잠재적 이주자들도 다른 이들처럼 이해관계가 있는 집단이지만, 이들의 이해관계를 다른 집단의 이해관계보다 앞세울 이유는 없다. 이들의 이해관계를 앞세우는 것은 합목적적 정책이 없을 때의 일이다. 유입국 원주민들은 이주자의 입국을 통제할 권리를 지니되, 자신들의 이해관계뿐 아니라 남들의 입장도 고려해야 하는 책임도 갖는다. 그렇지만 남들을 배려할 때 이들이 주목해야 하는 대상은, 이주가 가능해서 극적인 소득증대를 이룰 수 있는 소수의 운 좋은 사람들이 아닌 유출국에 남겨진 방대한 빈곤층이어야 한다.

경제의 수렴, 사회의 발산

이주라는 큰 주제에 비해 이 책의 분량은 짧다. 그렇지만 공공정책 중에는 이해하기 쉽고 감정에 치우치지 않은 분석이 절실한 분야들이 있다. 이 책은 양극화된 입장을 뒤흔들어보았다. 일반 시민들 사이에는 혐오와 인종주의가 가미된, 외국인을 향한 적대심이 널리 퍼져 있다. 반면 이들은 무시하는 비즈니스계와 자유주의 엘리트들은 문호를 개방하면 계속해서 큰 이득을 얻으며 문호개방이 윤리적 의무라고 주장하고 사회과학자들 역시 이들의 주장에 힘을 실어준다.

국제적인 대량 이주는 극단적인 세계 불평등에 대한 반응이다. 이 유례없는 현상에서, 극빈국의 젊은이들은 다른 곳에 삶의 기회가 있음을 깨닫는다. 지난 두 세기 동안 세계적 불평등의 문이 열렸다면 다가올 세기에는 그 문이 닫힐 것이다. 대다수 개발도상국들이 현재 고소득 국가로 빠르게 수렴해가고 있다. 이는 우리 시대의 혁신적 사건이다. 따라서 대량 이주는 세계화의 영구적인 특징이 아니다. 대량 이주는 번영이 아직 세계화되지 못한 혼돈 단계의 일시적 반응에 해당한다. 지금으로부터 한 세기 후에 세계는 현재보다 교역과 정보, 금융 면에서 훨씬 더 완벽히 통합되겠지만 이주의 순흐름은 오히려 감소할 것이다.

국제 이주가 세계적 불평등에 대한 반응이긴 하지만, 이주로 불평등이 크게 개선되지는 않는다. 경제적 수렴으로 이끄는 힘은 빈곤국을 장악한 사회 모델을 바꾸는 데 있다. 빈곤국의 제도가 더욱 포용적으로 바뀌고 착취적 엘리트의 장악력도 점차 약해지고 있다. 이들의 경제 담론은 불만 가득한 영합零合적 사고에서 양합陽合적 협력을 인식하는 쪽으로 바뀌고 있다. 부족에 대한 충성심이 차츰 국가에 대한 충성심으로 확대되고 있다. 조직들은 조직 규모와 업무 동기를 결합해 직원들의 생산성을 높이는 방법을 배우고 있다. 이러한 근본적 변화는 세계적으로 보편적인 아이디어를 지역 상황에 맞게 다듬으면서 이뤄지고 있다. 사회 모델이 강화되고 경제가 성장하면서, 빈곤한 시골 지역의 이주가 중요해진다. 그렇지만 그 행선지는 런던이나 마드리드가 아니라 라고스Lagos, 나이지리아의 옛 수도나 뭄바이Mumbai, 인도의 항구도시여야 한다.

국제 이주가 경제적 수렴 과정의 일시적 현상일지라도 이는 영구적인 유산을 남길 수 있다. 한 가지 확실하고도 바람직한 유산은 고소득 사회가 다인종 사회가 되었다는 사실이다. 인종차별이라는 이들의 과거사를 고려했을 때 국제 결혼과 인종적 공존에 따른 혁명적인 정서 변화는 이와 관계된 모든 사람들을 근본적으로 자유롭게 해주고 있다.

그렇지만 효과적인 이주 정책이 없으면 이주는 계속 증가할 것이고 이는 또 다른 유산을 남길 수 있다. 현재의 고소득 사회가 탈국가적 다문화 사회로 바뀔 수 있다. 이주를 서구 엘리트들이 제시한 다문화주의에 대한 희망적이고 새로운 시각으로 본다면, 이 또한 바람직할지도 모른다. 다문화 사회는 서로에게 좋은 자극제가 되면서 번영을 이룰 것이기 때문이다. 그렇지만 문화적으로 다양한 사회들의 과거 모습을 살펴볼 때, 이는 그리 고무적인 현상이 아니며 단지 다양성의 무한한 확대에서 생길 수 있는 한 가지 가능한 결과에 불과하다. 대부분의 역사에서 다양성 증대는 장애로 작용했다. 심지어 근대유럽에서 독일과 그리스의 문화적 차이는 그리 크지 않았는데도, 유럽연합이 이룬 많지 않은 제도를 깨뜨리기에 충분했다. 문화적 다양성이 영구적으로 커지면 상호 배려를 약화시킬 수 있고, 흡수되지 않은 디아스포라는 자국에서 지배적이던 역기능적 사회 모델을 고수할 수 있다. 이주의 지속적 증가가 가져오는 또 다른 유산은, 아이티처럼 작고 가난한 나라들이 자국의 출중한 인재들에게 해줄 수 있는 게 거의 없어서 핵심 인력의 유출, 즉 집단 이동을 겪을 수 있다는 것이다. 이들의 이주율은 이주로 이득을 얻는 지점을 이미 넘어섰다. 운 좋은 사람들은 고국을 떠나는 반면, 고국에 남겨진 사람들은 다른 인류들이 누리는 삶에 근접하지 못할 수도 있다.

한편 고소득 사회에 새로 진입한 신흥국들은 다문화 사회와 다소 다를 수 있다. 이 나라들은 사회 모델이 변하는 과정에서, 국민들의 정체성이 파편화된 씨족에서 통합된 국가의식으로 확장될 것이다. 이 나라들은 국가주의의 유용한 면을 포용하는 과정을 통해 이주가 있기 전 전통적인 고소득 국가의 모습을 닮아갈 것이다.

주기적으로 수세기에 걸쳐 각 나라의 운이 바뀌어왔다. 북아메리카는 라틴아메리카를 따라잡았다. 유럽은 중국을 넘어섰다. 고소득 사회에 금융위기가 닥치면서 경제적 우월감에 빠져 있었던 시민들은 자아도취에서 벗어났다. 대다수 나라들이 서구 사회를 따라잡을 것이라는 전망은 현재 대체로 받아들여지는 분위기다. 그렇지만 그 전망은 단지 경제적 수렴에서 끝나지 않을 수도 있다. 1950년에 유럽보다 훨씬 가난했던 싱가포르는 현재 유럽보다 훨씬 부유하다. 만약 사회 모델이 실제로 번영의 근본적 요체라면, 세계 일각에서 떠오르는 동시에 다른 지역에서 퇴조세를 보이는 다문화주의에는 놀라운 함의가 담겨 있을지도 모른다.

이 책을 마무리하면서 칼 헬렌슈미트의 사진을 다시 한 번 쳐

다보았다. 그는 시대를 앞서간 전형적인 근대적 이주자였다. 작고 가난한 마을에 살던 빈곤한 대가족을 떠나면서, 그는 고소득 도시가 저숙련 이주자에게 허용했던 얼마 되지 않는 보상을 받았다. 시선을 다른 사진으로 옮겼다. 그와 가족 유사성을 보여주는 또 다른 중년 남성이었다. 나는 이 책의 진정한 롤모델은 나의 할아버지 칼 헬렌슈미트가 아니라 바로 이 사람이이라는 사실을 깨달았다. 칼 헬렌슈미트 주니어는 늘 그렇듯 이민 2세대가 겪는 선택과 마주했다. 꾸며낸 차이를 고수할지 아니면 새로운 정체성을 받아들일지를 둘러싼 선택이었다. 그는 도약을 택했다. 덕분에 여러분이 방금 독서를 끝마친 이 책의 저자는 폴 헬렌슈미트가 아닌 폴 콜리어가 되었다.

1장 이주라는 금기

1. Haidt(2012).
2. Benabou and Tirole(2011).
3. Wente(2012).
4. Dustmann et al.(2003).

2장 이주는 왜 가속화되는가

1. Besley and Persson(2011); Acemoglu and Robinson(2012).
2. Jones and Olken(2005).
3. Kay(2012).
4. 최신 연구인 티모시 베즐리와 마르타 레이널 퀘롤(2012)의 뛰어난 논문에 따르면, 아프리카에서는 15세기까지 거슬러 올라가는 갈등이 사람들의 뇌리에 여전히 남아 오늘날에도 폭력적 갈등을 일으킨다고 한다.
5. Greif and Bates(1995).
6. Pinker(2011).
7. Akerlof and Kranton(2011).
8. Beatty and Pritchett(2012).
9. Beine et al.(2011).
10. Carrington et al.(1996).
11. 던바의 수에 따르면, 사람들이 의미 있는 관계를 유지할 수 있는 인원은 최대 150명 정도라고 한다.(Dunbar, 1992).
12. 예를 들면 독일에 있는 터키 디아스포라와 세르비아 디아스포라에 관한 세심한 연구에서 콕잔(Koczan, 2013)은, 한 학급에 디아스포라 출신 학생의 비중이 많을수록 디아스포라 아동이 디아스포라 정체성을 강하게 띠면서 성장할 확률이 높

다는 것을 보여주었다.

13. 통상적으로, 그래프의 두 축이 만나는 이 점을 원점이라고 한다.

14. 이를 알아보기 위해, 동화율이 디아스포라에 좌우되지 않는다고 일단 가정해보자. 예를 들면 디아스포라의 규모와 상관없이 매해 디아스포라 중 2퍼센트가 주류 인구에 통합된다고 해보자. 이 경우 디아스포라가 두 배로 늘면 주류 인구에 흡수되는 인원도 두 배가 될 것이다. 또한 디아스포라에서 두 배의 사람들이 빠져나오면서 두 배의 이주자가 들어갈 자리가 생길 것이다. 즉 디아스포라가 두 배가 되면 디아스포라를 안정적으로 만드는 이주율도 두 배가 된다. 시각적으로 보면, 디아스포라 스케줄은 원점에서 나오는 직선이 될 것이다. 이제 더욱 현실적인 가정으로, 디아스포라가 커질수록 동화율이 줄어든다고 해보자. 만약 뉴질랜드에 통가인이 3만 명 있고 다른 사회 구성원과의 충분한 교류로 2퍼센트의 동화율을 유지하고 있다고 하자. 이때 통가인이 6만 명으로 늘면, 일반 통가인들이 외부 집단과 나누는 교류가 줄면서 동화율이 1.5퍼센트로 떨어진다. 결국 디아스포라가 두 배로 늘면 디아스포라에서 흡수되는 인원은 두 배보다 적어진다.

15. 경제학에서는 이를 '동태적 균형'이라고 부른다.

16. Hatton and Williamson(2008).

3장 이주의 사회적 결과

1. Clemens(2011).

2. Cunliffe(2012).

3. Besley and Reynal-Querol(2012).

4. Weiner(2011).

5. Pinker(2011).

6. Nunn and Wantchekon(2011).

7. Gaechter et al.(2010).

8. Fisman and Miguel(2007).

9. Hofstede and Hofstede(2010).

10. Shih et al.(1999).

11. Akerlof and Kranton(2011).

12. Koczan(2013).

13. Hurley and Carter(2005)를 참고하라. 특히 압 딕스터후이스Ap Dijksterhuis의 「우리는 왜 사회적 동물인가Why We Are Social Animals」장(章)을 참고하라.

14. Candelo-Londoño et al.(2011).

15. Putnam(2007).

16. Putnam(2007), p. 165.

17. Miguel and Gugerty(2005).

18. Hirschman(2005).

19. Montalvo and Reynal-Querol(2010).

20. Pinker(2011).

21. Murray(2012).

22. Sandel(2012).

23. Alesina et al.(2001).

24. Alesina et al.(1999)은 이러한 문헌에 대한 유용한 검토 작업을 하면서 흥미로운 연구 결과를 몇 가지 제시하고 있다.

25. Belich(2009).

26. Acemoglu et al.(2001).

27. 결국 북아일랜드로 이주한 스코틀랜드인들은 18세기 무렵 아일랜드에서 영국 북부를 침략한 스코티Scoti 부족의 후손이었다. 내가 알기로 이들은 아일랜드로 '돌아갈 권리'를 활용하지 않았다.

28. Nunn(2010).

29. Fleming(2011), Cunliffe(2012), Halsall(2013)은 다소 다른 설명을 한다.

30. Montalvo and Reynal-Querol(2010).

31. Kepel(2011).

32. Romer(2010).

33. Heath et al.(2011).

34. Herreros and Criado(2009), p. 335.

35. Koopmans(2010).

4장 이주의 경제적 결과

1. Dustmann et al.(2012).

2. Docquier et al.(2010).

3. Grosjean(2011).

4. Corden(2003).

5. Nickell(2009).

6. Card(2005).

7. Hirsch(1977).

8. Sampson(2008).

9. Goldin et al.(2011).

10. Andersen(2012).

11. Docquier et al.(2010).

12. 2012년 영국 인구조사를 이용한 분석으로는 Goodhart(2013)을 참고하라.

13. Walmsley et al.(2005).

6장 이주에서 혜택을 얻은 사람들

1. Clemens et al.(2009).

2. McKenzie and Yang(2010); Clemens(2010).

3. Borjas(1989).

4. Van Tubergen(2004).

5. Cox and Jimenez(1992).

6. An old Yorkshire joke.

7. Yang(2011).

8. Agesa and Kim(2001).

9. Mousy and Arcand(2011).

10. Aker et al.(2011).

11. 이 연구 결과는 잠정적인 것으로, 아직 학계의 검토 작업을 거치지 못했다. 따라서 이 결과는 상당히 주의해서 다루어야 한다. 우리의 분석은 데이터를 구할 수 있는 모든 저소득 및 중소득 국가부터 OECD 국가들의 이주를 포함했으며

1960년부터 2000년까지의 이주 기간을 다뤘다. Paul Collier and Anke Hoeffler,(2013), "An Empirical Analysis of Global Migration," mimeo, Centre for the Study of African Economies, Oxford University.

12. Beine et al.(2011).

13. Cited in Clemens(2011).

7장 이주로 손해 보는 사람들

1. Docquier et al.(2010).

2. Deaton et al.(2009).

3. Stillman et al.(2012).

4. 스틸먼과 그의 동료들은 여러 다양한 질문들과 '마음의 평안' 같은 다양한 비표준적 심리학 질문들도 추가했다. 이러한 척도에 따르면 이주자들의 심리 상태가 개선된다는 사실을 알 수 있다.

5. Dercon et al.(2013).

8장 정치를 바꾼다

1. Hirschman(1990).

2. Docquier et al.(2011); Beine and Sekkat(2011).

3. Batista and Vicente(2011).

4. Pérez—Armendariz and Crow(2010).

5. Dedieu et al.(2012).

6. Chauvet and Mercier(2012).

7. Mahmoud et al.(2012).

8. Beine et al.(forthcoming).

9. Docquier et al.(2007).

10. 다음 장에서 이에 대한 근거를 다룰 것이다.

11. Spilimbergo(2009).

12. Besley et al.(2011).

13. Spilimbergo(2009).

14. Akerlof and Kranton(2011), ch. 8.

15. Mercier(2012).

16. 미카엘라 롱Michaela Wrong의 『나는 당신을 위해 하지 않는다I Didn't Do It for You』 (2006)는 이 잘 알려지지 않은 국가에 대해 명쾌하면서도 보기 드문 설명을 한다.

9장 움직이는 사람과 돈

1. Thurow(2012).

2. 이를 테면 경제학자들은 완벽히 합리적이고 모든 정보를 갖춘 사람이 내리는 확률적인 의사 결정보다 수치화된 최적화 방식을 선호한다.

3. Docquier and Rapoport(2012); de la Croix and Docquier(2012); Batista and Vicente(2011).

4. 극빈국에 도움이 되는 한 가지 놀라운 결과는, 다른 모든 조건을 통제했을 때 처음에 교육받은 인구가 거의 없는 상태로 시작하면 순이득을 얻을 가능성이 더 높다는 점이다. 이를 이해하기 위해 모두가 이미 교육된 상태라고 가정해보자. 그러면 동기 부여 효과든 롤모델 효과든 아무런 효력을 갖지 못한다. 이런 상황이 극빈국에 도움이 되기는 하지만, 나라의 크기가 갖는 효과가 모든 효과를 압도한다.

5. Marchiori et al.(2013).

6. Docquier and Rapoport(2012).

7. Akerlof and Kranton(2011).

8. 이는 직원들의 근무 태도를, 이들을 고용한 회사의 태도와 연결시킨 Besley and Ghatak(2003)의 아이디어를 변형한 것이다.

9. Akerlof and Kranton(2011), ch. 8.

10. Serra et al.(2010).

11. Wilson(1996).

12. Rempel and Lobdell(1978).

13. Yang(2011).

14. 이주와 관련된 다수의 연구와 마찬가지로, 이것 역시 불가피한 결과는 아니다.

만약 이주자들이 남은 사람들에 비해 생산성이 뛰어나다면 이들은 다른 이주자들보다 송금을 통해 훨씬 크게 기여하게 될 것이다. 그렇지만 1인당 지출액이 소소하게 증가할 확률이 가장 높다.

15. Clemens et al.(2012).

16. Yang(2008).

17. Hoddinott(1994).

18. Yang and Choi(2007).

19. Docquier et al.(2012).

20. Beegle et al.(2011).

21. Glaeser(2011).

22. Saunders(2010).

10장 남아 있는 이들에게 남은 것

1. Ferguson(2012).

11장 국가와 국가주의

1. Sandel(2012).

2. Dijksterhuis(2005).

3. 헤이트가 든 예외는, 공동체를 억압하고 다른 정상적인 도덕적 감정 대부분을 억누르는 듯 보이는, 고소득 국가의 교육받은 사회엘리트들이다. 이 '기이한weird' 사람들은 손해와 공정성이라는, 공리주의적인 도덕적 감정 두 가지만으로 자신들의 인생을 항해한다.

4. 『도덕감정론』을 매우 흥미로운 전문적 식견으로 풀어쓴 책으로는 베나브와 트롤르 Benabou and Tirole(2011)를 참고하라.

5. Zak(2012).

6. Pagel(2012).

7. Zak(2012).

8. Alesina and Spolaore(1997).

12장 모두를 위한 최선의 이주 정책

1. Corden(2003)을 참고하라.

2. Beine et al.(2011).

3. 물론 유학생 이주가 이주 목표치에서 제외되려면 학업이 끝난 유학생들이 반드시 고국으로 돌아가도록 강제할 필요가 있다. 일단 이 방안을 진지하게 고민해 보면 효과적 통제를 위한 여러 가지 방안들이 존재함을 알 수 있다.

4. Schiff(2012)를 참고하라.

5. 만약 가입이 성사되면, 터키는 유럽연합에서 가장 가난한 나라이자, 정부의 출산장려책으로 인구가 가장 많고 출산율이 가장 높은 나라가 될 것이다. 또한 유럽연합 가입으로 뚜렷한 이득을 얻지 못한 채 유럽의 사회적 응집성에 상당한 부담을 안길 것으로 예측할 수 있다.

6. 이와 동일한 불이익을 장기 체류한 관광객과 유학생들에게 적용할 수 있다. 이러한 부류들은 명백히 초청 노동자 자격이 될 수 없다.

Acemoglu, D., Johnson, S., and Robinson, J. A. 2001. The Colonial Origins of Comparative Development: An Empirical Investigation. *American Economic Review* 91(5), 1369-1401.

대런 애쓰모글루, 제임스 A. 로빈슨, 『국가는 왜 실패하는가』, 최완규 옮김, 시공사, 2012.

Agesa, R. U., and Kim, S. 2001. Rural to Urban Migration as a Household Decision. Review of Development Economics 5(1), 60-75.

Aker, J. C., Clemens, M. A., and Ksoll, C. 2011. Mobiles and Mobility: The Effect of Mobile Phones on Migration in Niger. Proceedings of the CSAE Annual Conference, Oxford(March 2012).

조지 애커로프, 레이첼 크렌턴, 『아이덴티티 경제학』, 안기순 옮김, 랜덤하우스코리아, 2010.

Alesina, A., Baqir, R., and Easterly, W. 1999. Public Goods and Ethnic Divisions. Quarterly Journal of Economics 114(4), 1243-1284.

Alesina, A., Glaeser, E., and Sacerdote, B. 2001. Why Doesn't the US Have a European—Style Welfare State? Harvard Institute of Economic Research Working Papers 1933.

Alesina, A., and Spolaore, E. 1997. On the Number and Size of Nations. Quarterly Journal of Economics 112(4), 1027-1056.

Andersen, T. 2012. Migration, Redistribution and the Universal Welfare Model, IZA Discussion Paper No. 6665.

Batista, C., and Vicente, P. C. 2011a. Do Migrants Improve Governance at Home? Evidence from a Voting Experiment. World Bank Economic Review 25(1), 77-104.

Batista, C., and Vicente, P. C. 2011b. Testing the Brain Gain Hypothesis: Micro Evidence from Cape Verde. Journal of Development Economics 97(1), 32-45.

Beatty, A., and Pritchett, L. 2012. From Schooling Goals to Learning Goals. CDC Policy Paper 012, September.

Beegle, K., De Weerdt, J., and Dercon, S. 2011. Migration and Economic Mobility in Tanzania: Evidence from a Tracking Survey. Review of Economics and Statistics 93(3), 1010-1033.

Beine, M., Docquier, F., and Ozden, C. 2011. Diasporas. Journal of Development Economics 95(1), 30-41.

Beine, M., Docquier, F., and Schiff, M. Forthcoming. International Migration, Transfers of Norms and Home Country Fertility. Canadian Journal of Economics.

Beine, M., and Sekkat, K. 2011. Skilled Migration and the Transfer of Institutional Norms. Mimeo.

Belich, J. 2009. Replenishing the Earth: The Settler Revolution and the Rise of the Anglo-World, 1783-1939 . New York: Oxford University Press.

Benabou, R., and Tirole, J. 2011. Identity, Morals and Taboos: Beliefs as Assets. Quarterly Journal of Economics 126(2), 805-855.

Besley, T., and Ghatak, M. 2003. Incentives, Choice and Accountability in the Provision of Public Services. Oxford Review of Economic Policy 19(2), 235-249.

Besley, T., Montalvo, J. G., and Reynal-Querol, M. 2011. Do Educated Leaders Matter? Economic Journal 121(554), F205-F208.

Besley, T., and Persson, T. 2011. Fragile States and Development Policy. Journal of the European Economic Association 9(3), 371-398.

Besley, T., and Reynal-Querol. M. 2012a. The Legacy of Historical Conflict: Evidence from Africa. STICERD—Economic Organisation and Public Policy Discussion Papers Series 036, London School of Economics.

Besley, T. J., and Reynal-Querol, M. 2012b. The Legacy of Historical Conflict: Evidence from Africa. CEPR Discussion Papers 8850.

Borjas, G. J. 1989. Economic Theory and International Migration. International Migration Review 23, 457-485.

Candelo-Londoño, N., Croson, R. T. A., and Li, X. 2011. Social Exclusion and Identity: A Field Experiment with Hispanic Immigrants. Mimeo, University of Texas.

Card, D. 2005. Is the New Immigration Really So Bad? Economic Journal 115(507), F300-F323.

Carrington, W. J., Detragiache, E., and Vishwanath, T. 1996. Migration with Endogenous Moving Costs. American Economic Review 86(4), 909-930.

Chauvet, L., and Mercier, M. 2012. Do Return Migrants Transfer Norms to Their Origin Country? Evidence from Mali. DIAL and Paris School of Economics.

Clemens, M. A. 2010. The Roots of Global Wage Gaps: Evidence from Randomized Processing of US Visas. Working Paper 212, Center for Global Development.

Clemens, M. A. 2011. Economics and Emigration: Trillion-Dollar Bills on the Sidewalk? Journal of Economic Perspectives 25(3), 83-106.

Clemens, M. A., Montenegro, C., and Pritchett, L. 2009. The Place Premium: Wage Differences for Identical Workers across the US Border. Working Paper Series rwp09-004, John F. Kennedy School of Government, Harvard University.

Clemens, M. A., Radelet, S., Bhavnani, R. R., and Bazzi, S. 2012. Counting Chickens When They Hatch: Timing and the Effects of Aid on Growth. Economic Journal 122(561), 590-617.

Corden, W. M. 2003. 40 Million Aussies? Inaugural Richard Snape Lecture, Productivity Commission, Melbourne. Available at http://papers.ssrn.com/sol3/papers.cfm?abstract_id=496822.

Cox, D. C., and Jimenez, E. 1992. Social Security and Private Transfers in Developing Countries: The Case of Peru. World Bank Economic Review 6(1), 155-169.

Cunliffe, B. 2012. Britain Begins. New York: Oxford University Press.

déla Croix, D., and Docquier, F. 2012. Do Brain Drain and Poverty Result from Coordination Failures? Journal of Economic Growth 17(1), 1-26.

Deaton, A., Fortson, J., and Tortora, R. 2009. Life(Evaluation), HIV/AIDS, and Death in Africa. NBER Working Paper 14637.

Dedieu, J. P., Chauvet, L., Gubert, F., and Mesplé−Somps, S. 2012. Political Transnationalism: The Case of the Senegalese Presidential Elections in France and New York. Mimeo, DIAL.

Dercon, S., Krishnan, P., and Krutikova, S. 2013. Migration, Well−Being and Risk−Sharing. Mimeo, Centre for the Study of African Economies, University of Oxford.

Dijksterhuis, A. 2005. Why We Are Social Animals. In Perspectives on Imitation: From Neuroscience to Social Science, ed. Susan Hurley and Nick Carter, vol. 2. Cambridge, MA: MIT Press.

Docquier, F., Lodigiani, E., Rapoport, H., and Schiff, M. 2011. Emigration and Democracy. Policy Research Working Paper Series 5557, The World Bank.

Docquier, F., Lohest, O., and Marfouk, A. 2007. Brain Drain in Developing Countries. World Bank Economic Review 21(2), 193-218.

Docquier, F., Ozden, C., and Peri, G. 2010. The Wage Effects of Immigration and Emigration. NBER Working Paper 16646.

Docquier, F., and Rapoport, H. 2012. Globalization, Brain Drain and

Development. Journal of Economic Literature 50(3), 681-730.

Docquier, F., Rapoport, H., and Salomone, S. 2012. Remittances, Migrants' Education and Immigration Policy: Theory and Evidence from Bilateral Data. Regional Science and Urban Economics 42(5), 817-828.

Dunbar, R. I. M. 1992. Neocortex Size as a Constraint on Group Size in Primates. Journal of Human Evolution 22(6), 469-493.

Dustmann, C., Casanova, M., Fertig, M., Preston, I., and Schmidt, C. M. 2003. The Impact of EU Enlargement on Migration Flows. Online Report 25/03, Home Office, London. Available at www.homeoffice.gov.uk/rds/pdfs2/rdsolr2503.pdf.

Dustmann, C., Frattini, T., and Preston, I. P. 2012. The Effect of Immigration along the Distribution of Wages. Review of Economic Studies, doi: 10.1093/restud/rds019.

Ferguson, N. 2012. The Rule of Law and Its Enemies: The Human Hive. BBC Reith Lecture 2012, London School of Economics and Political Science, June 7. Transcript available at http://www2.lse.ac.uk/publicEvents/pdf/2012_ST/20120607−Niall−Ferguson−Transcript.pdf.

Fisman, R., and Miguel, E. 2007. Corruption, Norms, and Legal Enforcement: Evidence from Diplomatic Parking Tickets. Journal of Political Economy 115(6), 1020-1048.

Fleming, R. 2011. Britain after Rome. New York: Penguin.

Gaechter, S., Herrmann, B., and Thöni, G. 2010. Culture and Cooperation. CESifo Working Paper Series 3070, CESifo Group Munich.

에드워드 글레이저, 『도시의 승리』, 이진원 옮김, 해냄, 2011.

Goldin, I., Cameron, G., and Balarajan, M. 2011. Exceptional People: How Migration Shaped Our World and Will Define Our Future. Princeton, NJ: Princeton University Press.

Goodhart, D. 2013. White Flight? Britain's New Problem—Segregation. Prospect, February.

Greif, A., and Bates, R. H. 1995. Organising Violence: Wealth, Power, and Limited Government. Mimeo, Stanford University.

Grosjean, F. 2011. Life as a Bilingual. Psychology Today.

Haidt, J. 2012. The Righteous Mind: Why Good People Are Divided by Politics and Religion. New York: Pantheon.

Halsall, G. 2013. Worlds of Arthur. New York: Oxford University Press.

Hatton, T. J., and Williamson, J. G. 2008. Global Migration and the World Economy: Two Centuries of Policy and Performance. Cambridge, MA: MIT Press.

Heath, A. F., Fisher, S. D., Sanders, D., and Sobolewska, M. 2011. Ethnic Heterogeneity in the Social Bases of Voting in the 2010 British General Election. Journal of Elections, Public Opinion and Parties 21(2), 255-277.

Herreros, F., and Criado, H. 2009. Social Trust, Social Capital and Perceptions of Immigrations. Political Studies 57, 335-357.

Hirsch, F. 1977. Social Limits to Growth. New York: Routledge.

앨버트 O. 허시만, 『떠날 것인가 남을 것인가』, 강명구 옮김, 나남출판, 2005.

Hirschman, C. 2005. Immigration and the American Century. Demography 42, 595-620.

Hoddinott, J. 1994. A Model of Migration and Remittances Applied to Western Kenya. Oxford Economic Papers 46(3), 459-476.

Hofstede, G., and Hofstede, G. J. 2010. National Culture Dimensions. Available at http://geert-hofstede.com/national-culture.html.

Hurley, S., and Carter, N., eds. 2005. Perspectives on Imitation: From Neuroscience to Social Science. Vol. 2. Cambridge, MA: MIT Press.

Jones, B. F., and Olken, B. A. 2005. Do Leaders Matter? National Leadership and Growth Since World War II. Quarterly Journal of Economics 120(3), 835-864.

Kay, J. 2012. The Multiplier Effect, or Keynes's View of Probability. Financial Times, August 14. Available at

http://www.ft.com/cms/s/0/f7660898-e538-11e1-8ac0-00144feab49a. html.

Kepel, G. 2011. Banlieues Islam: L'enquete qui derange. Le Monde, October 5.

Koczan, Z. 2013. Does Identity Matter? Mimeo, University of Cambridge.

Koopmans, R. 2010. Trade-offs between Equality and Difference: Immigrant Integration, Multiculturalism and the Welfare State in Cross-National Perspective. Journal of Ethnic and Migration Studies 36(1), 1-26.

Mahmoud, O., Rapoport, H., Steinmayr, A., and Trebesch, C. 2012. Emigration and Political Change. Mimeo.

Marchiori, L., Shen, I.-L., and Docquier, F. 2013. Brain Drain in Globalization: A General Equilibrium Analysis from the Sending Countries' Perspective. Economic Inquiry 51(2), 1582-1602.

McKenzie, D., and Yang, D. 2010. Experimental Approaches in Migration Studies. Policy Research Working Paper Series 5395, World Bank.

Mercier, M. 2012. The Return of the Prodigy Son: Do Return Migrants Make Better Leaders? Mimeo, Paris School of Economics.

Miguel, E., and Gugerty, M. K. 2005. Ethnic Diversity, Social Sanctions, and Public Goods in Kenya. Journal of Public Economics 89(11-12), 2325-2368.

Montalvo, J., and Reynal-Querol, M. 2010. Ethnic Polarization and the Duration of Civil Wars. Economics of Governance 11(2), 123-143.

Mousy, L. M., and Arcand, J.-L. 2011. Braving the Waves: The Economics of Clandestine Migration from Africa. CERDI Working Paper

201104.

Murray, C. 2012. Coming Apart: The State of White America, 1960–
2010. New York: Crown Forum.

Nickell, S. 2009. Migration Watch. Prospect Magazine, July 23. Available
at http://www.prospectmagazine.co.uk/magazine/10959−number-
cruncher/.

Nunn, N. 2010. Religious Conversion in Colonial Africa. American Eco-
nomic Review 100(2), 147–152.

Nunn, N., and Wantchekon, L. 2011. The Slave Trade and the Origins
of Mistrust in Africa. American Economic Review 101(7), 3221–3252.

Pagel, M. D. 2012. Wired for Culture: The Natural History of Human
Cooperation. London: Allen Lane.

Pérez−Armendariz, C., and Crow, D. 2010. Do Migrants Remit De-
mocracy? International Migration, Political Beliefs, and Behavior in
Mexico. Comparative Political Studies 43(1), 119–148.

Pinker, S. 2011. The Better Angels of Our Nature. New York: Viking.

Putnam, R. 2007. E Pluribus Unum: Diversity and Community in the
21st Century. Scandinavian Political Studies 30(2), 137–174.

Rempel, H., and Lobdell, R. A. 1978. The Role of Urban−to−Rural
Remittances in Rural Development. Journal of Development Studies
14(3), 324–341.

Romer, P. 2010. For Richer, for Poorer. Prospect Magazine, January 27.
Available at http://www.prospectmagazine.co.uk/magazine/for−
richer−for−poorer/.

Sampson, R. J. 2008. Rethinking Crime and Immigration. Contexts 7(1),
28–33.

Sandel, M. J. 2012. What Money Can't Buy: The Moral Limits of Mar-
kets. London: Allen Lane.

Saunders, D. 2010. Arrival City: How the Largest Migration in History Is

Reshaping Our World. New York: Pantheon.

Serra, D., Serneels, P., and Barr, A. 2010. Intrinsic Motivations and the Non-profit Health Sector: Evidence from Ethiopia. Working Paper Series, University of East Anglia, Centre for Behavioural and Experimental Social Science(CBESS) 10-01.

Schiff, M. 2012. Education Policy, Brain Drain and Heterogeneous Ability: The Impact of Alternative Migration Policies. Mimeo, World Bank.

Shih, M., Pittinsky, T. L., and Ambady, N. 1999. Stereotype Susceptibility: Shifts in Quantitative Performance from Sociocultural Identification. Psychological Science 10, 81-84.

Spilimbergo, A. 2009. Democracy and Foreign Education. American Economic Review 99(1), 528-543.

Stillman, S., Gibson, J., McKenzie, D., and Rohorua, H. 2012. Miserable Migrants? Natural Experiment Evidence on International Migration and Objective and Subjective Well-Being. IZA-DP6871, Bonn, September.

Thurow, R. 2012. The Last Hunger Season: A Year in an African Farm Community on the Brink of Change. New York: Public Affairs.

Van Tubergen, F. 2004. The Integration of Immigrants in Cross-National Perspective: Origin, Destination, and Community Effects. Utrecht: ICS.

Walmsley, T. L., Winters, L. A., Ahmed, S. A., and Parsons, C. R. 2005. Measuring the Impact of the Movement of Labour Using a Model of Bilateral Migration Flows. Mimeo.

Weiner, M. S. 2011. The Rule of the Clan. New York: Farrar, Straus and Giroux.

Wente, M. 2012. Michael Ignatieff Was Right about Quebec. The Globe and Mail, April 26. Available at http://www.theglobeandmail.com/

commentary/michael−ignatieff−was−right−about−quebec/arti-
cle4102623/.

Wilson, W. J. 1996. When Work Disappears: The New World of the
Urban Poor. New York: Alfred A. Knopf.

Wrong, M. 2006. I Didn't Do It for You. New York: Harper Perennial.

Yang, D. 2008. International Migration, Remittances and Household In-
vestment: Evidence from Philippine Migrants' Exchange Rate Shocks.
Economic Journal 118(528), 591-630.

Yang, D. 2011. Migrant Remittances. Journal of Economic Perspectives
25(3), 129-152.

Yang, D., and Choi, H. 2007. Are Remittances Insurance? Evidence
from Rainfall Shocks in the Philippines. World Bank Economic Re-
view 21(2), 219-248.

Zak, P. 2012. The Moral Molecule: The Source of Love and Prosperity.
New York: Dutton Adult.

KI신서 5618

엑소더스

1판 1쇄 인쇄 2014년 8월 12일
1판 1쇄 발행 2014년 8월 18일

지은이 폴 콜리어 **옮긴이** 김선영
펴낸이 김영곤 **펴낸곳** (주) 북이십일 21세기북스
부사장 임병주 **출판사업본부장** 주명석
해외콘텐츠개발팀 김상수 이현정
해외기획팀 박진희 김영희 **디자인** 손성희
마케팅 민안기 최혜령 이영인 강서영
영업본부장 안형태 **영업** 권장규 정병철

출판등록 2000년 5월 6일 제10-1965호
주소(우 413-120) 경기도 파주시 회동길 201(문발동)
대표전화 031-955-2100 **팩스** 031-955-2151 **이메일** book21@book21.co.kr
홈페이지 www.book21.com **블로그** b.book21.com
트위터 @21cbook **페이스북** facebook.com/21cbook
특수가공 이지앤비_특허 제10-1081185호

ISBN 978-89-509-5560-1 03340
책값은 뒤표지에 있습니다.